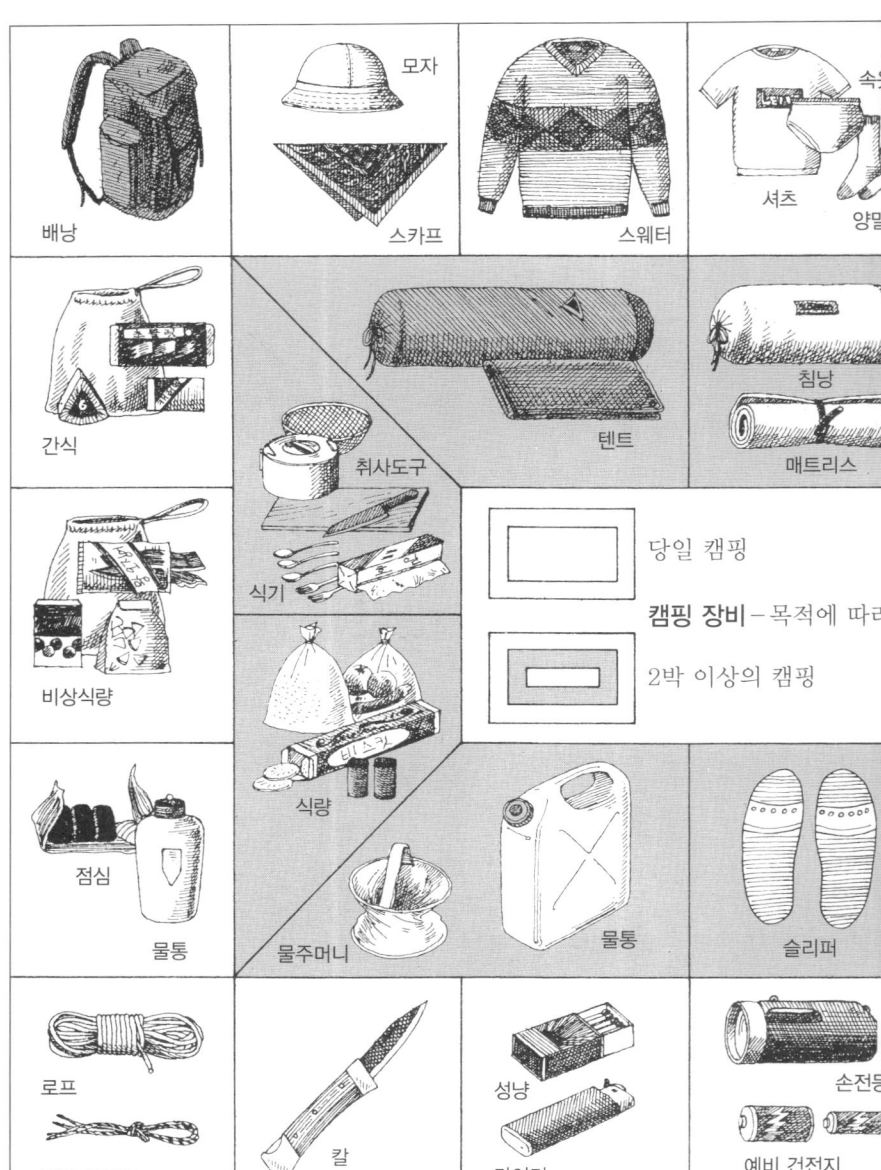

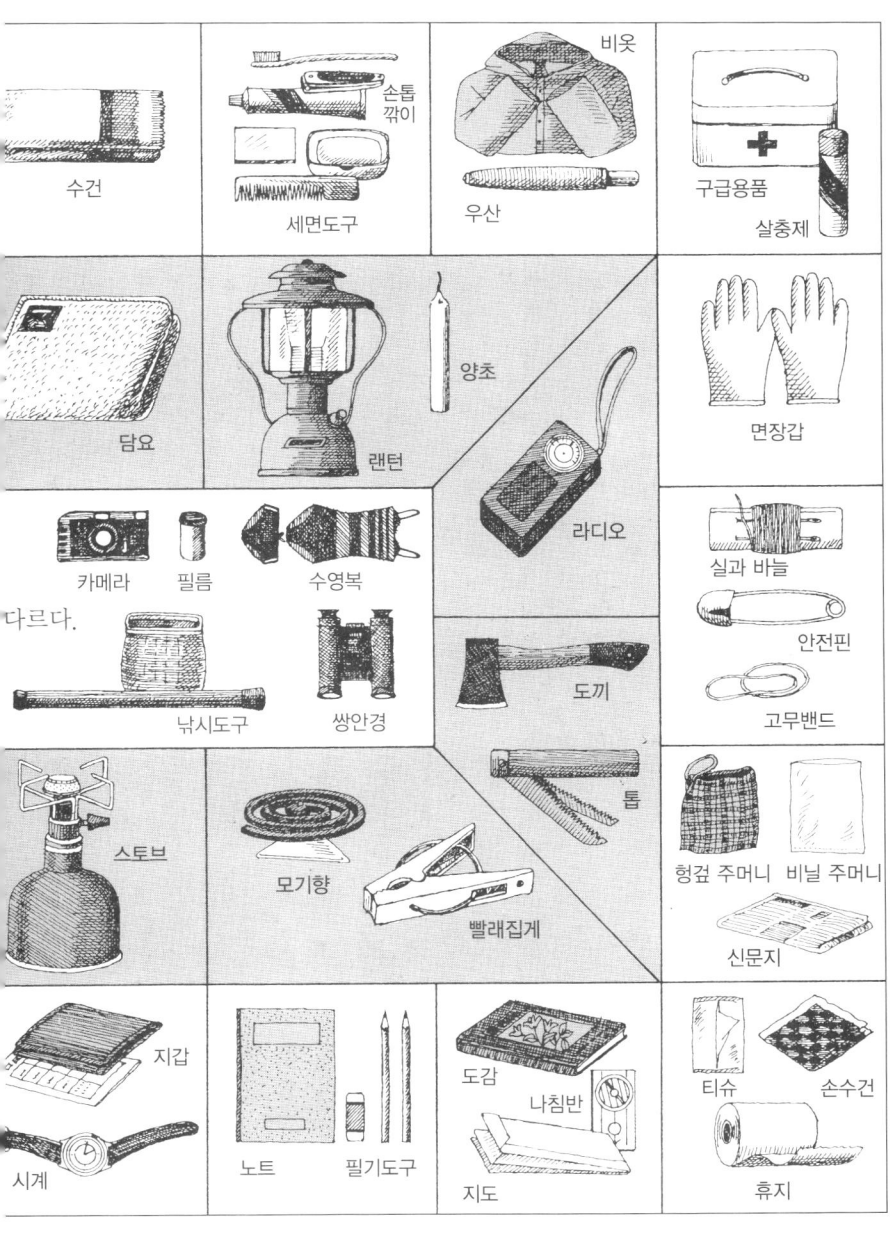

모험도감

모험도감

캠핑과 야외생활의 모든 것

사토우치 아이 글 | 마쓰오카 다쓰히데 그림 | 김창원 옮김

책 머리에

'모험'이란 말을 사전에서 찾아보면 '위험을 무릅씀' 또는 '될지 안 될지 확실하지 않음에도 덮어놓고 하여 봄'이라고 쓰여 있습니다. 자기가 하려는 일이 성공할지 실패할지 미리 알 수는 없지만 용기를 내어 해 본다는 뜻입니다. 그렇다고 사람들이 하지 않는 일이나 생명에 위험한 일을 무턱대고 한다는 뜻은 아닙니다. 시작하기 전에 자세한 계획을 세우고 충분히 준비해서 위험을 되도록 피하고 나머지 1%의 뜻하지 않는 위험에 대비해서 용감하게 맞서는 일, 이것이 이 책에서 말하는 '모험'입니다.

집을 떠나 혼자서 여행을 하거나 처음으로 야외에서 하룻밤을 자며 캠핑을 할 때, 누구나 불안과 기대로 마음을 졸일 것입니다. 호기심으로 가슴이 설레고 다른 한편으로는 혹시 무슨 일이 일어나면 어쩌나 해서 걱정도 됩니다. 이러한 두려움은 한두 번 모험을 해 봤다고 말끔히 없어지는 것은 아닙니다. 매번 이러한 두려움이 있기 때문에 실패하지 않으려고 준비를 하게 되고, 성공하면 기쁨도 더해지는 것입니다.

이 책에서는 야외생활에 필요한 걷는 법, 음식 만드는 방법, 텐트 치는 요령, 그리고 위험에 빠졌을 때의 대처법 등을 알기 쉽게 이야기하고 있습니다. 그밖에 도구로 뭔가를 만드는 즐거움, 동물이나 식물과 만나는 일에 대해서도 쓰여 있습니다. 여기 실린 내용을 알게 되면 99%의 준비를 갖추는 셈입니다. 이제 용기를 내어 떠나는 일만 남아 있습니다.

야외는 시간표에 얽매이지 않는 자유로운 공간입니다. 가슴을 쭉 펴고 마음껏 즐길 수 있는 반면, 자기의 모든 행동에 책임을 져야 하는 장소입니다. '인생은 바로 모험'이라는 말이 있습니다. 기쁨도 있고 뜻하지 않는 어려움도 있습니다. 야외에서 겪는 일들은 언제 어디서나 여러분의 인생에 큰 도움이 될 것입니다.

옮기고 나서

'모험도감'이라는 제목을 처음 들었을 때 저는 책 이름이 던지는 신선한 자극에 마음이 끌렸습니다. 옮겨 나가면서는 '이것 참 좋은 책이구나.' 하는 마음이 더해 갔고 제가 하는 번역 일에 보람을 느꼈습니다. 책을 옮기면서 잘 모르는 내용에 부딪히거나 사전에도 나오지 않는 고유 명사를 접하면 그것을 알아내느라고 며칠씩 고생을 하며 땀을 뺐습니다. 그렇지만 그 시간은 기쁘고 즐거웠습니다. 이제 부족하지만 제 노력의 산물이 책으로 나와 마침내 독자에게 선을 보이게 되었습니다.

저는 지금 기쁘면서도 한편으로는 두려운 것이 솔직한 심정입니다. 그것은 바로 제 자신이 하나의 모험을 해 본 셈이기 때문입니다.

머리말에서도 나오듯이 오늘날처럼 위험을 무릅쓰고 어떤 새로운 일을 해 보려는 마음이 움츠러든 시대도 없습니다. 우리 주변에서 모험의 짜릿함과 감격은 날로 잊혀지고 있으며, 너 나 할 것 없이 앞사람의 발자국만을 찾고 있습니다. 그러는 동안 우리 생활에서 모험은 점점 멀어져만 갑니다.

이 책은 안내서가 아니라 도감입니다. '도감' 하면 우리는 곧 식물도감이나 곤충도감을 머리에 떠올립니다. 처음 보는 식물의 이름이나 곤충의 모습을 자세히 알고 싶을 때 도감을 찾듯이 어떤 일을 하다가 모르는 일에 부딪혀 답답할 때에 뒤져 보는 책이 바로 도감입니다. 따라서 도감에는 A와 B가 비슷하게 보이지만 이런저런 점이 다르다는 것이 분명히 밝혀져 있어야 합니다. 도감을 펼쳐볼 때마다 분명치 않던 일이 분명해지고 그래서 더욱 그 일에 재미를 느끼게 됩니다.

《모험도감》은 여러분에게 야외생활에서 필요한 것들을 이야기해 줄 것입니다. 저는 이 《모험도감》을 여러분이 첫 야외생활을 마치고 돌아와서 찾게 되기를 바랍니다. 그리고 체험을 통해서 모험의 참뜻을 깨닫게 되기를 간절히 바랍니다.

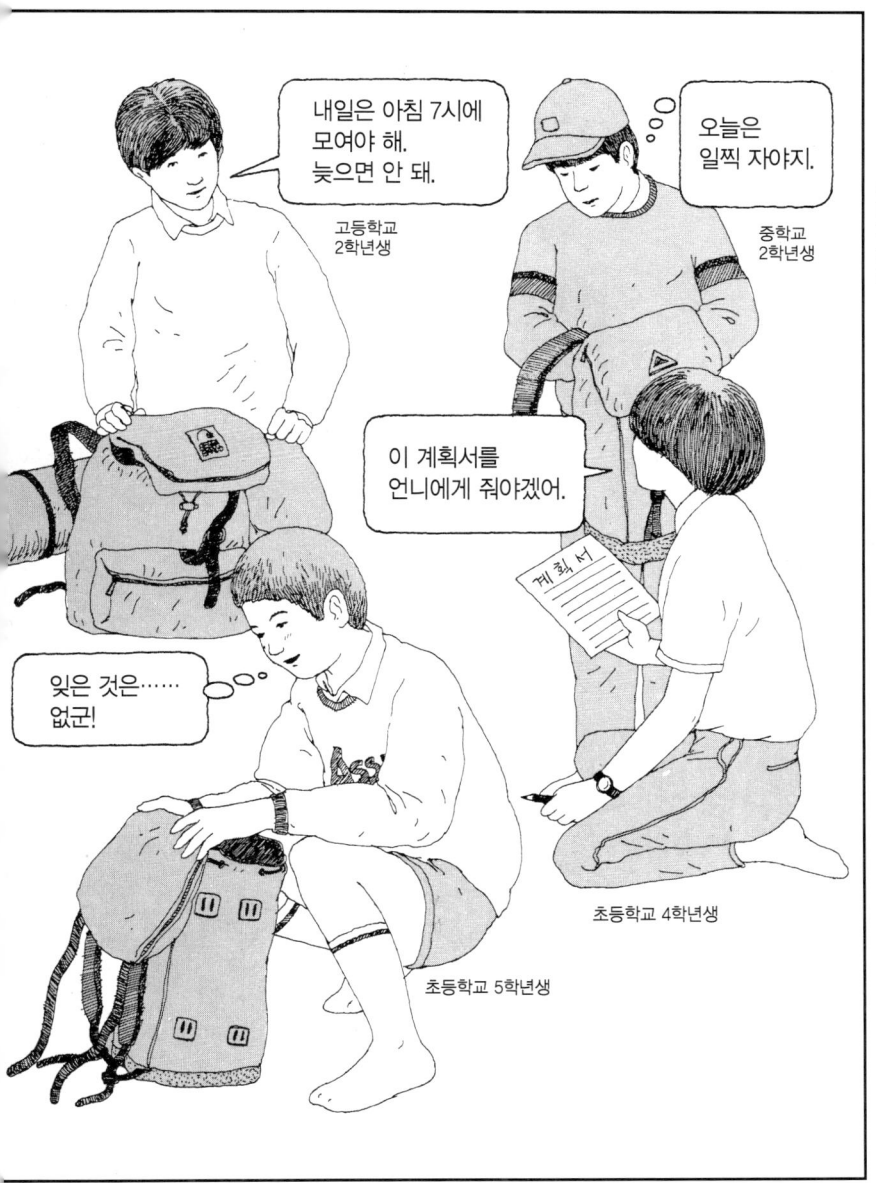

배낭 꾸리기(60쪽)   계획은 이렇게 세우자(28쪽)

차례

책 머리에 ·· 4
옮기고 나서 ······································ 5
처음 떠나는 캠핑 ······························ 7

떠나기 전에

대자연의 품으로 ······························ 24
야외에서 지킬 일들 ·························· 26
계획은 이렇게 세우자 ······················ 28

걷는다

여행은 걷기부터 ······························ 32
신발을 고른다 ·································· 34
신발끈 매는 법 ································ 36
양말도 발에 맞도록 ·························· 38
걷는 법 1 ·· 40
걷는 법 2 ·· 42
옷차림(봄·여름·가을) ······················ 44
옷차림(가을·겨울·봄) ······················ 46
동물 털로 만든 따뜻한 옷 ················ 48
속옷을 고른다 ·································· 50
편리한 물건들 ·································· 52
비가 와도 즐겁다 ····························· 54
되도록 비에 젖지 않도록 하자 ········ 56
짐은 져야 편하다 ····························· 58
배낭 꾸리기 ······································ 60
배낭 지는 법 ···································· 62
지도를 만들어 보자 ························· 64
지도 읽기 ·· 66
지도 사용법 ······································ 68
등고선으로 산의 모양을 안다 ·········· 70

지도로 자기 위치를 안다 ············ 72
구름으로 날씨 변화를 안다 ·········· 74
구름의 종류와 성질 ················ 76
날씨를 미리 안다 1 ················ 78
날씨를 미리 안다 2 ················ 80
일기도 보는 법과 전선 ············· 82
대표적인 기압 배치를 알자 ·········· 84
밤하늘을 쳐다보자 ················ 86
유령인가, 우주인인가? ············ 96

먹는다

집에서 요리를 해 보자 ············· 98
나도 이제 요리사가 될 수 있다 ······ 100
실패는 성공의 어머니 ············· 102
식칼 사용법 ····················· 104
채소 써는 법 1 ··················· 106
채소 써는 법 2 ··················· 108
생선을 토막 낸다 ················· 110
밥 짓기 ························· 112
찌개 만들기 ····················· 114
생선·고기 굽는 법 ················ 116
샐러드 만드는 법 ················· 118
손짐작을 연습하자 ················ 120
설거지 ·························· 122
야외로 나가자-간식과 비상식량 ······ 124
가져갈 취사도구 ·················· 126
양념을 잊지 말자 ················· 128
야외 부엌 ······················· 130
스토브 사용법 ···················· 132

	야외에서 밥 짓는 요령 ········· 134
	인스턴트 식품 ················ 136
	쉬고 나서 떠날 때 ············· 138
	산나물을 먹자 ················ 140
	산나물을 먹으려면 1 ··········· 142
	산나물을 먹으려면 2 ··········· 144
	열매를 따 먹자 ················ 146
	먹을 수 있는 산나물 ··········· 148

잔다

비박을 해 보자 ················ 160
잘 자려면 ···················· 162
텐트 칠 자리를 정한다 ········· 164
여러 종류의 텐트 ·············· 166
텐트 치는 법 ·················· 168
침낭 준비 ···················· 170
텐트 안을 정돈하자 ············ 172
캠핑 때 필요한 조명 기구 ······· 174
야외 화장실 ·················· 176
로프 쓰는 법 1 ················ 178
로프 쓰는 법 2 ················ 180
살아남으려면 ················· 182
천막에서 사는 베두인족 ········· 192

만들며 논다

나무 그릇 만들기 ·············· 194
의자·탁자 만들기 ·············· 196
지게 만들기 ·················· 198
해먹 치기 ···················· 200
가죽신 만들기 ················ 202

목공예품 만들기 · 204
피리와 북 만들기 · 206
자연색 물감 들이기 · · · · · · · · · · · · · · · · · · 208
하늘 위로 날리자 · 210
화초 놀이 1 · 212
화초 놀이 2 · 214
눈 오는 날의 놀이 · · · · · · · · · · · · · · · · · · · 216
날씨 좋은 날의 놀이 · · · · · · · · · · · · · · · · · 218
비 오는 날을 즐기는 방법 · · · · · · · · · · · · · 220
도구를 손에 익히자 · · · · · · · · · · · · · · · · · · 222

동식물을 만난다

있으면 편리한 관찰 도구 · · · · · · · · · · · · · 230
나무를 정해 놓고 관찰하자 · · · · · · · · · · · 232
가까운 교외로 나가자 · · · · · · · · · · · · · · · 234
가까운 곳의 나무 관찰 · · · · · · · · · · · · · · · 236
겨울철 관찰 요령 · · · · · · · · · · · · · · · · · · · 238
겨울에 볼 수 있는 새 · · · · · · · · · · · · · · · · 240
가까이에서 들새를 보려면 · · · · · · · · · · · 242
비 올 때 걸어 보자 · · · · · · · · · · · · · · · · · · 244
숲 속에 들어가 보자 · · · · · · · · · · · · · · · · · 246
낙엽을 모으자 · 248
나무 열매를 찾아보자 · · · · · · · · · · · · · · · 250
곤충들의 집 · 252
버섯을 찾아보자 · 254
동물의 발자국을 찾아보자 · · · · · · · · · · · 256
동물의 배설물과 음식 찌꺼기 · · · · · · · · 258
숲 속에서 볼 수 있는 새 · · · · · · · · · · · · · 260
높은 산에서 볼 수 있는 새와 식물 · · · · · 262

물가에서 볼 수 있는 새	264
바닷가에서 볼 수 있는 새	266
바닷가에서	268
관찰한 것을 기록해 두자	270
낚시를 하자 1	272
낚시를 하자 2	274
주의해야 할 독초와 독버섯	276
산에서 짐승을 만날 때	286

위험에 대처한다

길을 잃으면	288
조난됐을 때	290
낙석이나 사태를 만나면	292
벼락을 피하는 법	294
물에 빠졌을 때	296
몸이 좋지 않을 때	298
머리·배가 아프면	300
피가 날 때	302
삐거나 뼈가 부러지면 1	304
삐거나 뼈가 부러지면 2	306
화상을 입었을 때	308
눈이나 귓속에 먼지, 벌레 등이 들어갔을 때	310
벌레에 물렸을 때	312
뱀에 물렸을 때	314
바다에 사는 위험한 생물	316
구급약	318
야외에서 이용할 수 있는 약초	320

찾아보기	328

* 떠나기 전에 *

대자연의 품으로

야외로 나가자!
도시 속에서 매일 바쁜 생활을 하다 보면 훌쩍 집을 떠나 어디론가 여행을 했으면 하는 생각이 듭니다. 이런 생각에 한번 사로잡히고 나면 늘 보는 방이 갑자기 더 좁아 보이고, 네모 상자에 갇힌 딱정벌레 신세 같아 따분하기만 합니다. 코를 찌르는 산뜻한 풀 냄새, 노래하듯 재잘거리는 새소리, 하늘 높이 두둥실 떠가는 흰 구름, 그리고 담근 손이 꼭 물들 것만 같은 파란 개울물까지, 이젠 더 참을 수가 없네요. 야외로 나갑시다! 그곳에는 머리를 무겁게 짓누르는 천장이 없답니다.

생활하는 기술을 배우자
당일치기로도 좋습니다. 며칠 묵을 수만 있다면 더 좋습니다. 우리는 집이 편리하면서도 답답한 곳이라는 것을 잊고 지냅니다. 그러나 어디로나 마음대로 달려갈 수 있는 자연의 품에 안기면 그때마다 자연의 고마움을 새삼 느낍니다. 그런데 이 고마움은 공짜로 얻어지는 것이 아닙니다. 왜냐하면 야외에서는 어떤 작은 일이든 자기가 해야 하기 때문입니다. 그래야 야외생활의 참맛이 납니다. 밥을 짓기 위해 물을 떠 오고, 불을 피우고, 설거지를 하고, 밤이 되면 잠자리를 마련하는 등 사실은 이런 것들이 삶의 본래 모습입니다. 그래서 솜씨 있게 생활하는 기술을 몸에 익혀야 합니다.

자기가 한 일에 책임을 진다
야외에 나가 보면 마음먹은 일, 하고 싶은 일들이 처음 생각과는 달리 잘 안 된다는 것을 알게 됩니다. 모든 일이 쉽지 않습니다. 그러나 실패했다고 주저앉지 말고 해내겠다는 생각만 버리지 않는다면 결국에는 성공할 수 있습니다. 다만 이렇게 해 보는 도중에 일어날지도 모르는 사고를 미리 예방해야 하고 만일 사고가 나더라도 그 일에 대해서 책임을 질 각오가 서 있어야 합니다. 자기가 한 일에 책임을 진다는 것은 이 세상을 살아나가기 위해서 꼭 필요하고 또 매우 소중한 마음입니다.

야외에서 지킬 일들

자연을 보는 눈을 기르자

생활하는 기술을 배우고 아울러 자연을 제대로 볼 수 있는 눈을 길러야 합니다. 보이는 그대로가 자연의 참모습은 아닙니다. 자연은 자기를 좋아하고 친구처럼 대하는 사람에게만 비밀의 창문을 열어 다정한 이야기를 들려주고, 신기한 것들을 보여 줍니다. 대자연 속에서 살고 있다는 점에서 사람과 짐승, 나무, 곤충은 모두 마찬가지입니다. 비록 새나 나무들과 말을 주고받지는 못하지만 주의 깊게 보면 서로 마음의 소리를 주고받을 수 있습니다. 그리고 이 자연 속에 함께 사는 모든 생물들은 서로 도우며 살아가는 하나의 공동체라는 것을 느끼게 됩니다.

자연의 균형을 깨지 않도록 하자

자연 속의 많은 생물들은 규칙도 없이 제멋대로 사는 것처럼 보이지만 알고 보면 보이지 않는 저마다의 울타리 속에서 생활하고 있습니다. 그리고 함부로 다른 생물의 울타리를 망가뜨리지 않습니다. 이처럼 함께 살 수 있는 조건, 즉 '자연의 균형'을 만들어 놓고 있는 것입니다. 만일 이 균형을 깨뜨리면 머지않아 엄청난 일들이 벌어질 것입니다. 텐트를 치려는 이 좁은 공간도 자세히 보면 여러 종류의 식물과 곤충들이 살고 있다는 것을 알게 됩니다. 지금 이 자리에 있는 나무나 풀, 곤충들은 우리들이 들어온 데에 크게 놀랄 것입니다. 우리는 되도록 그들을 놀라게 해서는 안 됩니다. 이것은 자연 속에서 사는 사람이 반드시 지켜야 할 규칙입니다.

다녀간 흔적을 남기지 말자

산길을 가다 보면 바위틈에 처박힌 음식 찌꺼기, 깨진 술병, 비닐봉지 등 쓰레기들 때문에 지나가기가 힘들고 보기조차 부끄러울 때가 있습니다. 야외에서는 지켜야 할 가장 중요한 원칙이 있습니다. 바로 '그곳에 내가 있던 흔적을 남기지 않는다.'는 것입니다. 불에 탈 만한 것은 조심해서 말끔히 태우고 오물이나 음식 찌꺼기는 땅속에 묻어야 합니다.

계획은 이렇게 세우자

목적에 따라 장소를 정한다
사람마다 야외에 나가서 하고 싶은 일이 다를 것입니다. 시원한 바람을 쐬며 낚시를 하고 싶은 사람, 땀을 흘리며 산 정상에 올라가 아래를 보며 통쾌한 기분을 맛보고 싶은 사람, 또 숲 속에 텐트를 치고 모처럼 조용한 시간을 보내고 싶은 사람 등 모두 다릅니다. 이렇게 자기가 하고 싶은 일이 많으므로 여러 사람의 목적에 맞춰서 갈 곳을 정해야 합니다. 그러려면 우선 정보가 필요합니다. 친구나 집안 식구들에게 물어볼 수도 있고, 신문과 인터넷, 안내서 등을 보고 정보를 얻을 수도 있습니다. 다만 사람들이 많이 몰리는 곳은 피하는 것이 좋습니다.

함께 모여서 의논하자
갈 곳을 정했으면 함께 갈 친구들과 계획을 자세히 짭니다. 기간이 얼마나 걸리느냐에 따라 준비할 내용이 달라집니다. 어디서 묵을지, 가져갈 물건과 식량, 구급용품과 공동 장비 준비하기, 비가 올 때 등 의논해서 정할 일들이 많습니다. 이렇게 의논하고 철저히 준비해야 야외에 나가서 당황하지 않습니다.

일은 서로 나누어서
캠핑은 쉽게 말해서 우리의 의·식·주를 모두 야외로 옮겨 놓는 것과 마찬가지입니다. 그래서 두세 명이 가더라도 일을 나누고 저마다 맡은 일에 대해서 책임을 지는 것이 좋습니다. 예를 들어 리더를 정하고 식량 담당(가져갈 식량 점검, 요리하기), 장비 담당(텐트, 스토브, 연료 등의 준비와 점검), 회계 담당(교통비나 잡비 등의 처리, 기록)으로 나누어도 괜찮습니다. 인원이 이보다 적을 때는 한 사람이 두 가지 일을 맡습니다. 일을 분담한다지만 실제로는 서로 돕는다는 생각을 잊어서는 안 됩니다. 준비할 물건을 잊어버리거나 빠뜨리지 않도록 특히 주의해야 합니다.

- **계획서에 들어갈 내용**
  - 목적, 일시, 기간
  - 모이는 장소, 여행 일정
  - 숙박지와 연락처
  - 돌아올 예정 날짜
  - 식량 계획
  - 동행자와 연락처

- **위의 내용을 간략하게 적어서 가족에게 전하고 떠난다.**

도구 담당
텐트나 스토브에 대해서 잘 아는 사람.

회계 담당
예산을 세우며 돈을 맡고 물건을 사는 사람, 대원이 모두 믿는 사람.

식량 담당
요리 만들기를 좋아하는 사람.

리더
믿음직스런 사람.

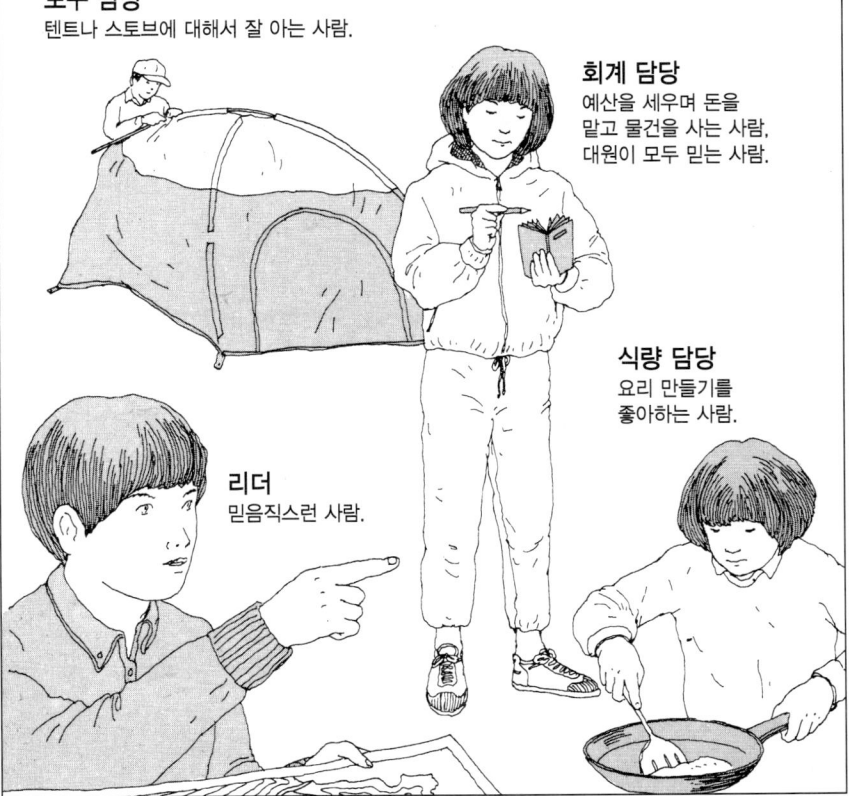

* 걷는다 *

여행은 걷기부터

바르게 걷자
우리는 걸을 때 발을 어떻게 옮기며 팔을 어떻게 흔들까에 대해 일일이 생각하지 않고 그저 걷기만 합니다. 어릴 때 걸음마를 배우면서 익힌 몸놀림이 자연스럽게 걷는 동작으로 이어지기 때문입니다. 그런데 산에 간다든가 먼 길을 걸으면 금방 지치는 사람과 그렇지 않는 사람이 있습니다. 이런 차이는 그 사람의 건강과도 관계가 있지만 바르게 걷느냐 걷지 않느냐에 따라서도 결정됩니다. 걷는 것도 달리기와 마찬가지로 기술이기 때문입니다.

길이 없는 곳으로 가 보자
교통수단이 발달하지 않은 옛날에는 한곳에서 다른 곳으로 가려면 대부분 걸어야 했습니다. 사람 다리는 걸으면 걸을수록 튼튼해지고 이와 함께 몸도 튼튼해집니다. 몸이 건강해야 모든 일에 자신이 생기는 것입니다. 야외에서 걸을 때는 길로만 가지 말고 가끔 길이 없는 데로 들어가 봅니다. 숲을 헤치고 가기도 하고 빈터를 가로질러 가기도 합니다. 길이란 처음부터 있는 것이 아닙니다. 사람들이 자주 다니면 땅이 다져져서 생기는 것입니다.

낯선 길도 즐겁다
새로 길을 만들며 걷는 재미는 직접 해 본 사람이 아니면 모릅니다. 물론 위험한 곳으로 가서는 안 됩니다. 사람이 다니지 않은 곳에서는 남들이 보지 못하는 것을 볼 수가 있습니다. 처음 보는 곤충이나 짐승을 만날 수도 있습니다. 이럴 때는 걸음을 멈추고 자세히 관찰을 해 보세요. 호기심과 새로운 발견은 야외생활을 더욱 즐겁게 만들 것입니다.

신발을 고른다

신발은 여러 종류가 있다
집안 식구들의 신발을 꺼내서 밑바닥을 살펴보세요. 아버지의 가죽 구두, 형의 조깅화, 누나의 테니스화, 동생의 샌들, 내가 신는 운동화의 밑바닥이 각각 다르다는 것을 알 수 있습니다. 왜 신발 밑바닥을 다르게 만들었을까 생각해 봅니다. 포장된 길을 걷거나 회사 안에서 일하시는 아버지의 구두는 밑바닥이 매끈합니다. 테니스화도 그렇습니다. 테니스를 칠 때 코트가 언제나 마루처럼 판판해야 하니까 신발 바닥을 밋밋하게 만든 것입니다. 운동장이나 야외에서 뛰어다닐 때 신는 조깅화나 운동화는 바닥이 울퉁불퉁해야 미끄러지지 않을 것입니다. 그런데 자세히 보면 신발은 쓰이는 목적에 따라 밑바닥뿐만 아니라 모양과 만든 재료도 각각 다릅니다.

평소에 신던 신발이 편하다
야외에서 신는 신발은 오래 걸어도 발이 아프지 않아야 합니다. 그래서 새 신발은 좋지 않습니다. 신던 신발이 아니면 돌밭이나 가파른 산길에서 걷기가 불편합니다. 당일치기로 갔다 올 수 있는 가까운 산이나 개울, 바다라면 운동화도 괜찮지만 1,000m 이상 되는 높은 산이면 등산화를 신어야 좋습니다. 등산화는 운동화보다 바닥이 두꺼워서 울퉁불퉁한 길이나 바위에서도 발이 편합니다. 또 등산화는 운두(그릇, 신 같은 물건의 둘레 높이)가 높아 복사뼈까지 가려집니다. 그래서 헛딛더라도 발목을 삐지 않습니다. 게다가 물이 쉽게 배어들지 않으며 날씨가 추워도 발이 따뜻합니다.

등산화를 살 때는
얇은 양말에 두꺼운 양말을 겹쳐 신고 등산화를 신어 봅니다. 이때 발가락을 움직일 수 있으면 제대로 맞는 신발입니다. 발가락이 꽉 죄어서 꼼짝도 할 수 없으면 작은 신발입니다. 신고 나서는 걸어 봅니다. 이때 발이 신발 안에서 이리저리 놀거나 위아래로 움직일 정도면 너무 큰 신발입니다. 신발이 크면 살이 스쳐서 물집이 생기기 쉽습니다.

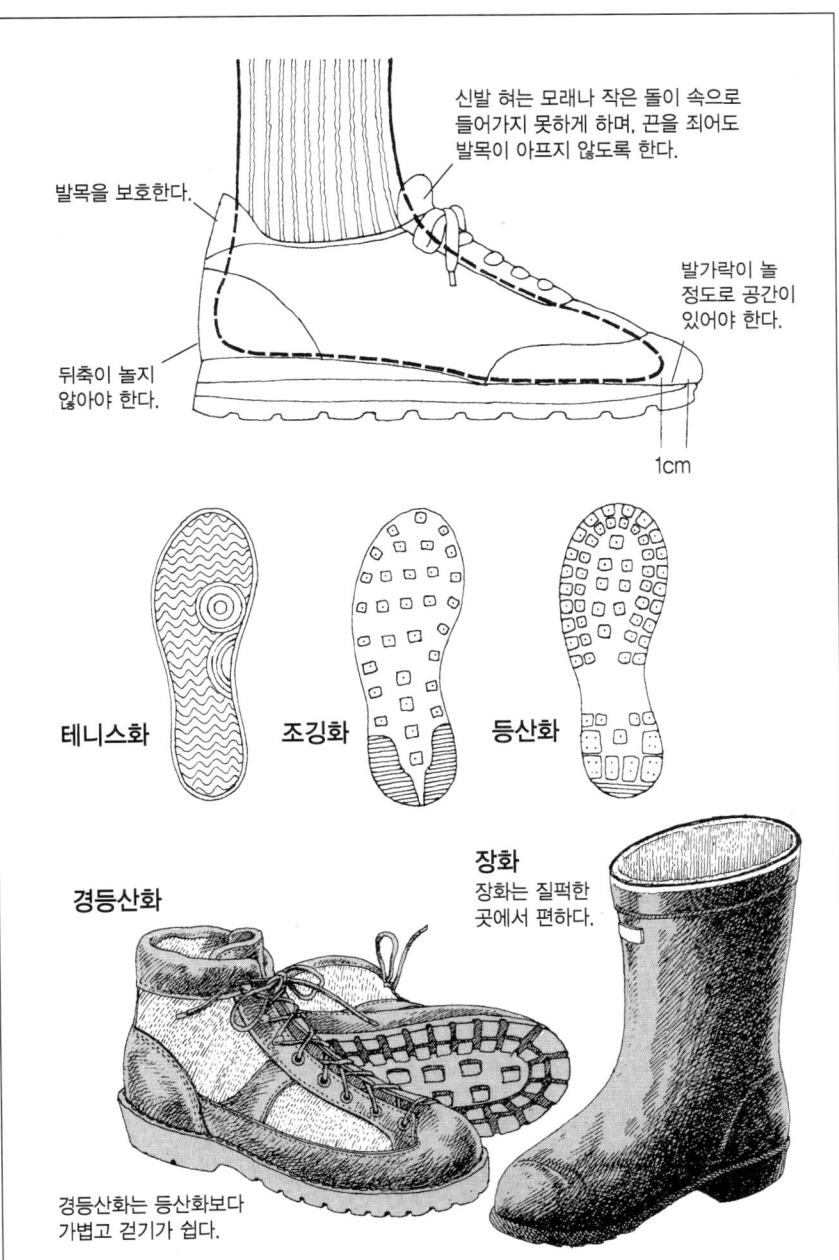

신발끈 매는 법

신발이 몸의 일부가 되도록

신발끈은 신발을 발에 꼭 붙게 만드는 일을 합니다. 끈을 매지 않으면 마치 고무줄이 끊긴 팬티처럼 매우 불편합니다. 끈을 제대로 죄어 매야 발 놀리기가 가뿐하며 오래 걸어도 지치지 않고 물집이 생기거나 발목을 삐지 않습니다. 끈을 맬 때는 약간 죄는 듯해야 걸으면서 알맞게 조절됩니다. 한마디로 발에 신발을 신고 있다는 느낌이 없을 때가 좋은 것입니다. 신발 구멍에 끈을 매는 순서는 37쪽 그림을 보며 여러 번 연습해서 익혀 둡니다.

끈은 알맞게 잘라야

자기가 신은 신발의 끈을 밟고 넘어진다면 모두 웃겠지만, 끈이 길면 가끔 넘어질 수도 있습니다. 그러지 않으려면 끈을 맨 다음에는 알맞은 길이로 잘라야 합니다. 그리고 자른 자리가 풀리지 않도록 테이프로 감거나 불로 태워서 굳혀야 합니다. 발의 모양과 크기가 다르기 때문에 끈의 길이도 달라질 수밖에 없습니다. 그리고 신발끈은 둥근 것보다 납작한 것이 잘 풀리지 않아 좋습니다. 야외에 나갈 때는 만일에 대비해서 신발끈을 몇 개 더 가지고 가야 합니다. 신발이 아니더라도 다른 데에 요긴하게 쓸 수 있기 때문입니다.

끈이 헐거우면 바로 고쳐 맨다

걷다 보면 끈의 매듭이 풀릴 것 같은 때가 있습니다. 짐을 내려놓고 고쳐 매기가 귀찮거나 여럿이 가는데 자기만 처지면 안 된다는 생각에 그대로 걷는 사람이 있는데 이렇게 하면 안 됩니다. 끈이 풀릴 것 같으면 모든 일을 제쳐 놓고 바로 고쳐 매야 합니다. 그대로 두면 발에 부담을 주어 빨리 피곤해집니다.

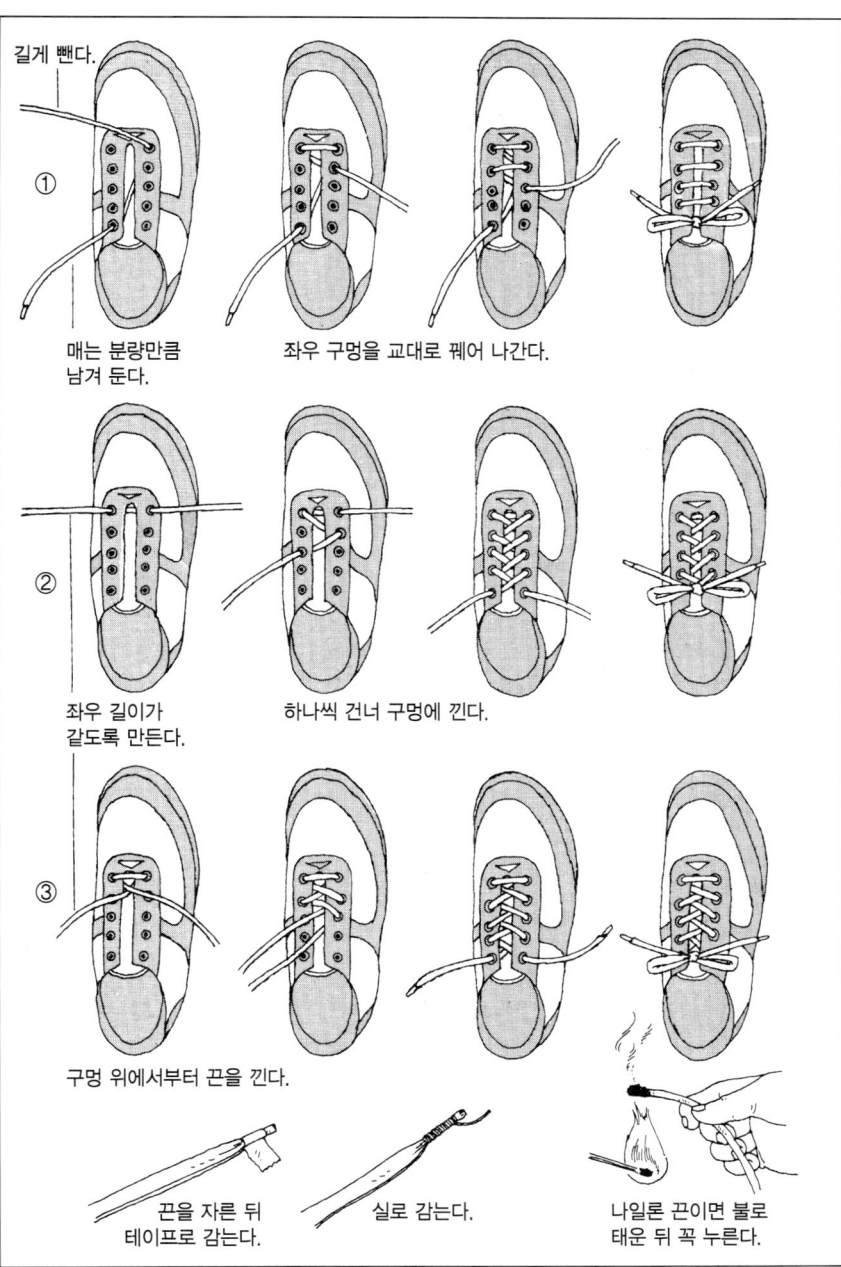

양말도 발에 맞도록

발에 맞는 양말을 신자

신발뿐만 아니라 양말도 발에 맞아야 합니다. 양말은 조금 크거나 작더라도 보통 그대로 신지만 크기가 작아서 발을 죄면 혈액 순환이 안 되기 때문에 동상에 걸리기 쉽고, 크기가 크면 양말 주름에 피부가 스쳐서 물집이 생깁니다.

면양말과 털양말

양말에는 면으로 만든 것, 털로 된 것, 그리고 면과 털에 아크릴이나 폴리에스테르라는 합성수지를 각각 일정 비율로 섞은 것인 혼방이 있습니다. 면은 땀을 잘 빨아들이고 감촉이 부드러워 기분을 좋게 합니다. 털은 다른 어느 것보다 따뜻합니다. 그래서 여름에는 면양말이 좋고 겨울에는 털양말이 제일인데, 겨울에는 면양말 위에 털양말을 겹쳐 신으면 아주 좋습니다. 혼방은 추위를 잘 막지 못하기 때문에 겨울에는 피하는 것이 좋습니다. 그리고 신발과 마찬가지로 양말도 신던 양말이 발을 편하게 하고 땀도 잘 흡수합니다. 등산화를 신고 갈 때는 여름이고 겨울이고 언제나 얇은 양말에 두꺼운 양말을 겹쳐 신도록 합니다.

물집 예방

신발에 발이 닿으면 피부가 스쳐서 벌겋게 되거나 심하면 물집이 생기므로 이렇게 되기 쉬운 뒤꿈치나 새끼발가락 부근에 미리 1회용 반창고를 붙여 두면 예방이 됩니다. 이때 양말 안쪽에 비누를 바르고 신으면 더 효과가 있습니다. 걷고 30분쯤 지나서 발이 괜찮은지 살펴봅니다. 그리고 상처가 생길 만한 데가 또 있으면 미리 반창고를 붙여 둡니다.

양말을 겹쳐 신는다

겉에 신는 털양말은 발을 따뜻하게 해 주고 신발과 발 사이에서 쿠션 역할을 한다.

안에 신는 면양말은 땀을 흡수한다.

크거나 작으면 나쁘다

양말에 주름이 생기면 피부를 스쳐 염증을 일으킨다.

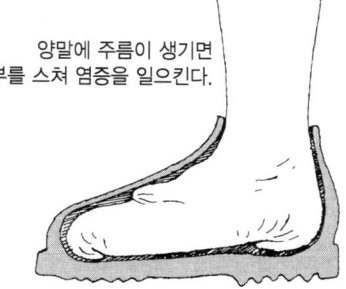

물집을 예방한다

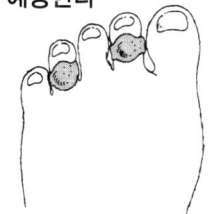

물집 방지 1회용 반창고

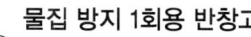
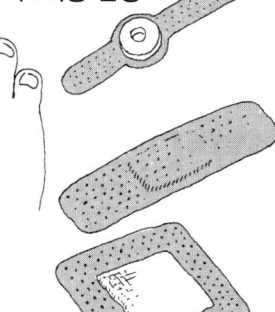

피부가 아프면

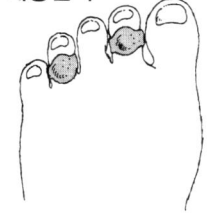

벌겋게 되었을 때는 반창고를 붙인다.

물집이 생겼으면

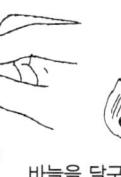

바늘을 달구어서 소독을 한 뒤, 물집을 찔러서 찌부러뜨리고 소독액으로 소독을 한 다음 반창고를 붙인다.

떠나기 전날 밤 백반을 녹인 온수에 발을 담근다.

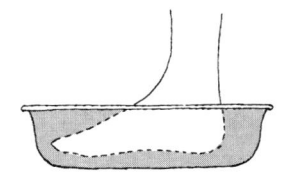

이렇게 하면 물집을 예방할 수 있다. 백반은 약국에서 산다.

걷는 법 1

자기 걸음걸이로 리듬 있게
걸음을 좁히고 박자를 붙여 리듬 있게 걸어야 오래 걸어도 지치지 않습니다. 평지라고 해서 빨리 걷거나 발을 크게 내디뎌 리듬이 깨지면 빨리 피로해집니다. 먼 길을 가야 한다는 생각으로 성급한 행동을 하지 말아야 합니다.

오르막에서는 좁은 보폭으로
경사진 곳으로 발을 크게 내디디면 몸의 중심이 흐트러져 걷기 힘듭니다. 오르막에서는 평지에서보다 보폭을 좁혀 발자국마다 착실하게 내디딥니다. 꽤 가파른 곳에서는 곧바로 오르지 말고 비탈을 지그재그로 걸으면 한결 편합니다.

경험자는 내리막에서 조심한다
내리막은 걷기가 쉬울 것 같지만 사실은 그렇지 않습니다. 걷는 리듬이 깨지다 보면 발을 헛디뎌 다치기 쉽습니다. 더군다나 달리는 것은 더 위험합니다. 달리다가 돌을 굴려 앞서가는 사람을 다치게 하면 큰일입니다. 경험을 쌓은 사람일수록 내리막에서 조심합니다. 신발끈은 평지에서보다 약간 더 죄어 놓습니다. 발끝이 신발에 맞닿으면 발톱이 상하는 수가 있습니다.

단체로 걸을 때
여러 사람이 함께 가다 보면 걸음이 빠른 사람도 있고 느린 사람도 있습니다. 저마다 걸음이 달라서 차이가 날 수밖에 없는데, 함께 행동할 때는 느린 사람의 걸음에 맞춰서 걷는 것이 원칙입니다. 그리고 리더는 제일 뒤에서 따라갑니다.

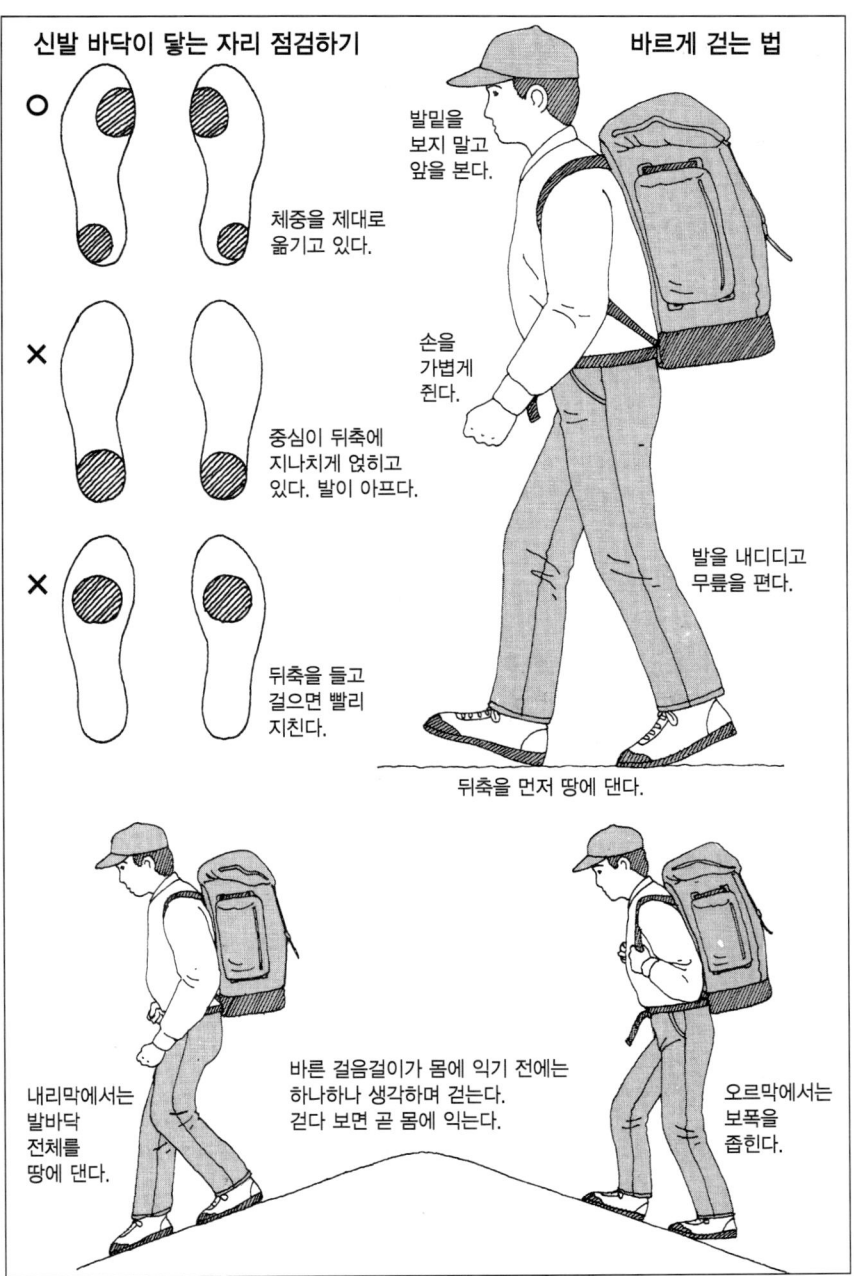

걷는 법 2

출렁다리를 건너갈 때
다리가 몹시 흔들리기 때문에 이름부터 출렁다리입니다. 그러나 겁부터 먹지 말고 한 사람씩 차례로 건너갑니다. 밑으로 흐르는 빠른 물살을 보지 말고 1m쯤 앞의 디딜 곳을 보고 가면 마음이 가라앉습니다. 이때도 머뭇거리지 말고 한결같은 속도로 걸어야 안전합니다.

통나무 다리를 건너갈 때
다리를 어깨 넓이로 벌리고 약간 여덟 팔(八)자 걸음으로 걷습니다. 외나무다리일 때는 1m쯤 앞을 보고 한 발자국씩 단단히 디디며 재빨리 건너갑니다. 이럴 때는 천천히 걸으면 오히려 불안합니다.

얕은 강을 건너갈 때
무릎 아래까지 오는 얕은 물에서는 여름이면 신발이 아예 젖는다고 생각하고 신발을 신은 채 물에 들어갑니다. 이때 맨발은 절대 안 됩니다. 돌을 디디면서 개울을 건널 때는 마른자리를 골라 딛고 또 미리 한 발을 내디며 밑이 안전한가를 확인한 다음에 발걸음을 옮겨 갑니다. 무릎 높이 이상의 깊은 물이면 되도록 다른 길을 찾아봅니다.

효과적인 휴식법
휴식 시간을 기계적으로 지킬 필요는 없지만, 되도록이면 평지에서는 50분 걷고 10분 쉬고, 오르막에서는 30분 걷고 10분을 쉬도록 합니다. 많이 쉰다고 피로가 쉽게 회복되지는 않습니다. 쉬는 시간이 길면 오히려 걷는 리듬이 흐트러질 뿐 도움이 안 됩니다. 오르막 고개가 끝나는 곳이라든가 언덕이 다시 시작되는 지점 등에서 쉬는 것이 좋습니다. 그리고 바닥에 주저앉지 말고 가까운 돌 따위에 걸터앉도록 합니다. 가볍게 무릎 굽혀 펴기를 하는 것도 몸을 풀어 줍니다.

옷차림(봄 · 여름 · 가을)

야외에서는 하루에도 4계절의 변화를 느낀다
산에서 걷다 보면 땀이 나서 티셔츠와 바지가 흠뻑 젖습니다. 그런데 걸음을 멈추고 쉬거나 시원한 바람을 쐬면 금방 몸이 식어 추워집니다. 이것은 땀이 식을 때 몸으로부터 열을 빼앗아 가기 때문입니다. 여름이라고 해서 티셔츠만 입고 산에 오르다가 기온 변화에 대처하지 못해 당황하는 경우가 있습니다. 야외에서는 하루에도 기후가 4계절 바뀌듯 뒤바뀌는 것이 보통입니다. 산이 높으면 기온은 더욱 심하게 차이가 나고 날씨 변화도 큽니다.

옷을 겹쳐 입고 기온 변화에 대응하자
산에서는 기온 변화가 심하기 때문에 옷을 껴입고 가서 더우면 벗고 추우면 다시 입는 것이 가장 좋은 방법입니다. 산을 올라갈 때는 반소매의 티셔츠 차림으로 걷고, 내려올 때나 그늘진 곳에 갈 때는 그 위에 소매가 긴 옷을 겹쳐 입습니다. 이때 티셔츠가 땀에 젖었으면 마른 옷으로 바꿔 입는데, 그러면 기분도 좋고 몸도 가뿐해집니다.

장소에 따라서도 옷을 갈아입자
햇볕이 내리쬐는 곳을 러닝셔츠만 입고 걸으면 그날 밤 피부가 쓰라리고 따가워서 잠을 자지 못할 것입니다. 산에서는 직사광선이 매우 강하기 때문에 햇볕이 직접 내리쬐는 곳에서는 살을 가립니다. 또한 숲 속이나 풀밭에서는 빳빳한 잎이나 나무 가시에 피부가 스쳐 상처가 나기 쉽습니다. 그러므로 산에서는 되도록 긴 옷을 입고 그때그때 걷어 올리거나 내려야 합니다. 바지도 마찬가지입니다. 길을 걸을 때는 긴 바지를 입고, 짧은 바지는 야영장에서 입습니다. 청바지를 입을 때는 몸에 꼭 끼는 것을 피해야 합니다.

옷차림(가을 · 겨울 · 봄)

높은 곳에 오를수록 기온이 떨어진다

산에서는 100m 오를 때마다 기온이 약 0.6℃씩 내려갑니다. 즉 평지에서 16℃일 때 그곳보다 1,000m 높은 산 위에서의 기온은 10℃밖에 되지 않습니다. 또 풍속이 1m 빨라질 때마다 체감온도(피부로 느끼는 온도)는 1℃씩 내려갑니다. 같은 높이의 산에서도 바람이 있을 때와 없을 때에 따라 추위를 느끼는 정도가 다른 것은 바로 이 때문입니다.

옷을 껴입어서 몸 주위에 공기층을 만들자

추울 때는 옷을 껴입어야 합니다. 추위를 참는 것은 좋지 않습니다. 옷을 껴입으면 겉옷과 속옷 사이에 공기층이 생기고 몸의 열이 밖으로 빠져나가지 못하도록 해 줍니다. 그리고 이 공기층은 하나보다 둘이면 더 따뜻합니다. 즉 두꺼운 스웨터 하나를 입는 것보다 얇은 스웨터 두 벌을 껴입는 것이 좋습니다. 만일 여분의 옷이 없을 때는 신문지를 옷 사이에 끼워도 큰 도움이 됩니다. 약 상자 등에 들어 있는 비닐 시트를 등에 대기만 해도 벌써 다릅니다. 평소 신문지나 비닐 시트를 배낭 속에 넣어 두면 요긴하게 쓰일 때가 많습니다.

따뜻한 공기는 위로 올라간다

옷을 껴입으면 따뜻한 공기층이 몸을 감싸 주는데 이때 주의할 것이 있습니다. 따뜻한 공기는 위로 올라가기 때문에 목둘레가 열려 있으면 이곳으로 따뜻한 공기가 빠져나갑니다. 이것을 막으려면 스카프나 머플러로 목을 두르면 효과적입니다. 또 손발을 따뜻하게 해 주면 덜 춥습니다. 머리도 마찬가지입니다. 모자를 반드시 쓰고 장갑을 겹으로 끼고 양말도 여유가 있으면 껴 신도록 합니다.

동물 털로 만든 따뜻한 옷

사람은 짐승의 털로 옷을 만들어 왔습니다. 질기고 가벼우며 비를 맞아도 춥지 않은 동물의 털은 동물들이 인간에게 주는 고마운 선물입니다.

속옷을 고른다

여름에는 면으로 된 것이 좋다

속옷은 입었을 때 감촉이 부드러워야 좋습니다. 땀을 잘 흡수하고 또 빨리 마르기로는 면이 제일입니다. 그래서 티셔츠는 보통 면제품이 많습니다. 속옷은 부피가 크지 않으므로 여분의 옷을 꼭 준비해 갑니다. 땀에 젖은 셔츠는 냇물에 헹구어서 배낭 위에 걸쳐 놓고 걸으면 빨리 마릅니다.

겨울 속옷으로는 모직이 좋다

모직물로 만든 속옷은 신축성이 좋아 몸에 붙고 푹신하며 따뜻합니다. 더군다나 땀에 젖더라도 그렇게 차갑지 않습니다. 옷에 붙은 딱지를 보면 '모 100%' 혹은 '모 80%+나일론 20%' 등으로 적혀 있습니다. 모가 많이 섞여 있을수록 따뜻합니다. 속옷의 길이는 충분해야 하며 밑자락은 바지 속에 넣습니다. 앞으로 구부렸을 때 등이 드러나면 좋지 않습니다. 소매 길이도 팔목까지 넉넉히 가려져야 찬바람이 들어오지 않습니다.

속옷도 얇은 것으로 겹쳐 입자

추울 때 두꺼운 옷 한 벌보다 얇은 옷 두 벌을 껴입는 것이 따뜻한 이유는 46쪽에서 이야기했습니다. 속옷도 마찬가지입니다. 껴입었다가 더우면 그중 하나를 벗습니다. 야외에서는 귀찮아하지 말고 바로바로 움직이는 것이 중요합니다. 속옷을 챙기기 전에 자기 속옷이 몇 벌이나 되는지 알아 둡니다. 야외에서는 어머니나 아버지가 일일이 도와주지 않습니다. 모든 일을 자기가 알아서 해야 합니다. 입기 편하고 따뜻한 속옷을 미리 골라 둡니다.

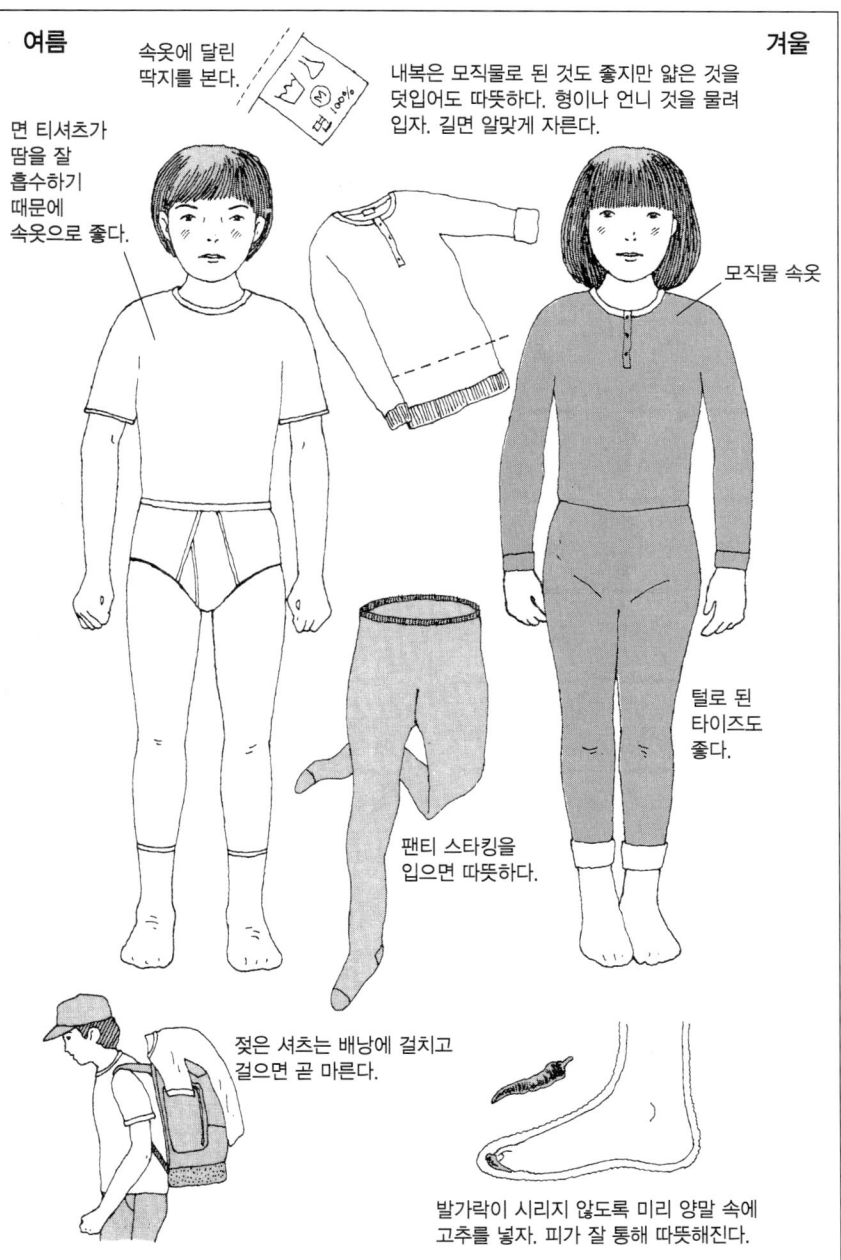

편리한 물건들

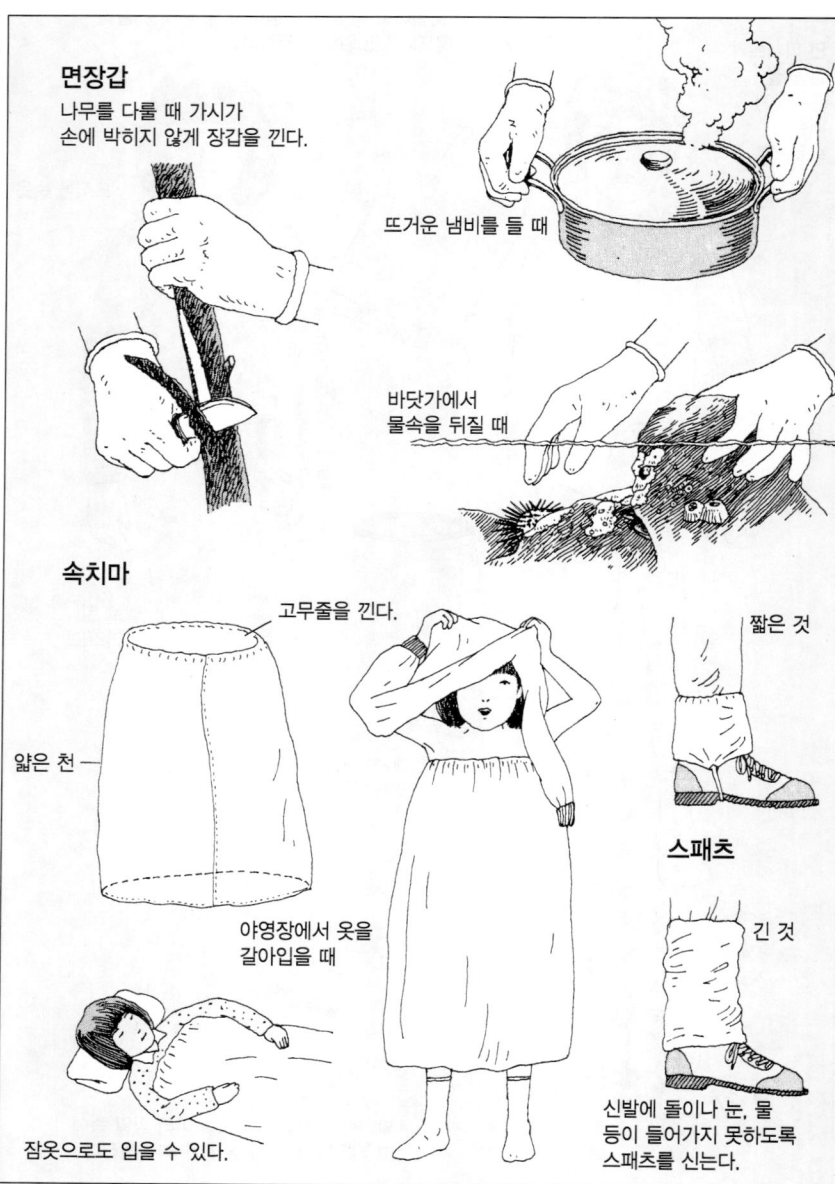

면장갑과 보자기는 야외에서 쓸모가 많습니다. 젖었을 때를 생각해서 적어도 2개를 준비합니다. 보자기는 되도록 큰 것이 좋습니다.

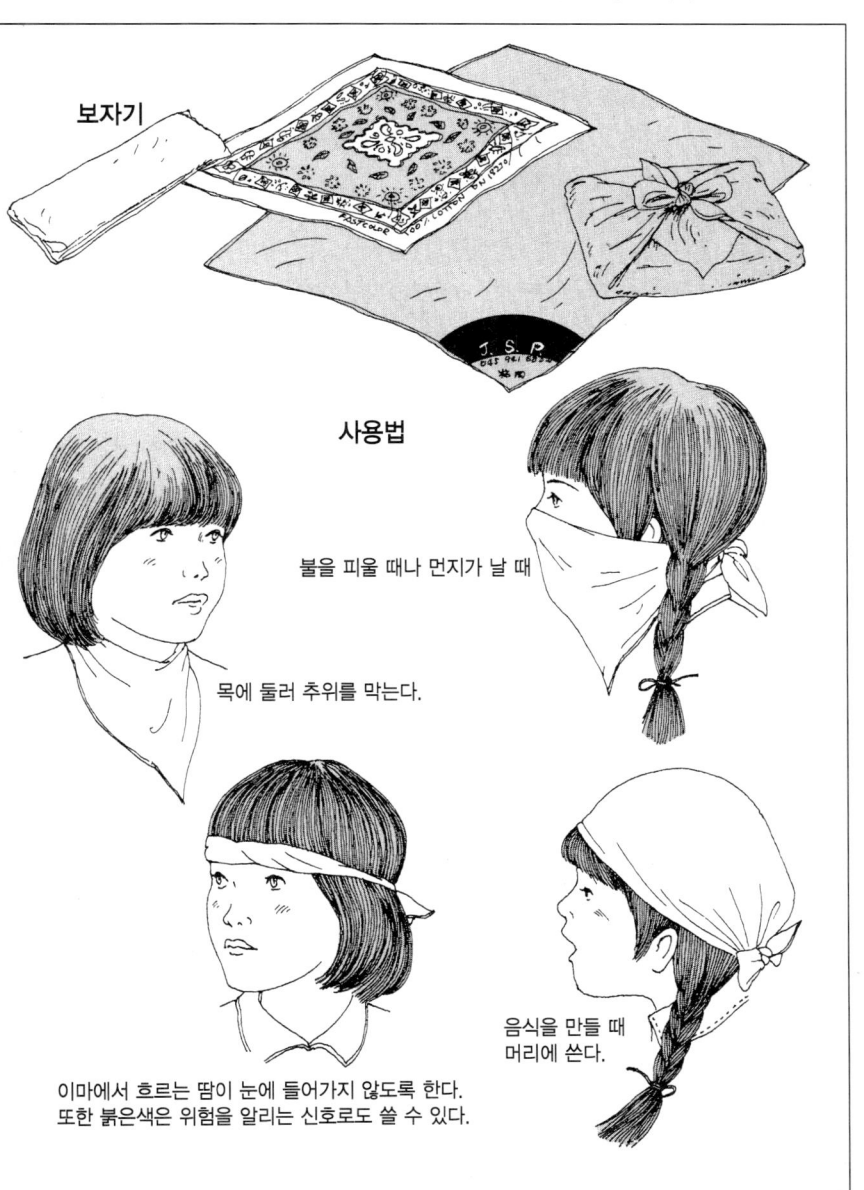

비가 와도 즐겁다

비는 자연의 샤워
비가 오면 어른들은 너나없이 비를 맞지 않는 곳으로 몸을 피합니다. 거리에는 우산 장수가 우산을 내어놓기 시작합니다. 비에 대해서 이처럼 빠른 반응을 보이는 국민은 아마 우리나라가 제일 아닐까요. 다른 나라에서는 웬만큼 큰 비가 아니면 태연하게 거리를 걷습니다. 아이들은 비를 좋아합니다. 비는 하늘에서 뿌리는 샤워입니다. 풀도 나무도 비를 맞고 생기를 되찾습니다. 웃통을 벗어 던지고 자연 샤워를 즐겨 보세요. 예전에 어린이들은 비가 오면 밖으로 뛰어 나갔습니다. 야외에 나왔으니 잊었던 놀이를 되찾아 봅니다.

젖은 옷은 바꿔 입도록
비를 맞은 뒤에는 몸을 씻고 바로 옷을 갈아입어야 합니다. 비가 오면 여름에도 기온이 내려갑니다. 그리고 옷이 젖으면 몸의 열이 밖으로 빠져나가기 때문에 그대로 있으면 감기에 걸리기 쉽습니다. 몸뿐만 아니라 머리의 물도 잘 닦아 내고 나서 마른 옷으로 갈아입습니다.

젖은 옷을 말린다
당일치기 캠핑이면 젖은 옷을 비닐 주머니에 넣어서 집에 가져오면 됩니다. 그러나 며칠씩 야외에서 지낼 때는 옷을 말리지 않으면 썩거나 곰팡이가 생깁니다. 반드시 꼭 짜서 물을 뺀 뒤, 바람이 잘 부는 자리에 널어놓습니다. 혼자서 바지의 물을 짜기 힘들면 친구와 둘이서 맞잡고 짜면 쉽습니다. 커다란 마른 수건으로 젖은 옷을 싼 다음 짜는 것도 방법입니다. 젖은 신발은 신문지를 뭉쳐서 신발 안에 넣어 두고 몇 차례 바꿔 끼면 빨리 마릅니다. 신발 속이 질퍽거리면 기분이 나쁘고 감기도 걸리기 쉽습니다.

되도록 비에 젖지 않도록 하자

비가 오면 걷기 힘들다
비가 오면 즐겁다고는 하지만 산에서 갑자기 비를 맞으면 매우 불편합니다. 날씨마저 추우면 더욱 힘이 듭니다. 그럴 때는 바로 우산을 씁니다. 산에서도 비가 옆으로 들이치지 않는 한 우산이 가장 좋습니다. 무게가 가볍고 접을 수 있는 우산을 배낭 안에 넣어 둡니다. 우산을 쓰면 한 손을 마음대로 쓰지 못하므로 걸을 때 특히 조심해야 합니다.

비옷은 어떤 것이 좋을까
비가 많이 내릴 때는 우산만 있어서는 안 됩니다. 이럴 때는 비옷을 입어야 하는데, 비옷에는 위아래로 나뉜 것과 판초가 있습니다. 판초는 머리에 뒤집어쓰면 배낭까지 덮을 수 있고 통풍도 잘됩니다. 비옷은 비를 직접 막는 일도 중요하지만 통풍이 잘되는 게 더욱 중요합니다. 비옷을 입으면 안에서 흐르는 땀이 밖으로 빠져나가지 못해서 옷이 땀으로 흠뻑 젖습니다. 이러면 비를 아무리 잘 막아도 마찬가지로 옷이 젖게 됩니다. 요즘에는 비를 막아 주면서 한편으로는 옷 안의 땀이 잘 빠져나가는 새로운 소재의 비옷이 많이 나와 있습니다.

비옷을 입기 전에 옷을 하나 벗자
비옷을 입을 때는 입고 있는 옷을 하나 벗습니다. 벗은 옷은 비닐 주머니에 싸서 배낭에 넣어 둡니다. 그리고 나중에 젖은 옷과 갈아입습니다. 비가 오면 젖을 수밖에 없다고 생각하지 말고 되도록 젖지 않으려고 노력하는 것이 중요합니다. 마른 속옷이나 셔츠는 다른 옷보다 한 벌이라도 많아야 합니다. 필요할 때 갈아입어야 감기에 걸리지 않기 때문입니다. 이 밖에 야외에 나가기 전에 배낭이나 신발에 방수 스프레이를 뿌리는 것도 좋은 방법입니다.

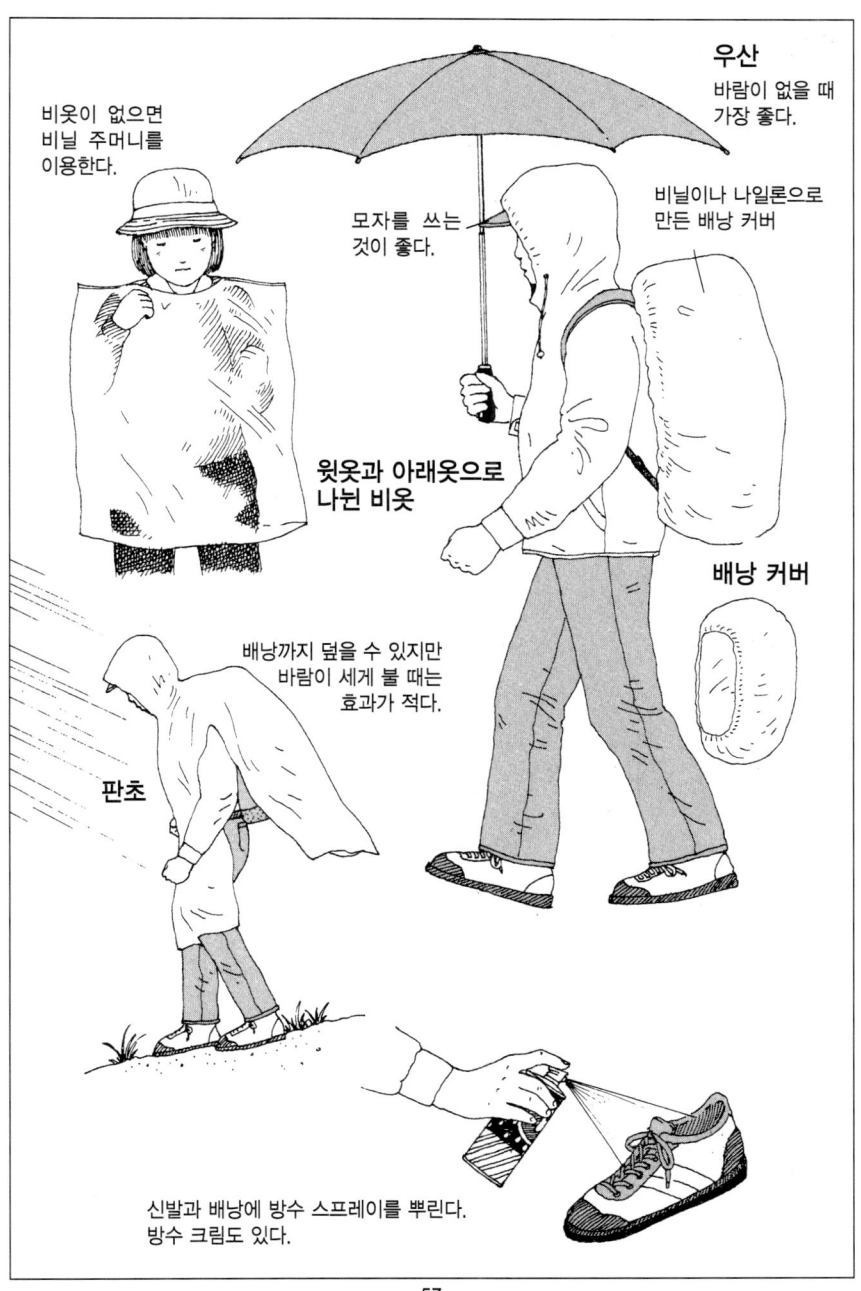

짐은 져야 편하다

양손을 움직일 수 있도록 배낭을 진다
누구나 겪어 봐서 알겠지만 짐을 손에 들고 있으면 힘이 들고 오래 걷지 못합니다. 손에 든 것이 없어야 돌에 채여도 바로 몸의 중심을 잡을 수 있습니다. 같은 무게라도 짐을 손에 드는 것과 등에 지는 것과는 차이가 엄청납니다. 뒤에서 보면 머리가 가릴 정도로 큰 배낭을 진 사람을 볼 수 있는데 만일 큰 배낭을 손에 들고 간다고 상상해 본다면, 얼마나 걸을 수 있을까요?

당일치기에는 소형 배낭을, 장기 여행에는 대형 배낭을
배낭은 크고 작은 여러 가지가 있습니다. 큰 배낭은 침낭을 넣고서도 며칠 분 식량과 취사도구 등 여러 장비를 넣을 수 있습니다. 하루 걸려서 가까운 데를 다녀오려면 당일용 소형 배낭을 이용합니다. 30ℓ 이하의 소형 배낭에는 하루치 물건을 넣을 수 있습니다. 그런데 며칠씩 묵게 될 야영을 떠날 때는 이런 소형 배낭으로는 안 됩니다. 용량이 적어도 30ℓ 정도 되는 큰 배낭이어야 합니다. 많은 짐을 넣고 질 수 있는 것으로 지게형 배낭이나 대형 배낭이 있는데 어깨와 허리에 배낭의 무게가 골고루 나뉘도록 배낭을 제대로 꾸리고, 어깨끈을 알맞게 조절하면 많은 짐을 배낭에 넣고도 편하게 걸을 수 있습니다.

자주 쓰는 물건은 따로 넣는다
지도, 나침반, 필기구, 주머니칼 등 자주 쓰는 물건은 배낭에 딸린 바깥 주머니나 서브색에 넣습니다. 주머니가 많이 달린 상의나 등산 조끼를 입었을 때는 그 주머니에 넣는 것도 좋습니다.

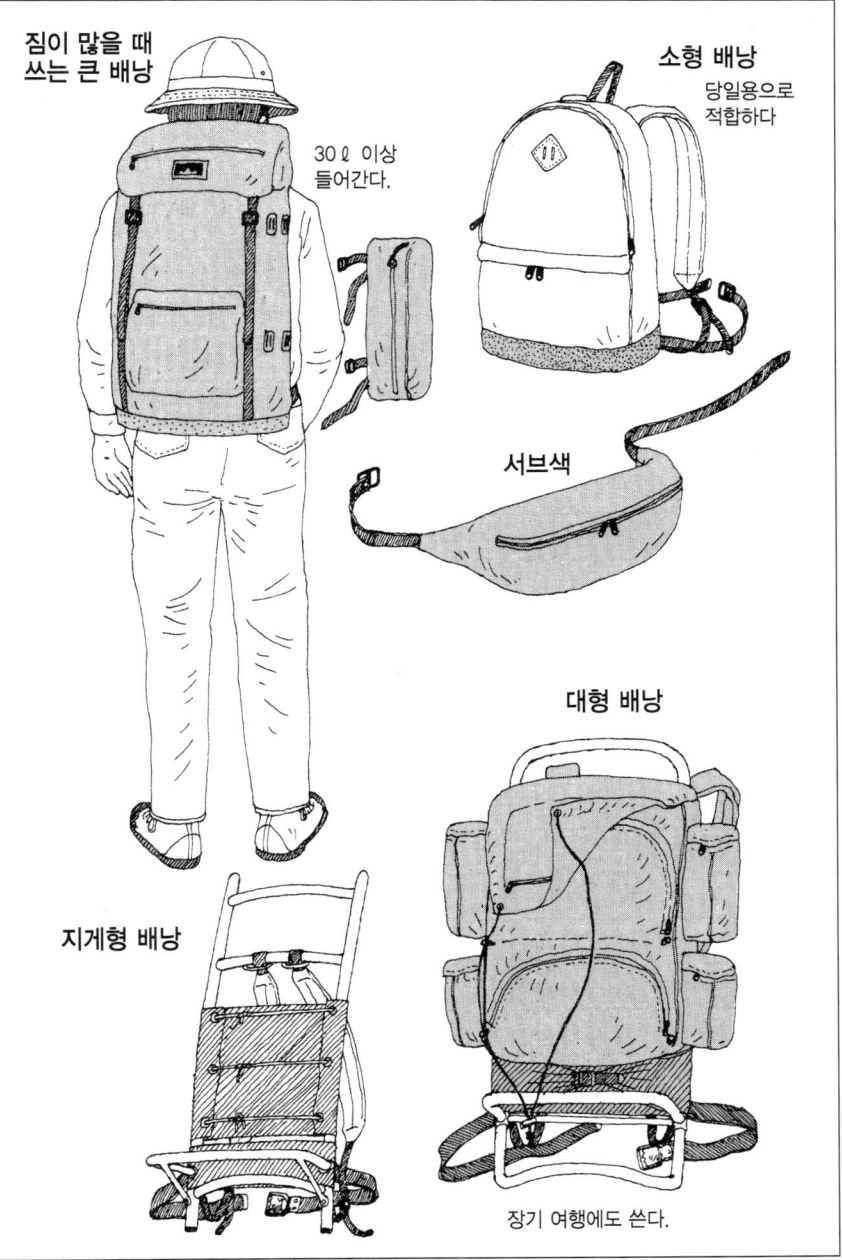

배낭 꾸리기

가벼운 것은 밑에, 무거운 것은 위에

얼핏 보면 순서가 바뀐 말이 아닌가 하는 생각이 들 수 있지만 사실 그렇지 않습니다. 등에 질 짐을 꾸릴 때는 무거운 것을 위에 넣어야 합니다. 실제로 무거운 것을 밑에 넣고 배낭을 져 보면 위의 말이 맞다는 것을 알 수 있는데, 배낭의 밑이 무거우면 몸이 뒤로 젖혀집니다. 산을 오르내릴 때는 상체를 굽혀야 하기 때문에 이때 중심이 높은 데에 있어야 그 무게가 발 위에 바로 얹힙니다.

꾸러미를 종류별로 여러 개 만든다

배낭은 말하자면 커다란 주머니입니다. 이 안에 이것저것 마구 집어넣으면 꺼낼 때 뒤죽박죽이 되어 애를 먹습니다. 짐은 식량, 식기, 옷가지, 약 등으로 나눈 뒤 헝겊이나 비닐 주머니에 싸서 여러 개의 꾸러미를 만듭니다. 헝겊 주머니는 헌 옷의 천을 이용합니다. 젖으면 안 될 옷은 주머니를 겹으로 쌉니다. 깨지기 쉬운 물건은 스웨터나 속옷 등으로 말아서 넣습니다.

깨지기 쉬운 물건

짐을 여러 꾸러미로 나눌 때, 깨질 위험이 있는 것은 따로 꾸려야 합니다. 카메라, 손전등, 비옷 등은 가장 나중에 넣습니다. 배낭 밑에는 부피가 큰 것, 즉 침낭과 옷을 넣습니다. 그 다음 식기, 스토브, 식량의 순서로 넣습니다. 무거운 것과 깨질 위험이 있는 것 사이에는 헝겊이나 종이(신문지 등)를 끼워서 충격을 줄여 줍니다. 손전등은 스위치가 저절로 켜지지 않도록 고정해야 합니다(전류가 흐르지 않도록 건전지를 반대로 끼워 두기도 함). 짐을 다 꾸렸으면 배낭을 져 봅니다. 등이 배기는 데가 없고, 좌우로 기울지 않아야 합니다.

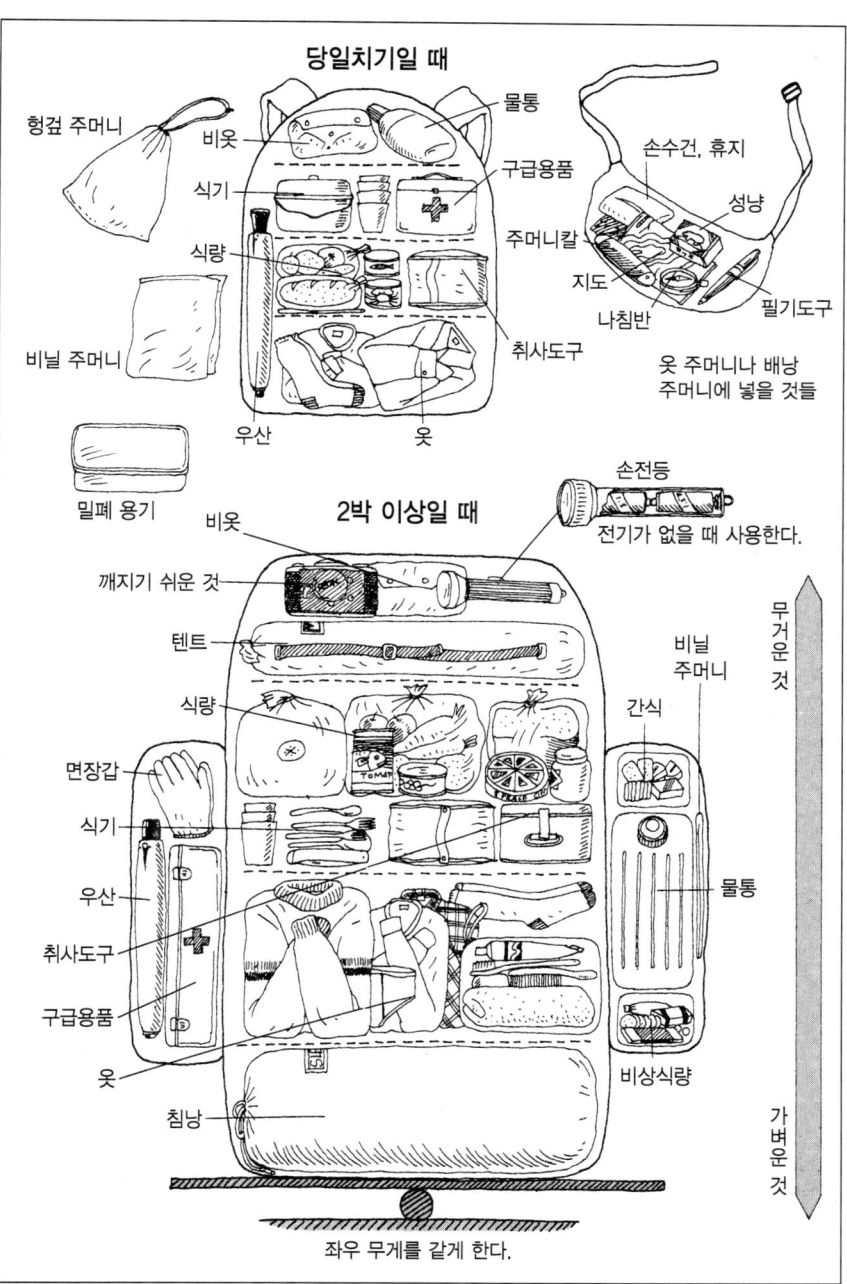

배낭 지는 법

어깨끈을 조이자
배낭을 졌을 때 등과 배낭 사이가 뜨면 안 됩니다. 이럴 때는 어깨끈을 조여서 배낭을 등에 붙게 만들어야 합니다. 등과 배낭 사이가 뜨면 몸이 뒤로 쏠려서 걷기 힘들고 어깨가 빨리 아파 옵니다. 배낭과 상체가 한 덩어리처럼 느껴져야 제일 좋습니다.

큰 배낭일 때는 배낭 허리끈을 이용한다
아무리 힘이 센 사람이라고 해도 무거운 짐을 오래 지면 지치게 마련입니다. 야영을 하게 되면 가져갈 짐이 많습니다. 몸에 부담이 덜 가도록 하면서 무거운 짐을 운반하는 기술을 알아야 합니다. 바로 짐의 무게가 어깨뿐만 아니라 허리에도 분산될 수 있도록 하는 것입니다. 큰 배낭에는 보통 허리끈이 달려 있습니다. 배낭 허리끈을 채우고 걸으면 짐이 한결 가볍게 느껴집니다.

배낭을 지고 걸어 보자
앞에서 말한 대로 배낭이 등에 붙었는지, 배낭 속에 든 물건이 출렁대지는 않는지, 딱딱한 것이 등에 닿지는 않는지를 살펴보도록 합니다. 배낭에는 쿠션 역할을 하는 것이 있어야 등이 배기지 않습니다. 쿠션이 없는 배낭을 멜 경우 비닐 시트나 신문지가 아니더라도 널빤지처럼 반듯한 것을 배낭 속 등이 닿는 쪽에 대면 한결 편합니다. 어깨끈은 걸으면서 조절할 수 있습니다. 자, 걷기 시작합니다. 그리고 어깨끈을 조이고 허리끈을 채워 봅니다. 처음에는 귀찮은 일 같지만 몇 번만 해 보면 자연히 익숙해집니다. 배낭은 잘 메면 멜수록 가벼워지는 물건입니다.

지도를 만들어 보자

거리의 그림 지도를 그리자

준비가 됐으면 이제 출발입니다. 그런데 늘 다니는 길과 달라서 야외에서는 처음 걷게 되는 길이 많습니다. 이럴 때 지도가 있어야 편리합니다. 지금 있는 데가 어딜까? 목적지와 얼마나 떨어졌을까? 도중에 위험한 데는 없을까? 이런 정보를 알 수 있는 것이 지도입니다. 지도가 있으면 길을 잃더라도 걱정이 안 됩니다. 자기가 있는 위치를 지도에서 알아내고 다시 길을 찾아갈 수 있기 때문입니다. 그런데 지도를 읽으려면 몇 가지 알아 둬야 하는 일들이 있습니다. 그것은 지도를 보는 요령이기도 한데, 스스로 지도를 한 번 만들어 보면 '지도의 약속'을 빨리 알게 됩니다. 여러분이 사는 집을 다른 친구에게 알려 주는 기분으로 그림 지도를 그려 봅니다.

먼저 북쪽을 알자

누가 봐도 알 수 있는 지도가 되려면 그 첫 번째 약속이 바로 방향을 정하는 일입니다. 지도에서는 북쪽이 위를 향하도록 그립니다. 북쪽을 정하면 그 나머지는 저절로 정해집니다. 북쪽을 아는 방법 중 나침반을 사용하는 방법이 가장 간단합니다. 나침반이 수평이 되게 하면 바늘은 남과 북을 가리킵니다. 색을 칠한 바늘 끝이 북쪽입니다. 다만 나침반은 기찻길이나 전선 등 쇠가 가까이 있으면 정확히 북쪽을 가리키지 못하므로 반드시 주의해야 합니다. 나침반이 없을 때는 시계를 이용해서 북쪽을 알아낼 수도 있습니다(65쪽 그림 참조). 또 해가 뜨거나 지는 방향을 알아도 북쪽을 알 수 있습니다. 방향을 알았으면 이제 길을 그려 넣습니다. 넓은 길과 좁은 길을 그려 넣습니다. 사거리나 막다른 골목길도 잊어서는 안 됩니다. 집에서 가까운 전철역이나 버스 정류장도 빠뜨리지 말고 그립니다.

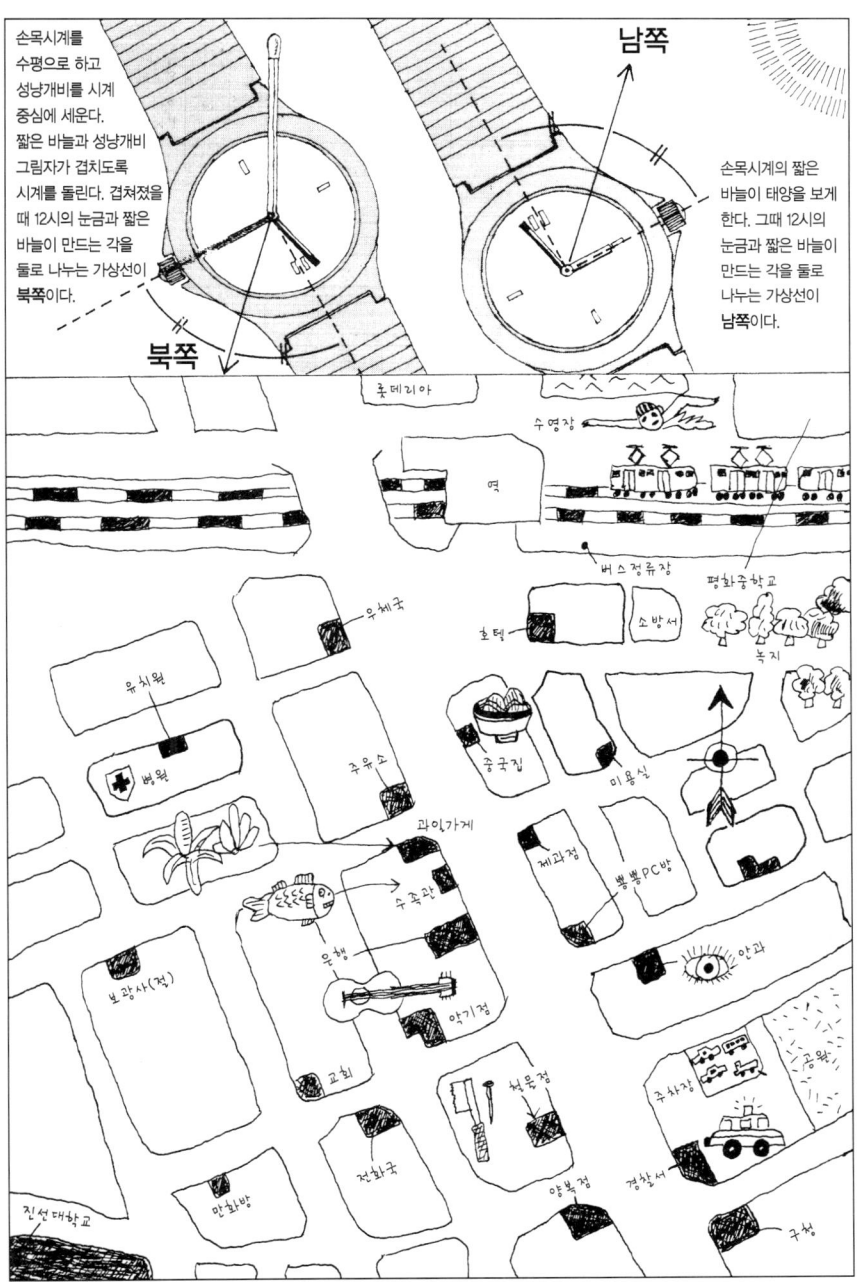

지도 읽기

지도는 기호로 나타낸다

그림 지도를 만들어 보면 길이 어느 정도로 꺾였는지 또는 높은 건물과 낮은 건물을 어떻게 구분해서 나타내야 하는지 등 여러 가지 의문이 생길 것입니다. 오늘날 제작되는 지도에서는 측량한 것을 근거로 길의 정확한 형태가 표시되고 또 건물이나 철도 등은 모두 그림 대신에 기호로 나타냅니다. 학교, 교회, 병원 등 어느 곳에서나 볼 수 있는 건물에 대해서는 각각의 기호가 따로 정해져 있습니다. 이처럼 기호가 정해져 있으면 그리기가 쉽고 또 보는 사람도 편합니다. 기호란 지도에서 매우 중요한 약속입니다. 65쪽의 그림 지도를 기호로 나타낸 것이 67쪽의 그림입니다. 기호를 알고 있는 사람이면 이 간단한 지도를 한 손에 들고 어렵지 않게 집을 찾아올 수 있습니다.

지도란 하늘에서 본 땅의 모양

지도는 실제의 크기를 축소한 것입니다. 쉽게 이야기하면, 지도는 비행기에서 밑을 내려다본 지형과 같은 것입니다. 비행기가 하늘 높이 올라갈수록 집이나 길도 작아집니다. 우리나라 지도는 국토지리정보원에서 작성하고 있는데 원래 이 지도의 기본이 되는 것은 바로 항공 사진입니다. 비행기의 고도를 일정하게 하고 우리나라의 구석구석을 빠짐없이 찍은 항공 사진으로 정확한 지도를 만듭니다.

지도의 축척을 알자

실제의 길이를 얼마만큼 줄였는가에 따라 지도에는 25,000분의 1, 50,000분의 1, 100,000분의 1 등의 여러 종류가 있습니다. 즉 25,000분의 1 지도에는 실제 길이인 25m가 1mm, 50,000분의 1 지도에서는 50m가 1mm로 그려집니다. 그렇기 때문에 25,000분의 1 지도가 50,000분의 1 지도보다 담긴 내용이 세밀합니다.

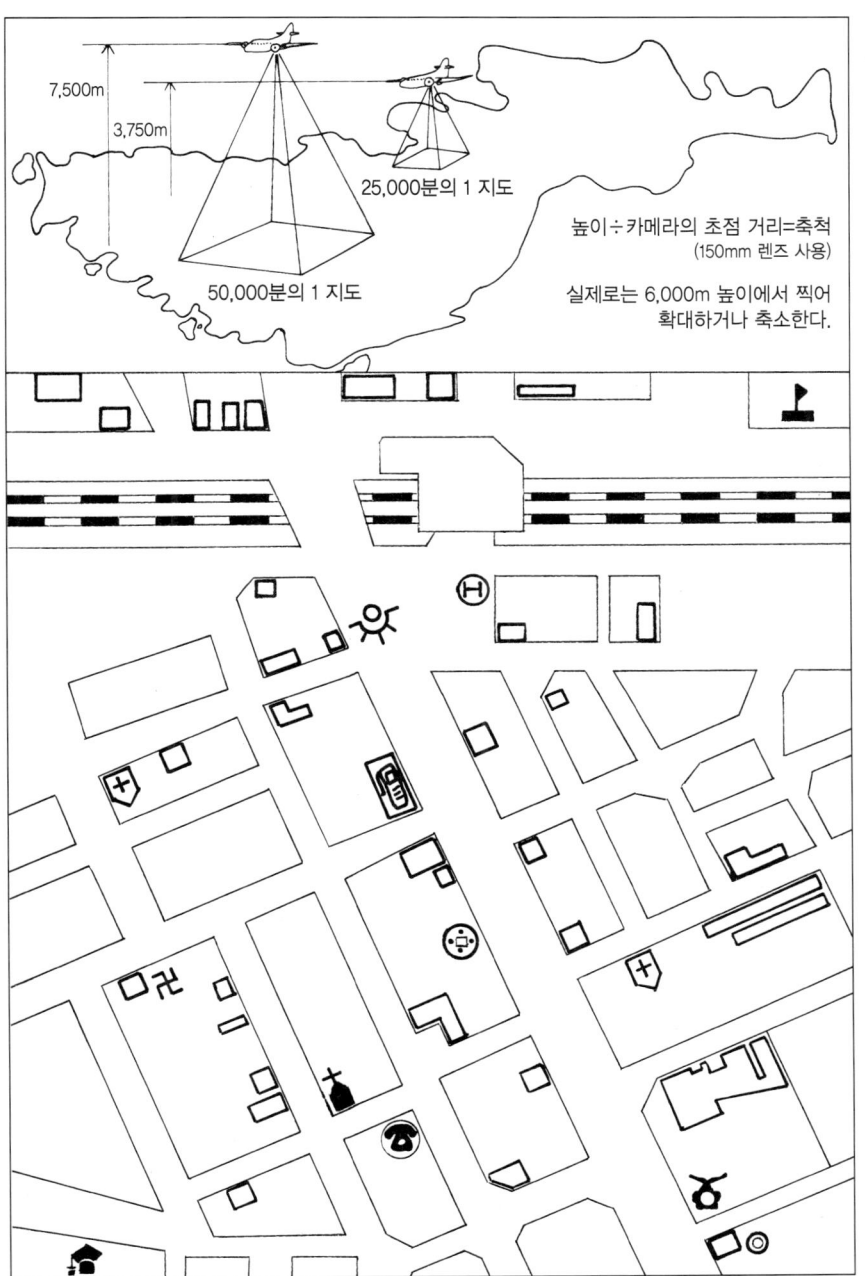

지도 사용법

지도로 거리를 안다

자, 이제부터 지도를 가지고 직접 야외로 나가 실제로 보이는 집이나 산이 지도에서는 어디에 있는지 알아봅니다. 이런 연습은 자주 해 봐야 익숙해집니다. 쉴 때도 그냥 가만히 있지 말고 실제로 있는 건물의 위치를 지도에서 알아내는 습관을 길러 보세요. 그리고 예정대로 가고 있는지, 목적지까지의 거리나 도착하는 데 걸리는 시간을 알려면 지도에 실려 있는 자를 이용하면 됩니다. 그런데 길이를 재고 싶은 길은 보통 구불구불합니다. 이럴 때는 끈이나 실을 길에 맞춰 대 보고 그것을 펴서 축척에 대면 거리가 얼마나 되는지를 알 수 있습니다. 이밖에 손가락의 폭을 자 대신으로 쓸 수 있습니다. 여러분 몸에서 각 부분의 길이를 재서 기억해 두면 편리할 때가 많습니다(이 책의 맨 뒤에 몸 각 부분의 길이를 적을 수 있는 메모란을 만들었습니다. 이용하면 편리할 겁니다).

자북선을 그려 넣는다

지도의 아랫부분을 보면 '도자각 6°50″'라는 글이 적혀 있습니다. 이것은 나침반의 바늘이 가리키는 북쪽(자북)과 지도에 그려진 실제의 북쪽(도북)과는 그만큼 차이가 난다는 뜻입니다. 이런 경우라면 나침반은 지도의 경선(세로로 그어진 선)보다 6°50′ 서쪽을 가리킨다는 뜻입니다. 어떻게 해서 이런 일이 생기는 것일까요? 지도는 지구의 진북(지리학적 북극의 방향, 진방위를 측정하는 기준 방향)을 기준 삼아 만들어진 것이고 나침반이 가리키는 북쪽은 장소에 따라 조금씩 달라지기 때문입니다. 이러한 차이는 지도에 적힌 각도만큼 줄을 하나 그으면 해결됩니다. 지도를 산 뒤, 곧 이 각도(편차 각도)를 확인하고 가장 오른쪽 끝의 경선에 그 각도의 선을 따로 그려 넣습니다. 이 선을 '자북선'이라고 합니다. 이 편차 각도는 별로 큰 것이 아니기 때문에 대부분의 경우 문제가 생기지 않는데 다만 길을 잃었을 때 문제가 됩니다. 나침반을 써서 길을 찾을 때 자북선을 기준으로 삼지 않으면 정확한 방향이 나오지 않기 때문입니다.

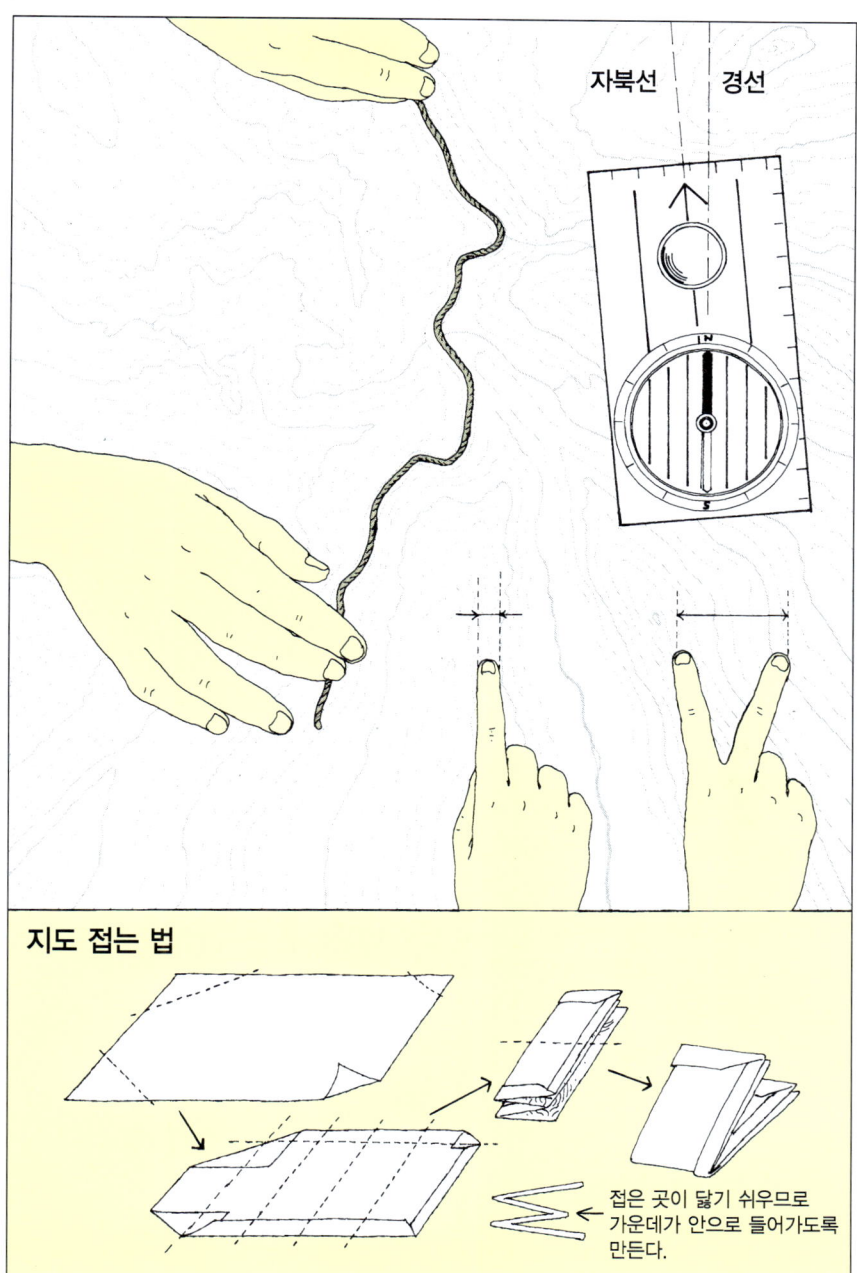

등고선으로 산의 모양을 안다

등고선은 지면의 높이와 모양을 나타낸다

지도에는 길, 철도, 송전선 등 실제로 눈에 보이는 것들이 선으로 된 갖가지 기호로 나타나 있습니다. 그뿐 아니라 눈으로 볼 수 없는 선도 지도에는 나타나 있습니다. 경계선과 등고선이 그것입니다. 경계선은 시, 도나 군의 경계를 나타낸 것인데 실제로 선이 땅 위에 그어져 있지는 않습니다. 등고선은 산이나 골짜기의 둘레에 둘러져 있는 물결처럼 보이는 선인데 이것 역시 실제로 있는 선이 아니라 지면의 높이나 모습을 나타내기 위해서 정해 놓은 가상의 선입니다. 등고선을 자세히 보면 군데군데 숫자가 적혀 있습니다. 예를 들어 800이라고 쓰여 있으면 그 선의 표고가 800m라는 뜻입니다. 한 줄의 등고선을 따라가면 결국 한 바퀴 빙 돌아서 처음 시작한 자리로 되돌아옵니다.

단면도를 그려 보면 산의 지형을 안다

25,000분의 1 지도에서는 굵은 등고선(숫자가 쓰인 것)이 50m마다, 가는 등고선은 10m마다 그어져 있습니다. 등고선이 편리한 점은 바로 지형을 짐작할 수 있다는 것입니다. 지형을 알아보는 간단한 방법이 있습니다. 바로 71쪽의 그림처럼 단면도를 그려 보는 것입니다. 경사가 완만한 데는 등고선 사이의 폭이 넓으며, 반대로 가파른 데는 등고선 사이의 폭이 좁습니다. 단면도를 여러 번 그리다 보면 등고선을 보기만 해도 그곳의 지형이 저절로 머리에 떠오르게 됩니다. 하지만 여러 번 그려 봐야 원리를 알 수 있으므로 귀찮다고 생각하지 말고 직접 그려 봅니다. 모눈종이에 그리면 눈금이 분명하고 고르기 때문에 그리기가 편리합니다. 등고선으로 산의 모습을 안다면 지도를 보는 실력이 상당한 것입니다. 이쯤 되면 산의 사진을 보고 어디에서 찍은 사진인가를 알아맞힐 수도 있습니다.

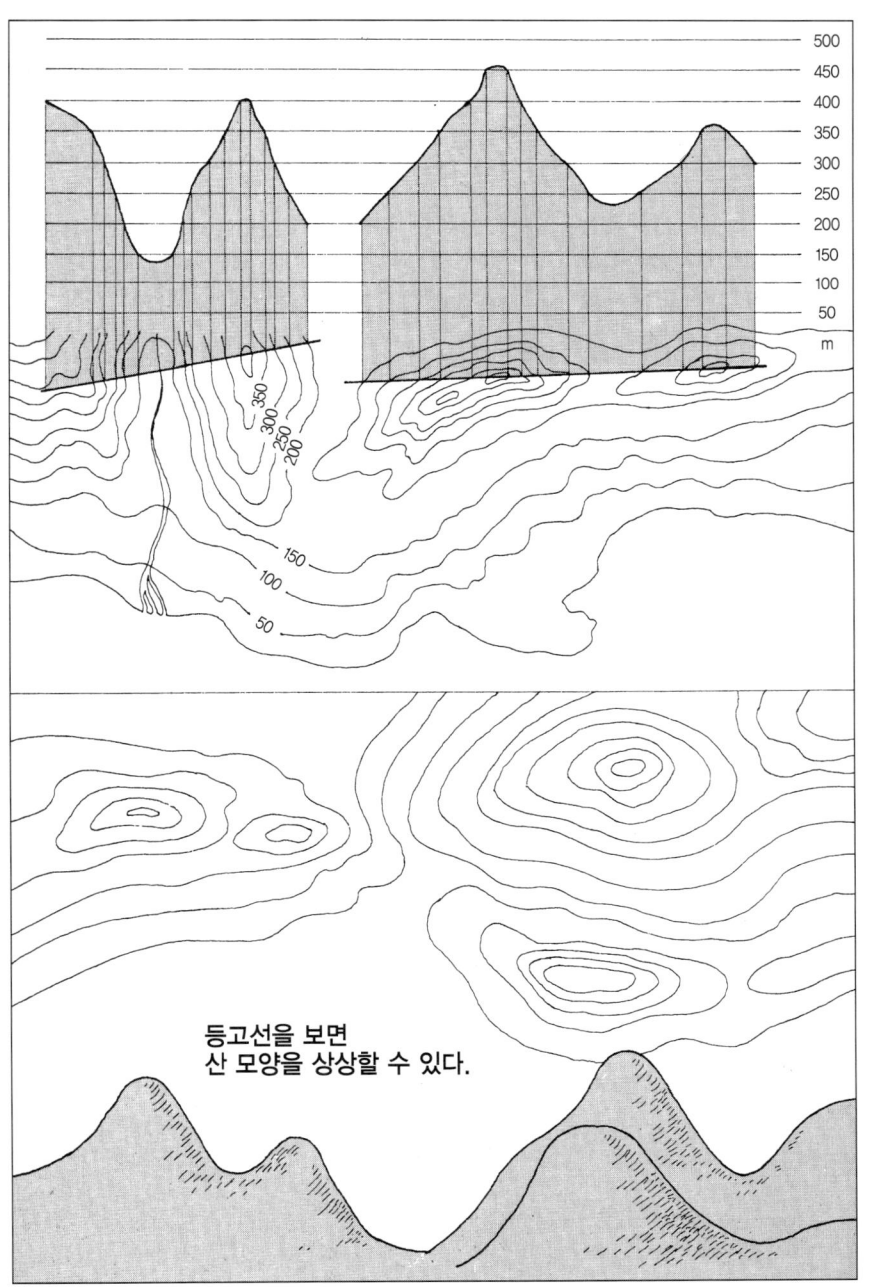

지도로 자기 위치를 안다

두 목표물의 각도를 잰다

길을 잃고 지금 어디에 있는지 알 수 없을 때는 이렇게 해 보세요. 숲 속이나 골짜기라면 우선 높은 곳으로 올라갑니다. 그리고 그곳에서 보이는 것 중에서 지도에도 나와 있을 것 같은 산이나 건물을 두 개만 정합니다. 이 두 목표물이 지도에서는 어디에 나와 있는가를 찾아내면 자기가 있는 곳을 대강 알 수 있습니다. 그러나 제대로 된 길을 찾아 나설 수 있으려면 좀 더 자세한 위치를 알아내야 합니다. 73쪽 그림에서처럼 '오리엔티어링형 나침반'이 있으면 아주 좋습니다. ① 목표물 A를 마주 보고 섭니다. ② 링을 돌리면서 나침반의 진행선이 목표물 A를 보게 하고 링 안의 화살표와 나침반의 북쪽이 같이 겹치도록 만듭니다. ③ 이때의 화살표가 만드는 눈금을 읽습니다. 이것이 A의 각도입니다. ④ 같은 방법으로 목표 B의 각도도 알아냅니다.

지도의 목표물에 나침반을 갖다 댄다

이제부터 할 일은 지도 위에서 하는 작업입니다. 자북선과 평행이 되게 줄을 몇 줄 그어 두면 작업하기가 쉽습니다. 우선 나침반의 북쪽에 맞춰서 지도를 바로 놓습니다. 그리고 나침반의 앞쪽 모서리를 지도 위의 목표물 A에 갖다 댑니다. 링의 눈금을 조금 전에 알아낸 A의 각도에 맞춘 다음 링 안의 화살표를 자북선과 평행이 되게 만듭니다. 이것으로 나침반의 위치가 정해진 셈입니다. A로부터 나침반 가장자리를 따라 뻗은 선의 어딘가에 내가 있을 것입니다. 연필로 선을 그어 둡니다. 그리고 B에 대해서도 같은 식의 작업을 합니다. A로부터 나온 선과 B로부터 나온 선이 만나는 바로 그곳이 지금 내가 있는 자리입니다. 지금까지의 설명을 보다 보면 알 것 같으면서도 자신이 없을 겁니다. 집 밖으로 나가서 지도와 나침반을 가지고 실제로 연습을 해 봅니다. 이때 자북선 긋는 것을 잊고 경선으로 기준을 삼으면 위치가 틀린다는 점을 잊지 마세요.

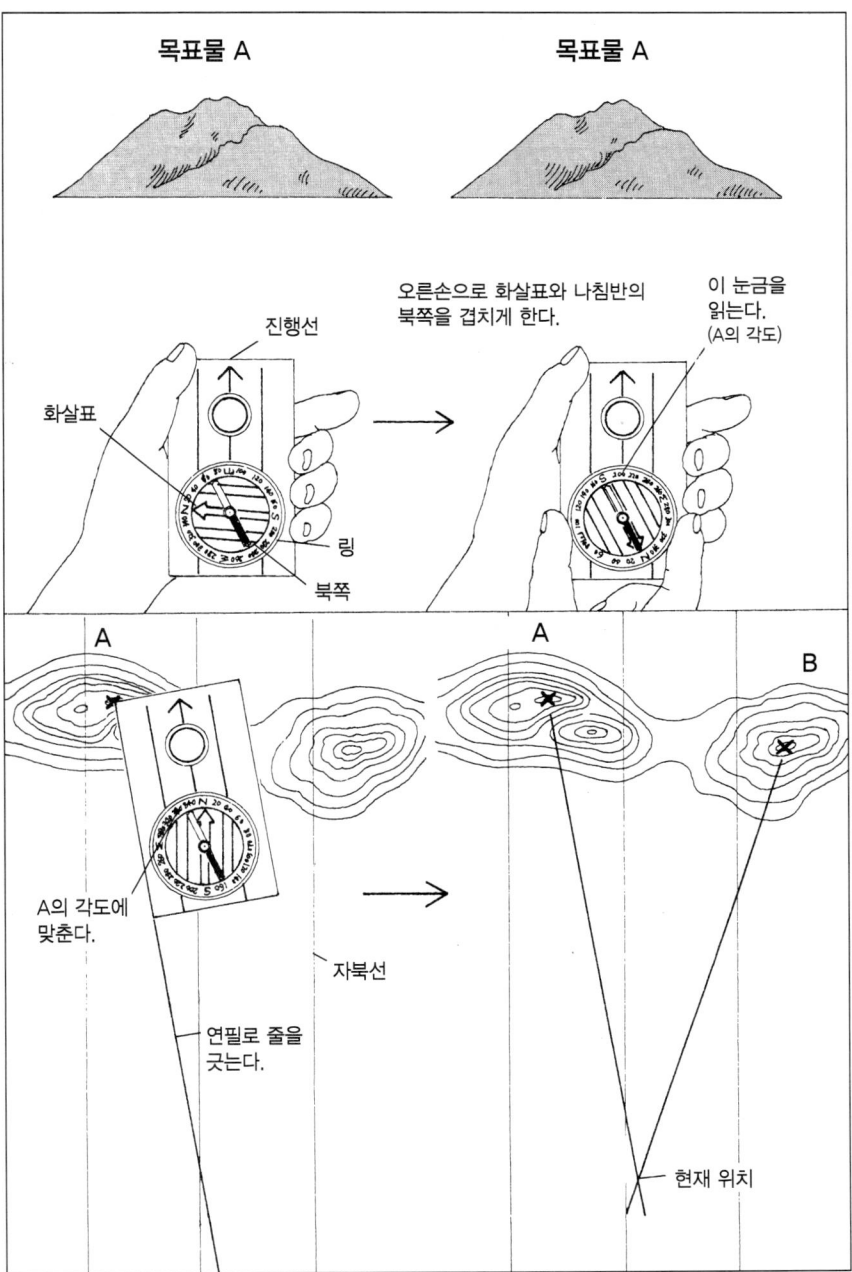

구름으로 날씨 변화를 안다

날씨를 아는 방법

야외에 나가기 전에 걱정이 되는 부분이 바로 날씨입니다. 그래서 신문이나 TV, 라디오나 휴대 전화 등으로 최신 정보를 얻을 필요가 있습니다. 작은 라디오는 야외에 가지고 가서 들을 수도 있습니다. 또한 131 기상콜센터(131번)에 전화하면 날씨를 알려 줍니다. 그러나 막상 야외에 가서는 직접 눈으로 보고 자연의 변화를 아는 것이 중요합니다. 하늘을 쳐다보고 하늘의 빛깔이나 구름의 종류, 바람 부는 방향 등으로 날씨를 알 수 있습니다. 이처럼 자연의 여러 모양을 보고 날씨를 아는 것을 '관천망기(觀天望氣)'라고 합니다.

날씨를 알 수 있는 가장 확실한 것은 구름

뭐가 뭔지 잘 모를 때 '뜬구름 잡는 식'이라고 합니다. 그러나 구름의 모양이나 성질을 안 다음 하늘을 쳐다봐서 무슨 구름인가를 판단하게 되면 날씨가 앞으로 어떻게 되리라는 것을 짐작할 수가 있습니다. 여러 날 앞까지는 알 수 없지만 앞으로 하루 이틀 정도의 날씨라면 문제가 없습니다. 만일 많은 비가 내릴 것 같으면 바로 돌아올 수도 있습니다. 산사태, 낙석, 낙뢰 등은 상상외로 무섭습니다. 구름의 종류에는 열 가지가 있습니다. '적'자가 붙은 것은 덩어리진 구름으로 크건 작건 몽실몽실한 구름입니다. 한편 '층'자가 붙은 것은 하늘 가득히 퍼져 끝이 분명치 않은 구름인데 어둠침침한 인상을 주는 구름입니다. 그래서 '층적운' 하면 몽실몽실한 구름 덩어리가 옆으로 쭉 퍼진 구름이란 것을 알 수 있습니다.

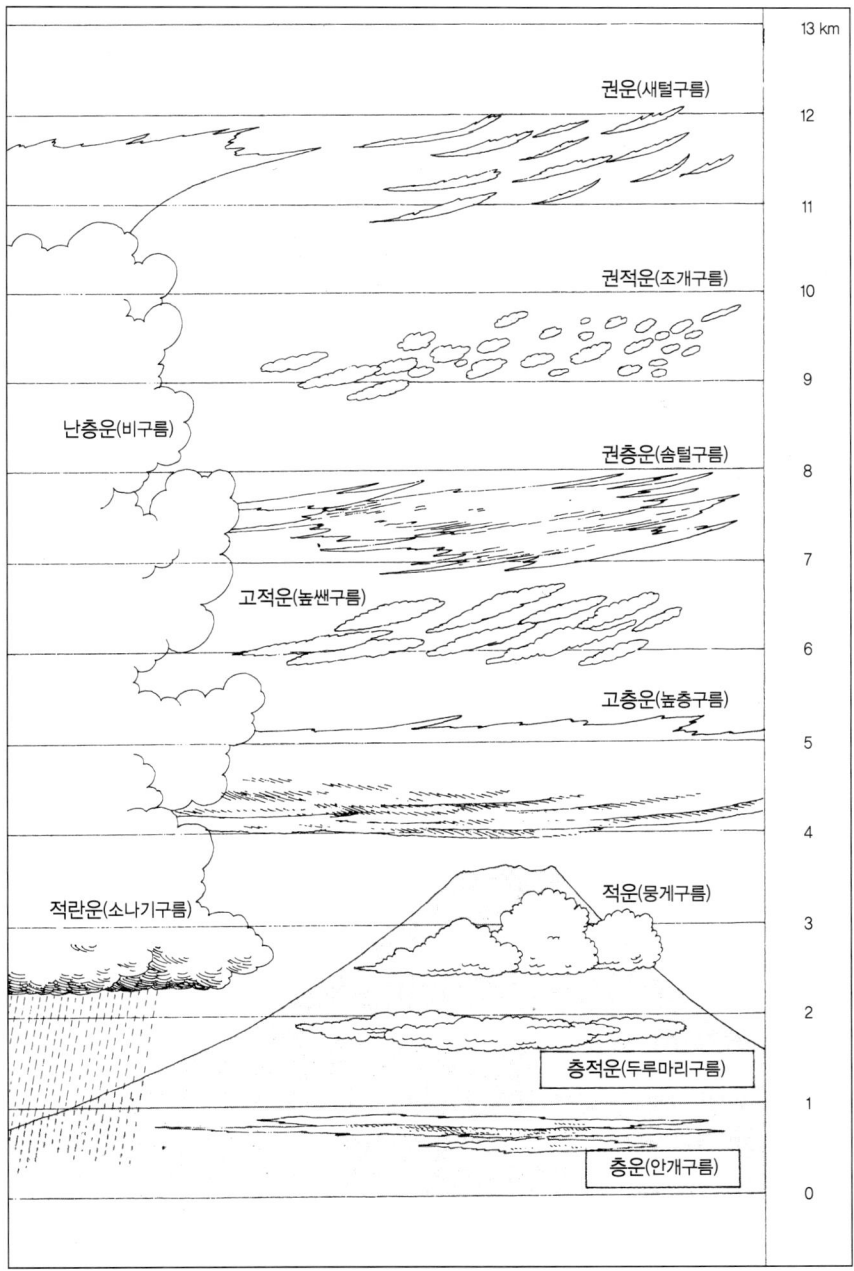

구름의 종류와 성질

털구름 → 솜털구름 → 높층구름 → 비구름

이처럼 구름 모양이 변하면 비가 올 때가 많습니다. 우리나라 날씨는 보통 서쪽에서 동쪽으로 이동합니다. 그래서 비구름이 하늘을 덮고 있더라도 서쪽에 푸른 하늘이 보이면 날이 개는 경우가 많습니다.

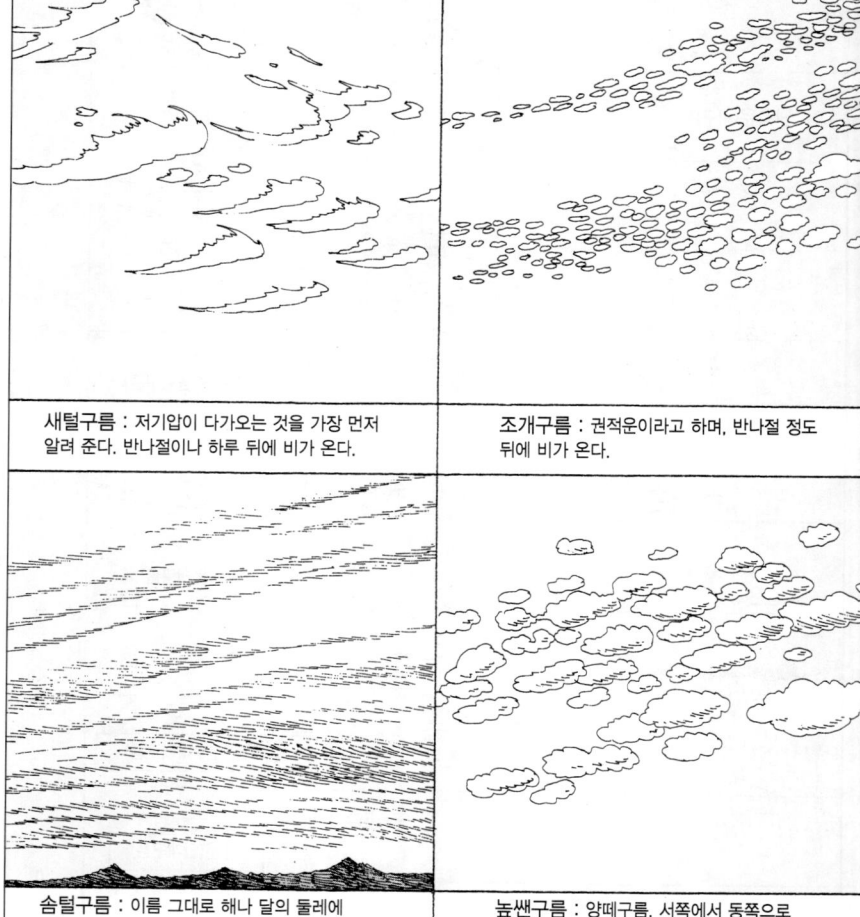

새털구름 : 저기압이 다가오는 것을 가장 먼저 알려 준다. 반나절이나 하루 뒤에 비가 온다.

조개구름 : 권적운이라고 하며, 반나절 정도 뒤에 비가 온다.

솜털구름 : 이름 그대로 해나 달의 둘레에 무리가 생긴다. 반나절쯤 뒤에 비가 온다.

높쌘구름 : 양떼구름. 서쪽에서 동쪽으로 흐르면 날씨가 나빠지고 그 반대면 좋아진다.

높층구름 : 뿌옇게 하늘을 온통 가린다. 몇 시간 뒤에 비가 온다.

두루마리구름 : 남쪽에서 북쪽으로 흘러가면 날씨가 나빠진다.

비구름 : 거의 예외가 없이 이 구름이 생기기 전에 높층구름이 나타난다.

소나기구름 : 여름에는 소나기, 겨울에는 큰 눈이 온다. 나쁜 날씨가 지속되는 시간은 짧다.

뭉게구름 : 날씨가 나빠지지 않는다. 여름에 크게 자란 것이 산봉우리구름이다.

안개구름 : 여름 아침에 산기슭에 생긴 구름은 산으로 올라가면서 사라지고 날씨가 갠다.

날씨를 미리 안다 1

날씨가 나빠지는 구름
열 가지 구름에 대한 성질을 다시 한 번 정리해 봅니다.

1) 산에 구름이 덮이면 비가 옵니다(그림①).
   하루 안으로 비가 옵니다.
2) 렌즈구름이 나타나면 바람이 세집니다(그림②).
   몇 시간 안으로 바람이 세게 붑니다.
3) 햇무리, 달무리가 서면 비가 옵니다(그림③).
   햇무리구름이 걸리면 반나절쯤 뒤부터 날씨가 나빠집니다.
4) 아침놀이 생기면 비, 저녁놀이 생기면 갭니다(그림④).
   아침에 놀이 서는 것은 서쪽 하늘에 구름이 있기 때문인데
   얼마 뒤에 비가 옵니다.
5) 구름이 서로 반대로 흐르면 비가 옵니다.
   위쪽의 구름과 아래쪽의 구름이 서로 반대 방향으로 흐를 때가
   있습니다. 이것은 저기압이나 태풍이 다가오고 있다는 표시입니다.
   이것을 보통 '구름이 싸운다.'고 말하는데 이 때문에 비가 올 수밖에
   없습니다.

날씨가 나빠지는 큰 원인은 저기압
구름이 생기고 날씨가 나빠질 때는 따뜻한 공기가 위로 올라가 상승기류가 생깁니다. 거꾸로 날씨가 좋은 데에서는 하강기류가 일어납니다. 상승기류가 생기는 원인은 여러 가지가 있지만 가장 큰 원인은 저기압입니다. 79쪽의 일기도 등압선을 보세요. 지도에서 본 등고선과 비슷합니다. 같은 방법으로 단면도를 만들 수 있습니다. 강물이 높은 데서 낮은 데로 흐르듯이 공기도 고기압으로부터 저기압으로 흐르고 있습니다. 흘러드는 공기가 많을수록 거꾸로 위로 떠받쳐지는 상승기류도 강합니다. 날씨는 보통 온난전선 가까이에서는 비가 오래 내리고, 한랭전선 가까이에서는 번개가 칩니다. 한랭전선이 지나가면 날씨가 회복되기 시작합니다.

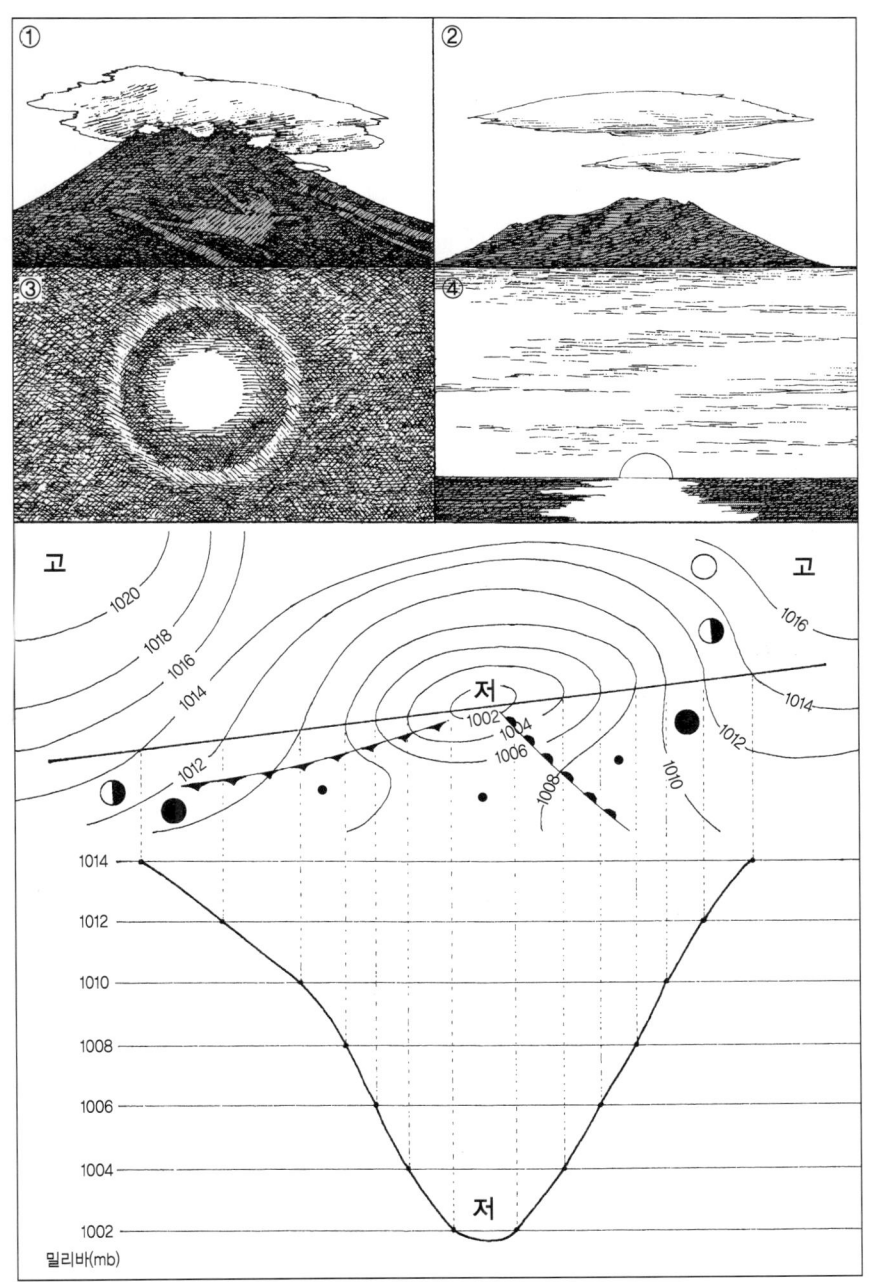

날씨를 미리 안다 2

산이 가깝게 보이면 맑고, 멀리 보이면 비

날씨가 건조하면 먼 산이 가깝게 보이지만, 습기가 생기면 원근감이 없어진다.

기차 소리가 또렷하게 들리면 비

지상과 하늘 높은 곳의 온도차가 적어지는 흐린 날에 소리가 잘 전해진다.

고양이가 세수하는 시늉을 하면 비

앞발로 세수하는 이유는 비가 오기 전에 습도가 높아져 벼룩이 근질거리기 때문이라고 한다.

개구리가 울면 비

개구리는 피부가 얇아서 온도의 변화를 예민하게 느낀다. 비가 오기 전에는 몹시 시끄럽게 울어댄다.

아침 거미줄에 물방울이 맺히면 맑음

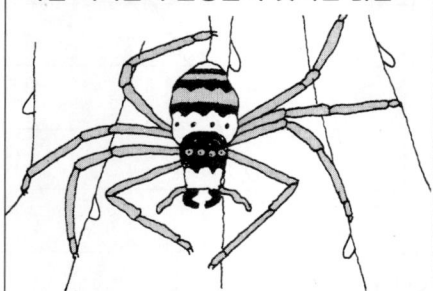

날씨가 좋으면 낮과 밤의 온도차가 커서 갑자기 식은 공기 속의 수증기는 물방울이 된다.

물고기가 물 위로 뛰어오르면 비

먼 곳의 날씨 변화가 물속에서 빨리 전달되어 고기들이 놀라서 뛰어오른다고 한다.

제비가 낮게 날면 비

비가 올 것 같으면 곤충들은 지상을 낮게 난다.
이 곤충을 노려 제비도 낮게 난다.

겨울에 번개가 치면 눈을 부른다

우리나라 눈은 강원도 영동 지방에 많다.
이는 북서 계절풍의 영향으로 큰 눈이 오기 때문이다.

비가 올 것 같으면 습도가 올라가고 지렁이가 나온다

비가 올 것 같으면 습도가 올라가고 부드러워진
지면으로부터 지렁이가 고개를 내민다.

굴뚝의 연기가 휘어지면 흐림

공장이나 집의 굴뚝에서 나오는 연기가 곧게
오르면 맑고, 휘어지면 흐리다.

아침 해에 서리가 반짝이면 맑음

서리가 생기는 것은 밤에 공기가 차갑기 때문이다.
낮과 밤의 온도 차가 크면 날씨가 갠다.

아침에 오는 비는 곧 멎는다

아침에 오는 비는 곧 그치기 때문에 팔을 걷고
빨래할 준비를 해도 좋다.

일기도 보는 법과 전선

날씨는 서쪽에서 동쪽으로 이동한다

신문에는 일기도가 실려 있습니다. 일기도를 읽을 줄 알면 많은 정보를 얻을 수 있습니다. 우리나라 상공에는 지구가 자전하는 것 때문에 서쪽에서 동쪽으로 바람(편서풍)이 불고 있습니다. 이 편서풍 때문에 날씨는 서쪽에서 동쪽으로 이동하는 것입니다. 물론 정확하게 서쪽에서 동쪽으로 바뀌는 것은 아니며, 어떤 때는 동북쪽이나 동남쪽으로도 이동합니다. 날씨의 진행 방향이 언제 바뀌는지는 이제까지 진행되던 방향을 보면 알 수 있으며, 24시간 이내는 같은 방향과 같은 속도로 진행됩니다. 그러므로 하루 정도의 날씨는 미리 알아낼 수 있는 것입니다.

전선은 성질이 다른 공기끼리의 경계선

저기압이 있는 곳에서는 전선이 생깁니다. 이것은 물과 기름이 서로 섞이지 않고 경계면을 형성하는 것과 같은 이치입니다. 전선이란 성질이 서로 다른 공기의 경계선(면)입니다. 따뜻하고 습한 공기, 차고 건조한 공기, 이런 식으로 저마다 한 덩치를 이루고 서로 섞이지 않습니다. 그렇다면 전선 주위의 날씨는 어떨까요? 그 하나의 예를 83쪽에 실었습니다. 지금 B지점에 있다고 한다면 이곳은 날씨가 쾌청합니다. 일기도에 따르면 날씨는 A와 B를 이은 선의 방향으로 진행된다고 볼 수 있습니다. 그렇다면 계속 B지점에 있다고 가정할 때, 흐림(●)→비(·)→다시 흐림(●)→비(·)를 되풀이한 뒤 날씨가 회복된다는 것을 알 수가 있습니다. 온난전선에 의한 날씨는 평온하고 전선이 통과한 뒤에는 기온이 올라갑니다. 이와 반대로 한랭전선이 가까이 오면 날씨가 갑자기 나빠지고 큰 비나 눈이 내리면서 바람이 붑니다. 그리고 전선이 지나간 뒤에는 갑자기 기온이 낮아집니다.

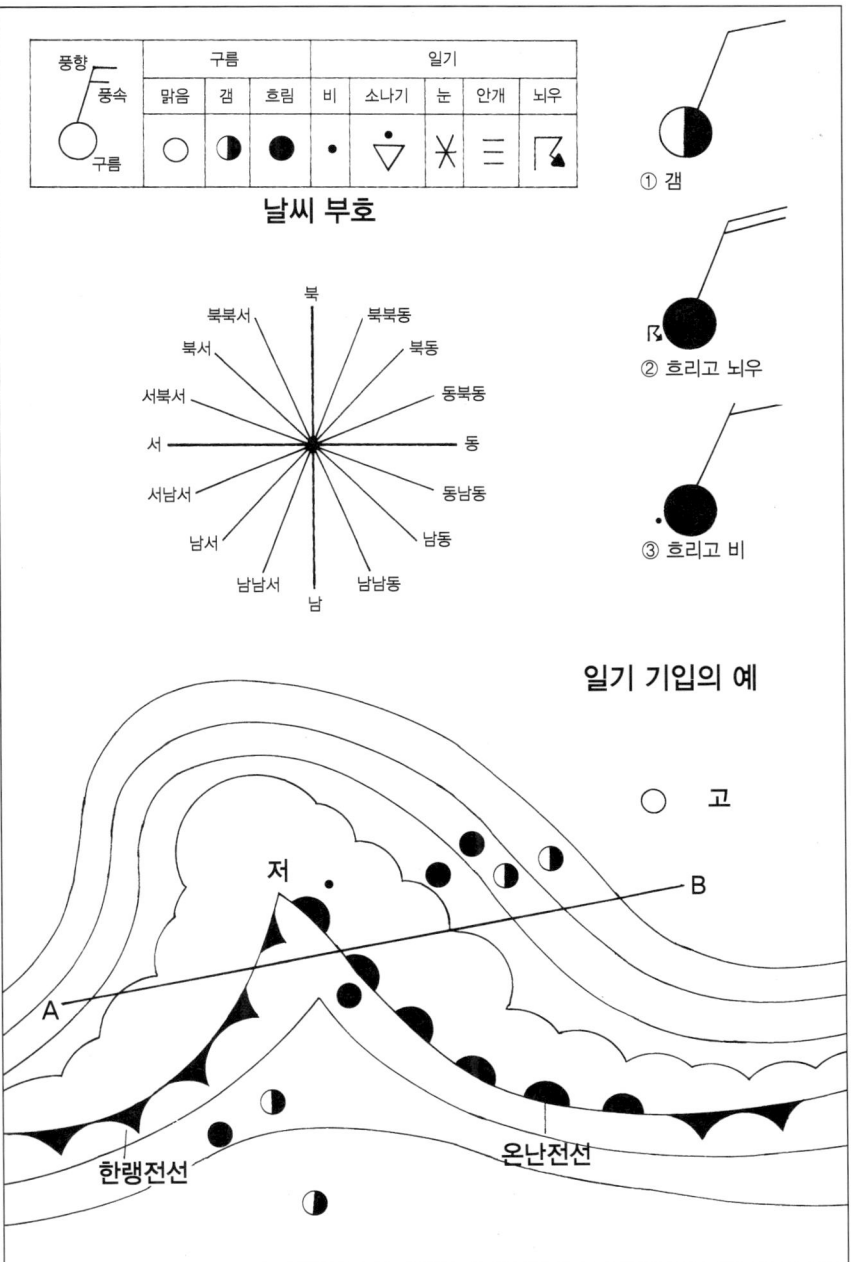

대표적인 기압 배치를 알자

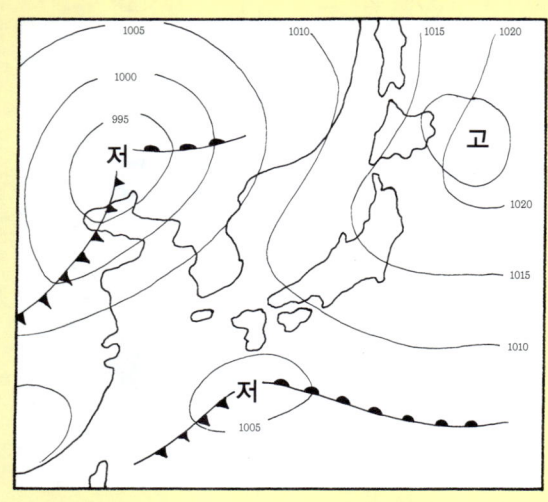

동고서저형

고기압의 세력이 동해 해상까지 뻗쳐 있고, 우리나라 북서쪽에 저기압이 있을 때의 형식으로 대체적으로 날씨는 점차 기울어져서 비가 내리는 일이 많다.

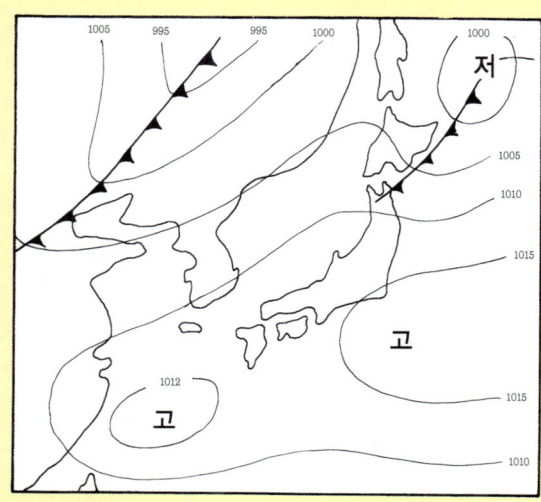

남고북저형

여름철의 대표적인 형으로 북태평양 남부에 고기압이 있고 대륙 내부에 저기압이 있을 때로 따뜻하고 습한 남동 계절풍이 우리나라에 불어오기 때문에 대체로 대단히 무덥고 많은 비를 동반한다.

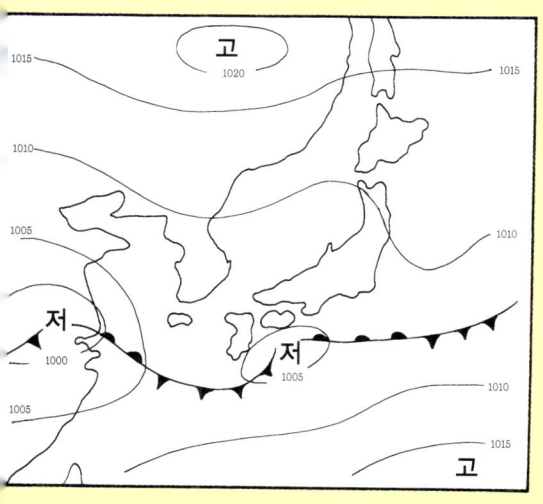

북고남저형

고기압이 우리나라 북부에 있고 저기압이 남쪽 해상이나 양쯔강 하구에 있을 때로 우리나라에서는 북동풍이 불고 날씨는 갰다 흐렸다 하다가 점차 나빠져서 비가 내리는 일이 많다.

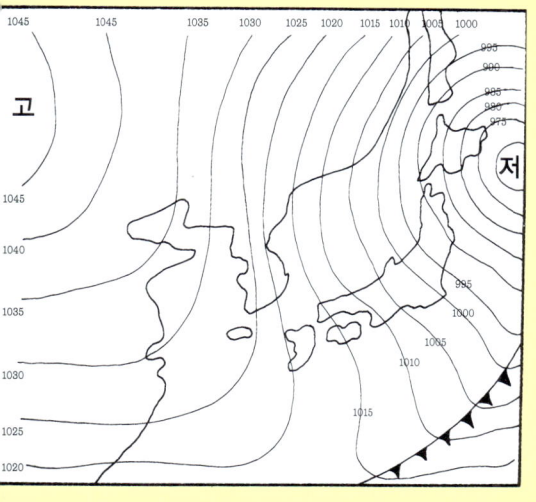

서고동저형

겨울철의 대표적인 형으로 중국이나 몽골 대륙에 고기압이 있고, 태평양 북부에 저기압이 있다. 우리나라 겨울철의 계절풍인 북서풍이 발달하고 한파를 가져오며, 대체적으로 날씨는 맑은 편이나 서해안 지방에서는 눈이 내릴 때도 있다.

밤하늘을 쳐다보자

북극성 찾는 법

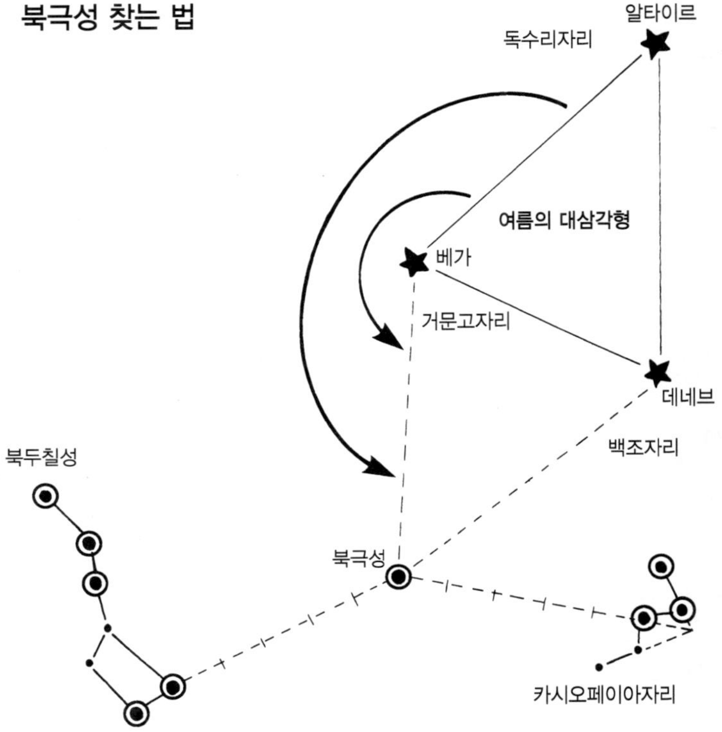

- 독수리자리
- 알타이르
- 여름의 대삼각형
- 베가
- 거문고자리
- 데네브
- 백조자리
- 북두칠성
- 북극성
- 카시오페이아자리

별의 밝기

사람의 눈에 보이는 별을 밝은 순서대로 1등성, 2등성, 3등성, 4등성, 5등성, 6등성 등으로 부릅니다. 1등성은 6등성보다 100배가 밝습니다. 이 책에서는 3등성보다 어두운 별은 3등성과 같은 크기로 나타내고 있습니다.

★ 1등성

 2등성

· 3등성 이하

봄 하늘의 별자리가 이처럼 되는 때는 5월 1일 오후 9시경입니다.

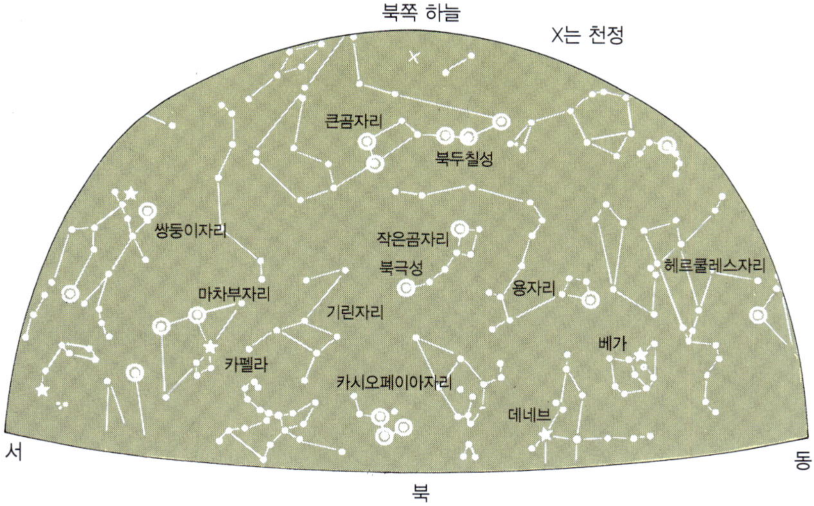

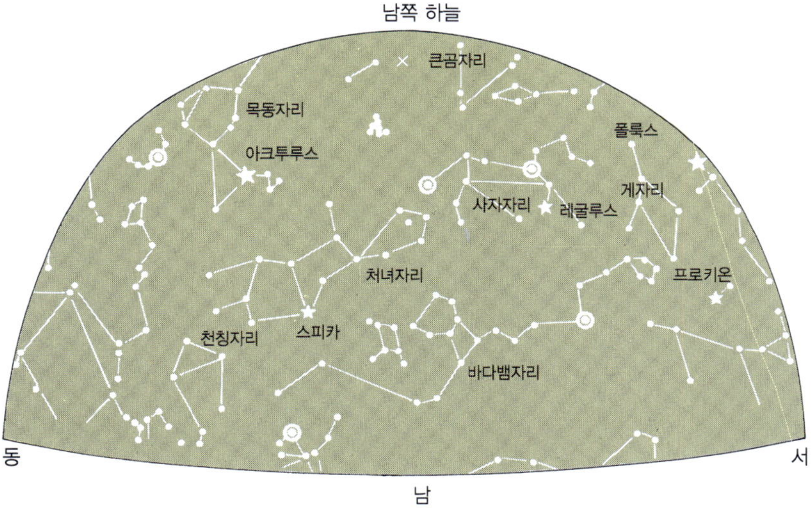

북쪽 하늘

X는 천정

큰곰자리
북두칠성
쌍둥이자리
마차부자리
작은곰자리
북극성
용자리
헤르쿨레스자리
기린자리
카펠라
카시오페이아자리
베가
데네브

서 — 북 — 동

남쪽 하늘

큰곰자리
목동자리
아크투루스
폴룩스
사자자리
게자리
레굴루스
처녀자리
프로키온
천칭자리
스피카
바다뱀자리

동 — 남 — 서

여름의 대삼각형을 찾아보자(남쪽 하늘)

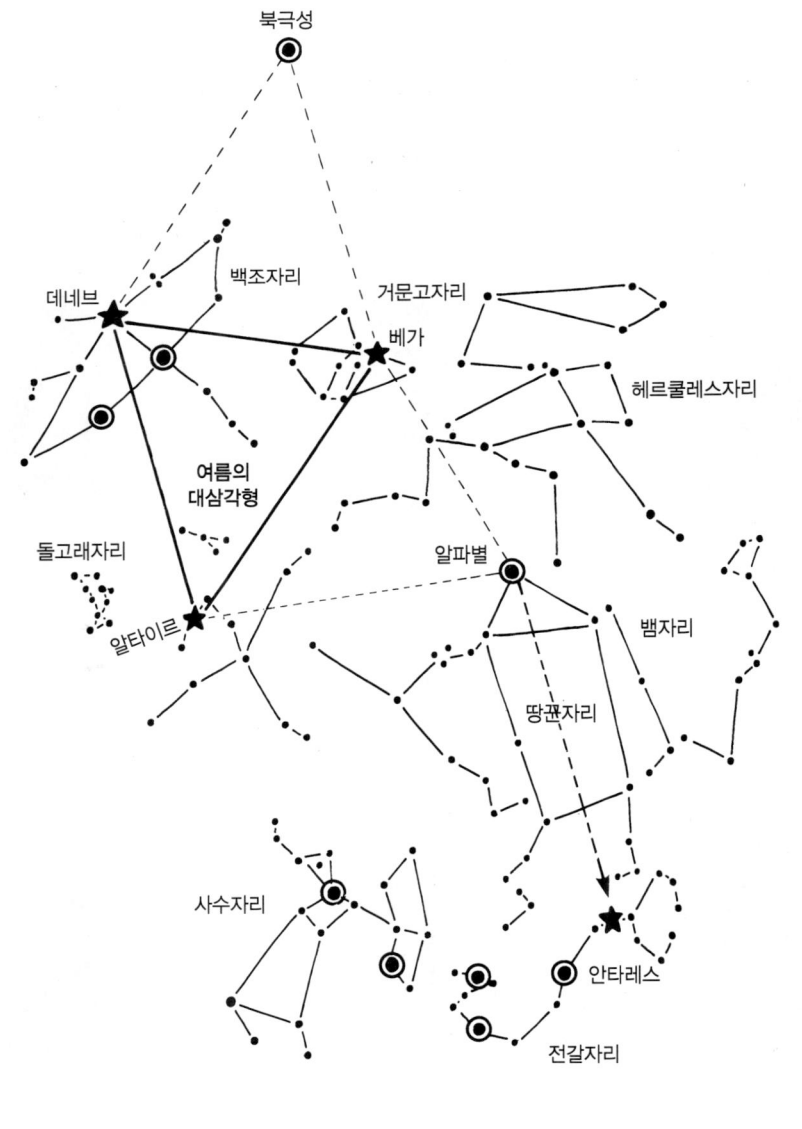

여름 하늘의 별자리가 이처럼 되는 때는 8월 1일 오후 9시경입니다.

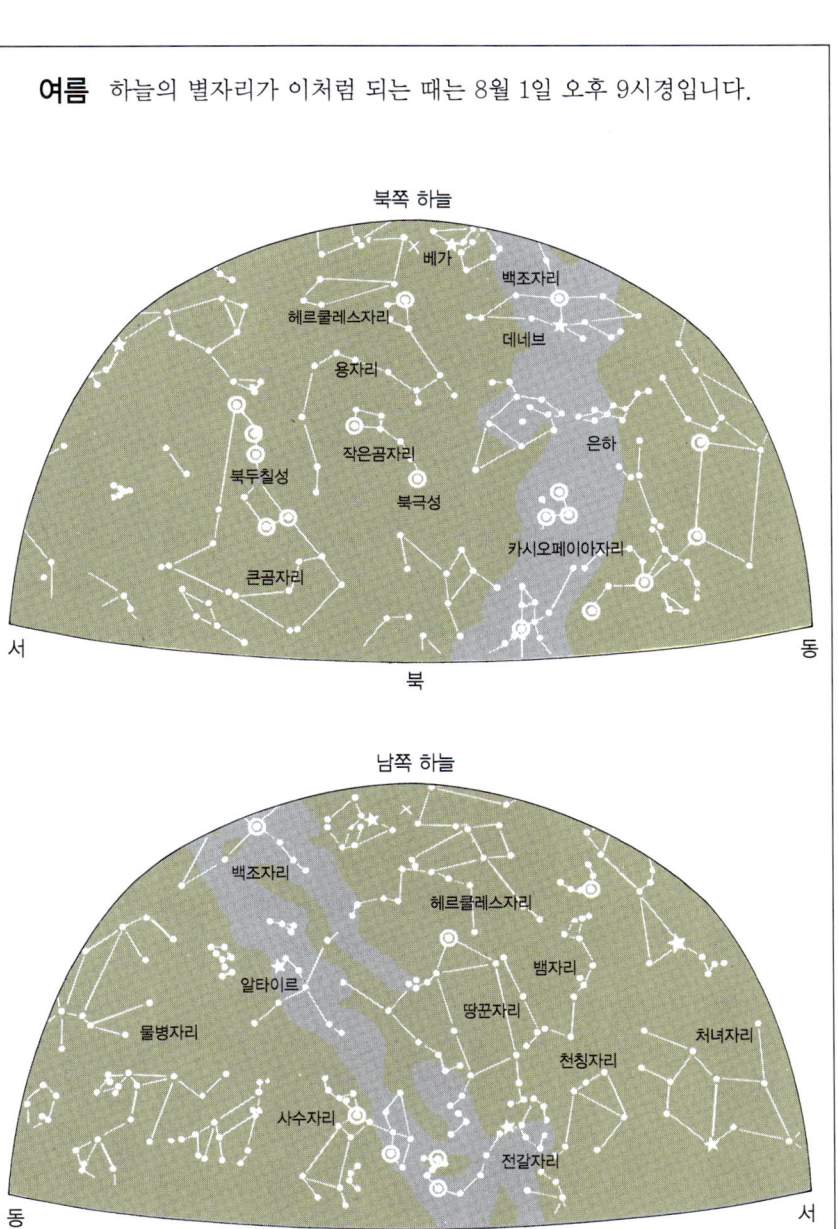

별의 움직임

북두칠성은 1년 내내 볼 수 있습니다. 계속해서 관찰하면 북극성을 중심으로 원을 그리고 있는 것을 알게 됩니다. 북극성은 언제나 같은 자리에 있는 오직 하나뿐인 별입니다.

별은 실제로 움직이지 않습니다. 다만 지구가 돌기 때문에 움직이는 듯 보이는 것입니다. 북극성에 가까운 별은 작은 원을, 멀리 있는 별은 커다란 원을 그리므로 지평선에 가려서 보이지 않을 때도 있습니다.

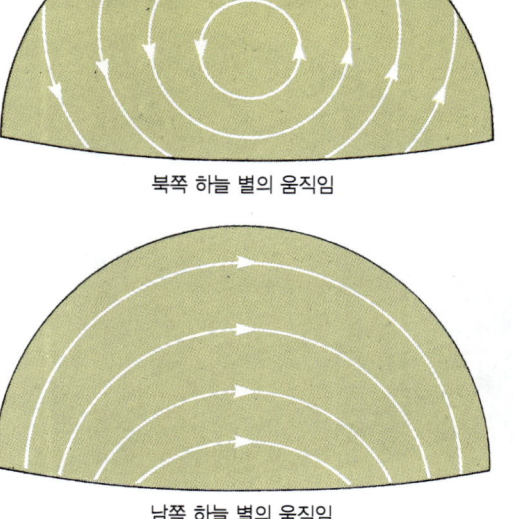

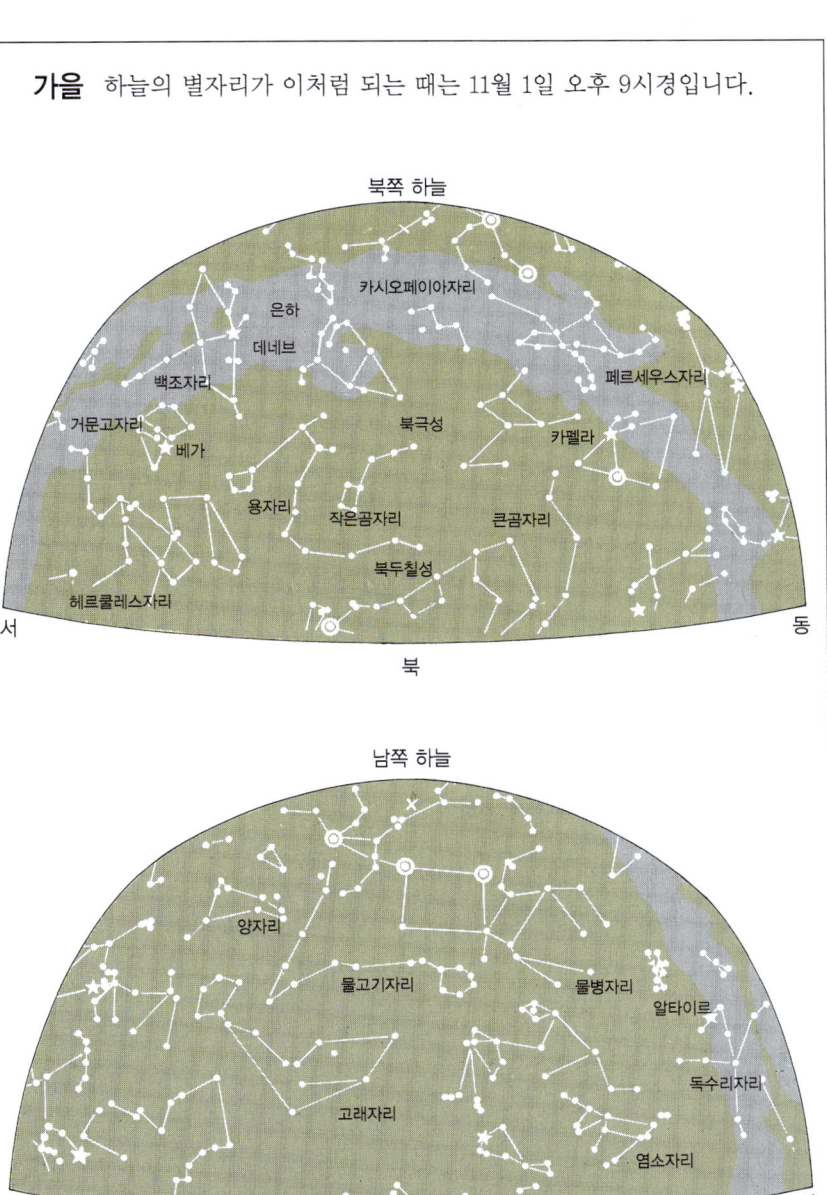

겨울의 대삼각형을 찾아보자(남쪽 하늘)

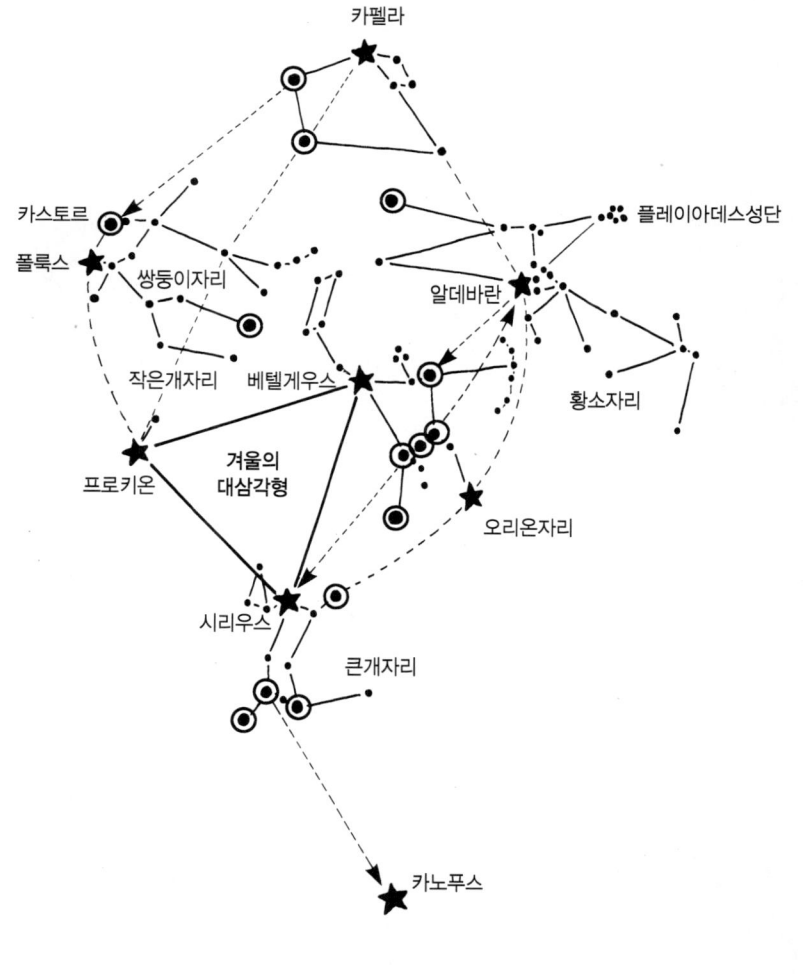

겨울 하늘의 별자리가 이처럼 되는 때는 2월 1일 오후 9시경입니다.

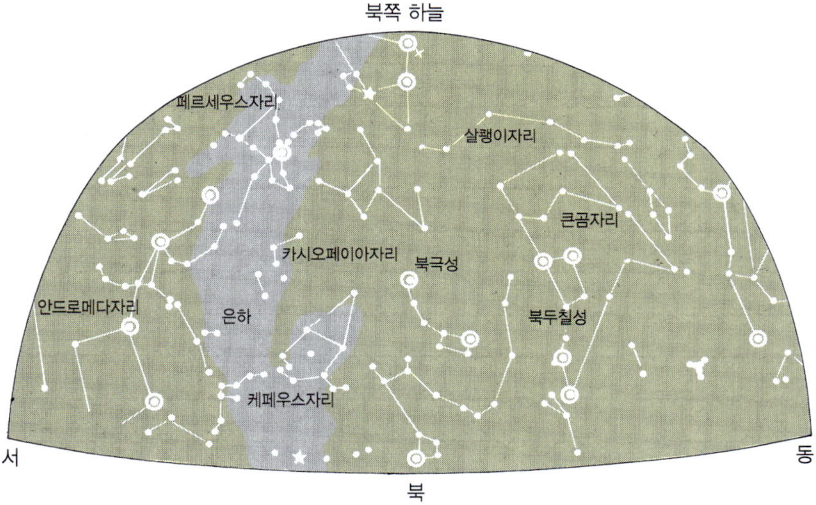

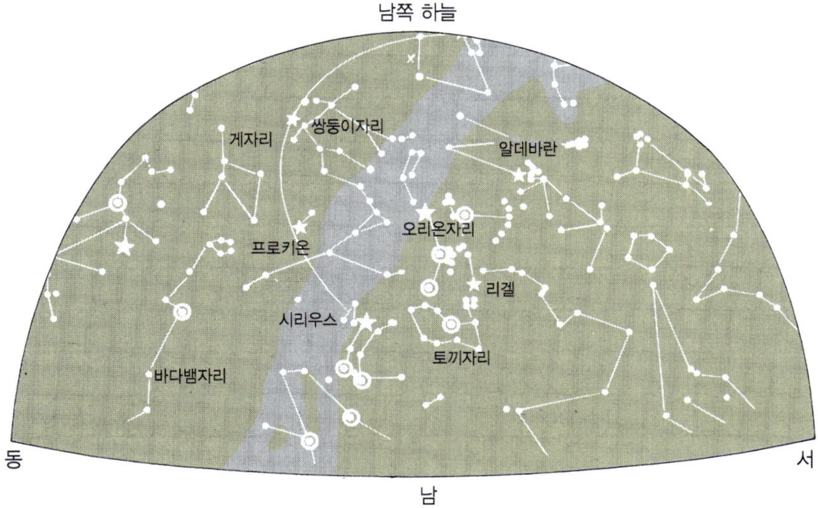

북쪽 하늘

페르세우스자리, 살쾡이자리, 카시오페이아자리, 북극성, 큰곰자리, 안드로메다자리, 은하, 북두칠성, 케페우스자리

서 · 북 · 동

남쪽 하늘

게자리, 쌍둥이자리, 알데바란, 프로키온, 오리온자리, 리겔, 시리우스, 토끼자리, 바다뱀자리

동 · 남 · 서

바다의 만조와 간조

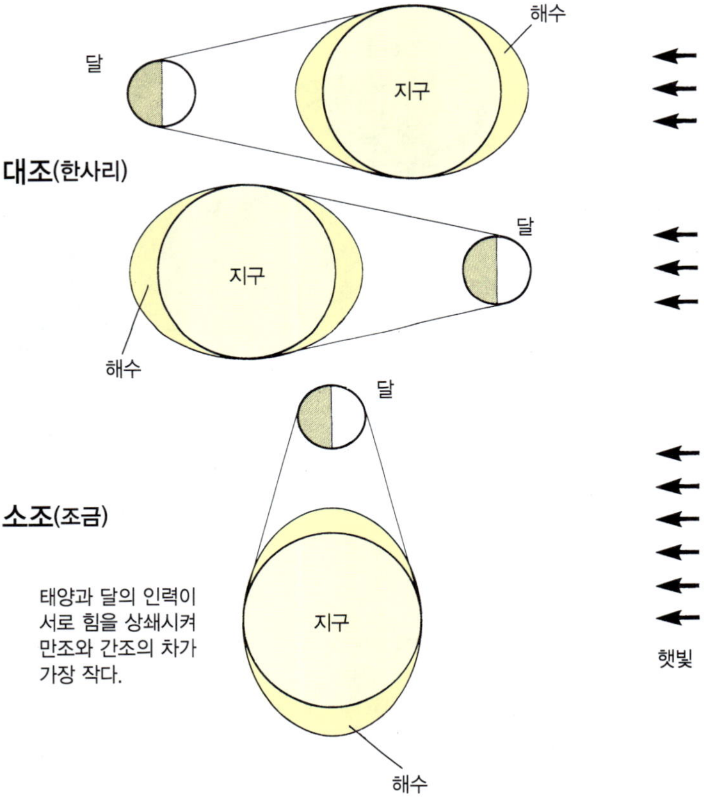

대조(한사리)

달 — 해수 — 지구

지구 — 해수 — 달

소조(조금)

태양과 달의 인력이 서로 힘을 상쇄시켜 만조와 간조의 차가 가장 작다.

달 — 지구 — 해수

햇빛

바닷물의 만조와 간조는 달과 태양의 인력이 바닷물을 끌어당기기 때문에 생깁니다. 해수면이 계속 올라가서 가장 높아졌을 때를 만조라고 하며, 반대로 가장 낮아졌을 때를 간조라고 합니다. 만조와 간조는 하루에 두 번씩 일어나며 해와 달이 일직선으로 서는 보름달과 초승달 때가 한 달 안에서 간만의 차가 가장 큽니다.

달의 차고 기울기

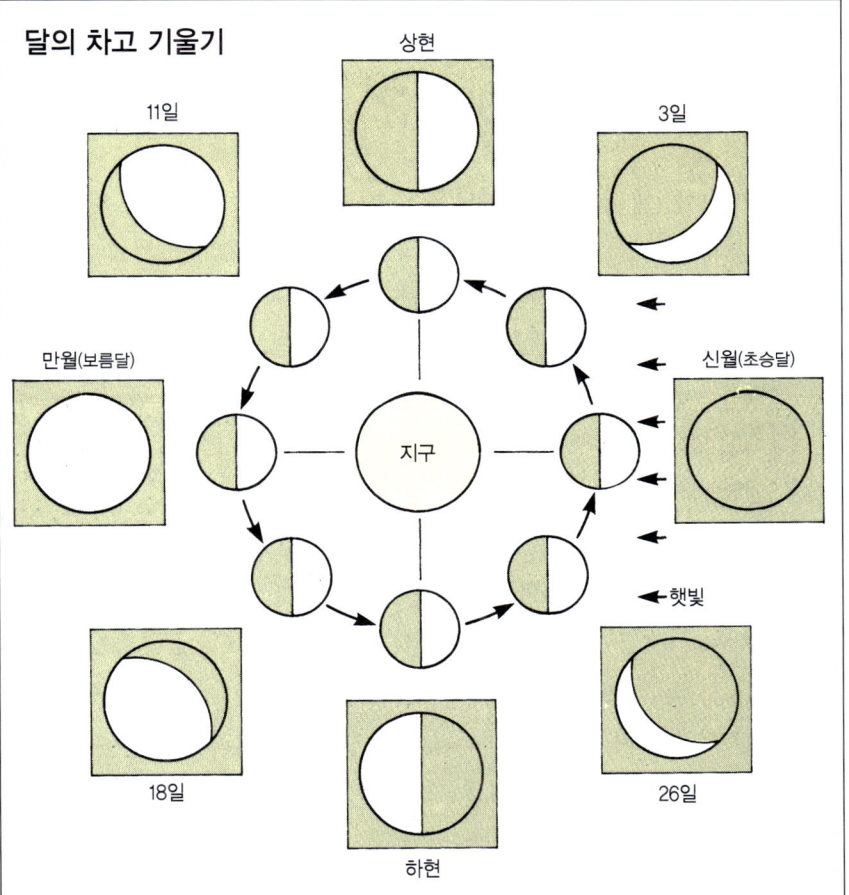

달은 약 한 달(29.53일) 걸려서 지구 주위를 한 바퀴 돕니다. 그러면서 지구와 함께 태양 주위를 돌고 있으므로 지구에서 보는 달의 모습은 태양의 빛에 따라 갖가지로 바뀝니다. 달이 태양과 같은 방향에 설 때는 달의 그림자 부분이 지구와 마주 보게 되므로 캄캄합니다. 그 반대가 되면 달이 햇빛에 훤히 비춰서 보름달이 됩니다.

유령인가, 우주인인가?

어느 여름 날, 산에 가서 겨우 정상에 이르렀습니다. 때마침 안개가 끼어서 밑의 경치는 전혀 보이지 않았습니다. 모처럼 올라왔는데 날씨가 좋지 않아 실망하고 있던 때에 느닷없이 눈앞에 사람 그림자가 떠오르는 것이었습니다. 그리고 그 그림자 둘레에는 무지개같이 생긴 둥근 띠가 걸려 있었습니다. 산에서 죽은 사람의 유령이 아닐까? 아니면 우주인일 수도 있다고 생각했습니다. 너무나 놀라고 무서워서 꼼짝도 할 수가 없었습니다.

그런데 사실 이 그림자는 안개에 비친 나의 모습이었습니다. 산꼭대기에 안개가 끼고 햇빛이 수평으로 뒤에서 비치는 아침이나 저녁 때, 눈앞의 안개에 자기 모습이 비치는 수가 있습니다. 이것은 빛의 굴절 때문에 무지개 고리가 생기는 것입니다. 마터호른에 처음 오른 영국인 에드워드 윔퍼(1840~1911)가 이 현상을 보고 놀란 이야기는 유명합니다.

유럽에서는 이것을 어떤 일의 불길한 전조라고 해서 무서워했습니다. 이런 현상이 처음 사람의 눈에 띈 것이 독일에 있는 브로켄 산(1,142m)에서였고 그래서 그 뒤로 이것을 '브로켄 현상(Broken Spectre)'이라고 부릅니다.

* 먹는다 *

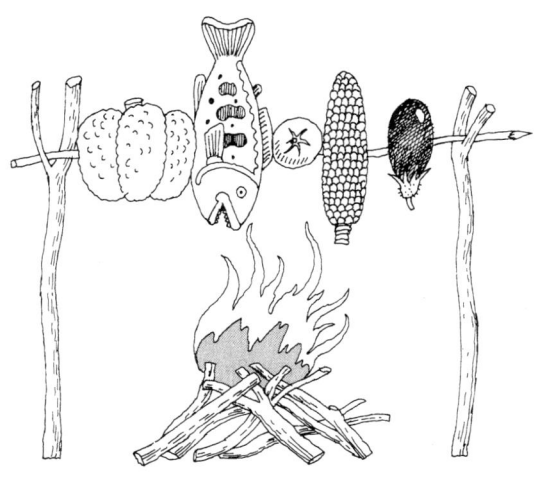

집에서 요리를 해 보자

요리사는 누구나 될 수 있다

야외에서의 식사 시간은 즐겁고 소중한 한때입니다. 또한 음식을 먹으면서 충분히 쉴 수 있기 때문에 그 다음 행동을 위한 에너지가 공급되는 시간이기도 합니다. 그렇기 때문에 우리에게 맛있는 음식을 만들어 주는 요리사는 누구에게나 인기가 있게 마련입니다. 그런데 특별한 사람만이 요리사가 될 수 있는 것은 아닙니다. 누구나 요리사가 될 수 있습니다. 다만 처음에 솜씨가 서투른 것은 지금까지 해 보지 않아서 그렇습니다. 몇 번만 집에서 연습을 하면 누구나 훌륭한 요리사가 될 수 있습니다.

부엌일을 익히자

야외에서 가장 많이 쓰이고 가장 중요한 것이 세 가지 있습니다. 불, 물, 칼이 그것입니다. 이 셋은 매우 유용한 것이기는 하지만 쓰는 방법이 서투르면 아주 위험합니다. 부엌에는 이 세 가지가 있는데 쓰는 방법을 하나하나 연습해야 합니다. 불의 약하고 강한 정도, 물이 많은지 적은지, 식칼을 안전하게 다루는 법 등을 익혀야 합니다. 처음에는 어머니의 도움을 받습니다. 요리하는 연습을 하려면 이 밖에도 도마, 냄비, 국자, 젓가락, 프라이팬 등이 있어야 합니다.

식칼을 잘 고르자

식칼은 쓰는 목적에 따라 여러 가지 종류가 있습니다. 보통 부엌에서 만드는 음식에 사용하는 칼은 여러 가지 목적에 두루 쓸 수 있는, 즉 고기, 생선, 채소 등을 썰 수 있는 만능용 식칼이면 됩니다. 우선 부엌칼로 음식 재료를 써는 방법을 익힙니다.

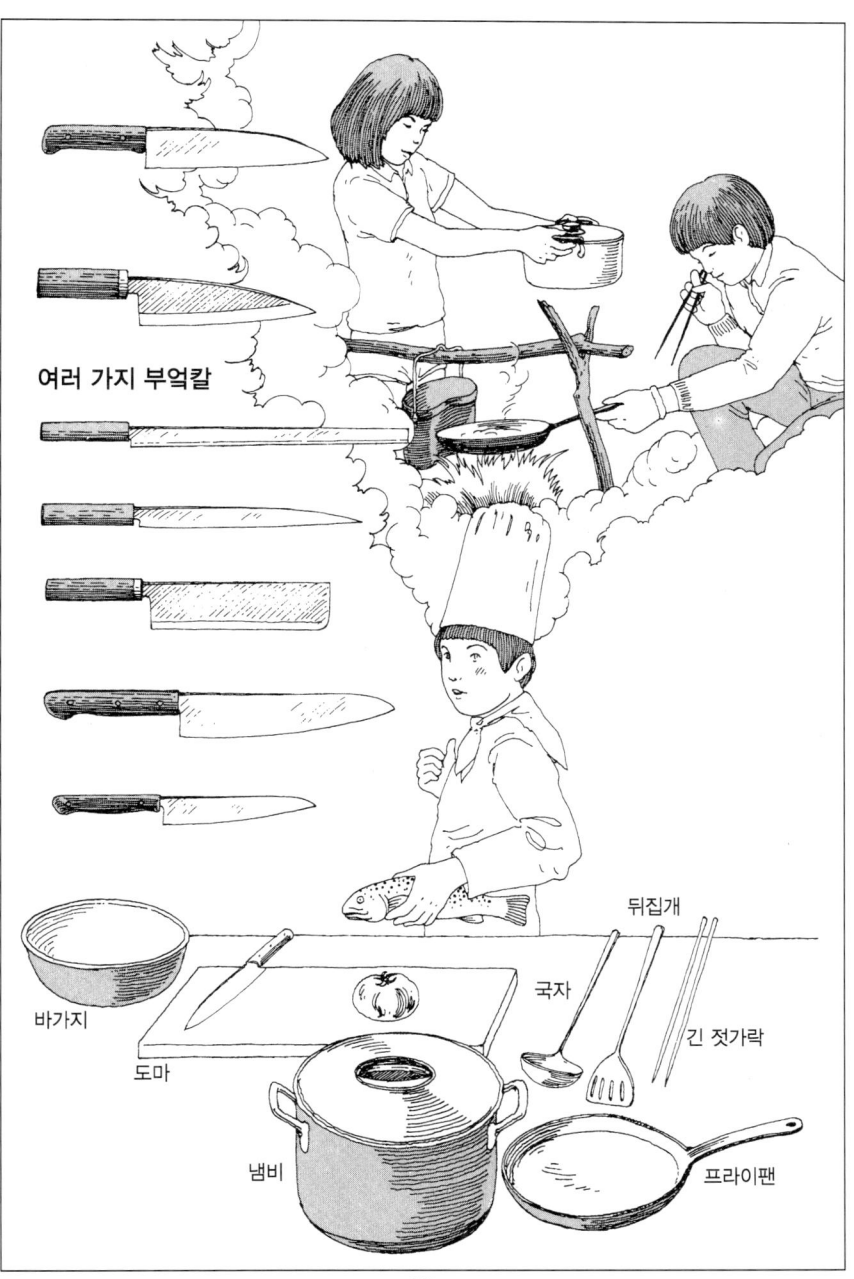

나도 이제 요리사가 될 수 있다

내 생에 첫 요리

감자 한 개, 양파 한 개, 베이컨 하나를 준비합니다. 먼저 감자 껍질을 벗깁니다. 한 손으로 감자를 꼭 쥐고 칼날의 가운데 부분을 써야 잘 잘라집니다. 다 됐으면 다음은 감자 눈을 도려냅니다. 감자에 자란 싹에는 독성분이 있으므로 남김없이 도려내야 합니다. 다음은 양파의 뿌리를 자르고 겉껍질을 손으로 벗겨 냅니다.

감자와 양파를 넣은 베이컨 요리

가스레인지 위에 냄비를 올려놓고 불을 켭니다. 이때 냄비는 밑이 약간 두툼해야 요리가 잘 됩니다. 연기가 나면 기름을 약간 부어야 합니다. 기름기가 냄비 밑바닥 전체에 고루 발라졌으면 베이컨을 넣습니다. 뜨거운 기름에 베이컨이 닿아 지글지글 소리가 날 것입니다. 다음은 양파를 넣습니다. 베이컨 맛이 밴 기름이 적당히 양파에도 묻을 것입니다. 이때 양파가 부스러져도 상관없습니다. 마지막에 감자를 넣습니다. 베이컨, 양파 맛이 밴 기름이 감자에 묻습니다. 냄비 속에서 베이컨이 지글거리고 양파와 감자가 섞입니다. 감자가 익을 만큼 물을 붓고 뚜껑을 덮어 둡니다. 물이 없어질 때까지 그대로 익힙니다. 불은 약한 듯해야 감자가 잘 익습니다. 따로 간을 할 필요가 없습니다. 베이컨에 있는 소금기가 모두 알맞게 해결해 줄 것입니다.

잘게 썰면 빨리 익는다

보통 30분이나 40분 정도면 재료가 다 익습니다. 그런데 배가 고프면 이 30분이 꽤 길게 느껴집니다. 빨리 만드는 방법이 없을까요? 아주 간단합니다. 재료를 잘게 썰면 같은 요리법으로도 15분 정도면 될 것입니다. 베이컨의 짭짤한 맛이 감자와 양파에 고루 묻어서 더 맛이 있습니다.

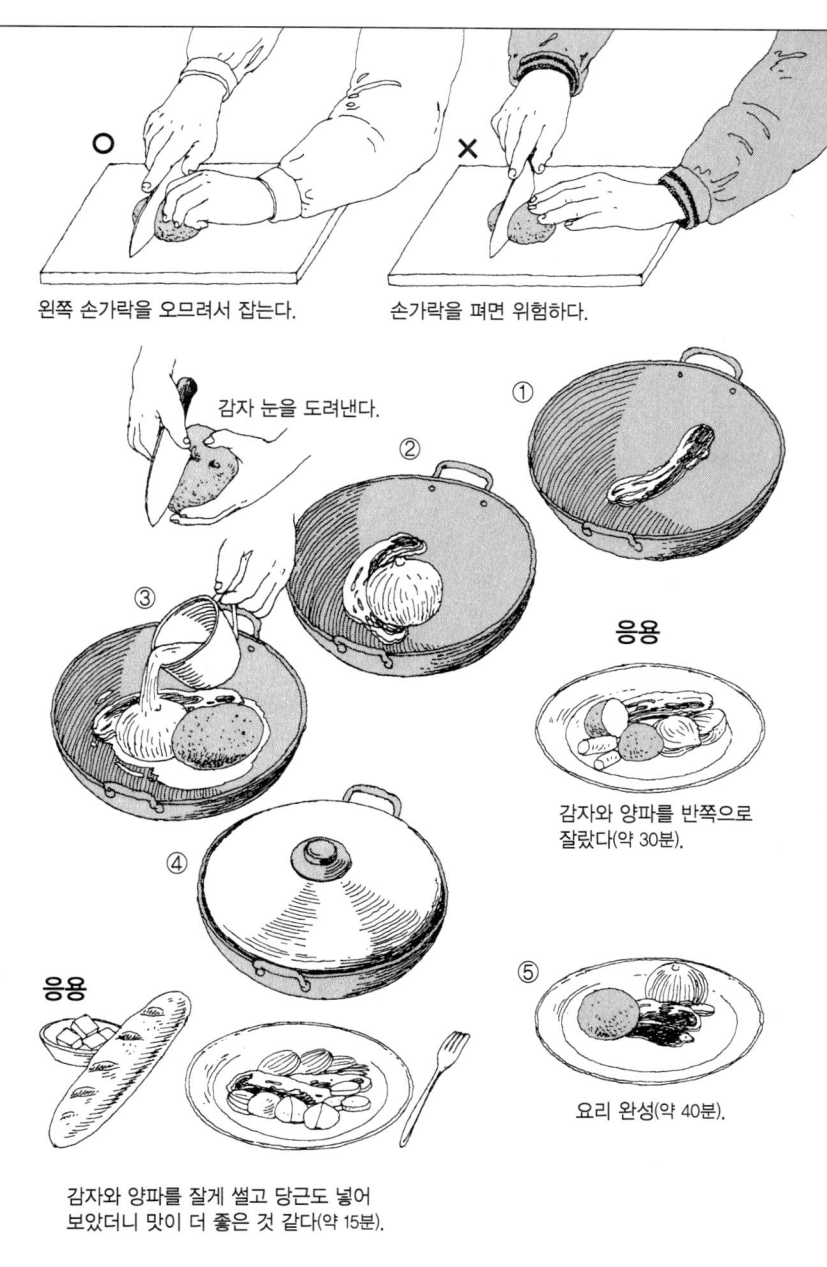

실패는 성공의 어머니

물이 졸고 감자가 익지 않을 때
이것은 불이 너무 세서 감자 속까지 불기운이 닿기 전에 수분이 증발했기 때문에 생깁니다. 불을 약하게 하거나 중간 불로 조절해서 감자를 익혀야 합니다. 감자를 통째로 넣지 않고 네 쪽으로 썰어도 되는데, 감자 익는 시간이 반 정도로 줄어들기 때문입니다. 또는 감자를 무 썰듯 썰거나 깍두기처럼 네모나도록 잘게 썰면 더 빨리 익습니다. 빨리 먹고 싶을 때, 혹은 연료가 모자랄 것 같을 때는 재료를 잘게 썰어야 합니다.

채소를 같은 모양으로 썰자
몇 가지 채소를 함께 넣어서 익힐 때는 같은 크기가 되도록 써는 것이 원칙입니다. 그래야 불기운이 닿는 시간도 같아지고 또 보기에 좋습니다. 감자를 네모 모양으로 썰었으면 당근도 네모 모양으로 썰고, 마찬가지로 양파도 네모나게 씁니다. 양파는 매운맛과 단맛을 함께 지닌 채소이기 때문에 요리를 할 때 없으면 안 되는 재료입니다. 양파를 103쪽 그림처럼 잘게 써는 방법을 알아 두면 아주 편리하며, 고급 요리를 만들 수 있습니다.

쇠고기를 넣었는데 맛이 없을 때
베이컨 대신에 쇠고기를 사용할 때 주의할 일이 있습니다. 쇠고기는 불기운을 오래 닿게 하면 단맛이 없어집니다. 그래서 쇠고기에 밀가루를 발라서 일단 기름에 볶아 고기 표면에 막을 만든 뒤에 익혀야 합니다. 또 베이컨을 쇠고기로 바꾼 것만으로는 맛있는 요리가 되지 않습니다. 이때는 양념을 넣고 간을 해야 합니다. 멸치나 고기 삶은 국물을 써서 재료가 익을 무렵에 적당한 분량의 소금을 치고 후추로 맛을 내야 합니다. 돼지고기나 닭고기 등을 쓸 때도 쇠고기로 만들 때와 요리법이 같습니다. 단, 돼지고기를 사용할 때는 익지 않은 부분이 없도록 충분히 익혀야 합니다. 돼지고기에는 기생충이 많기 때문입니다.

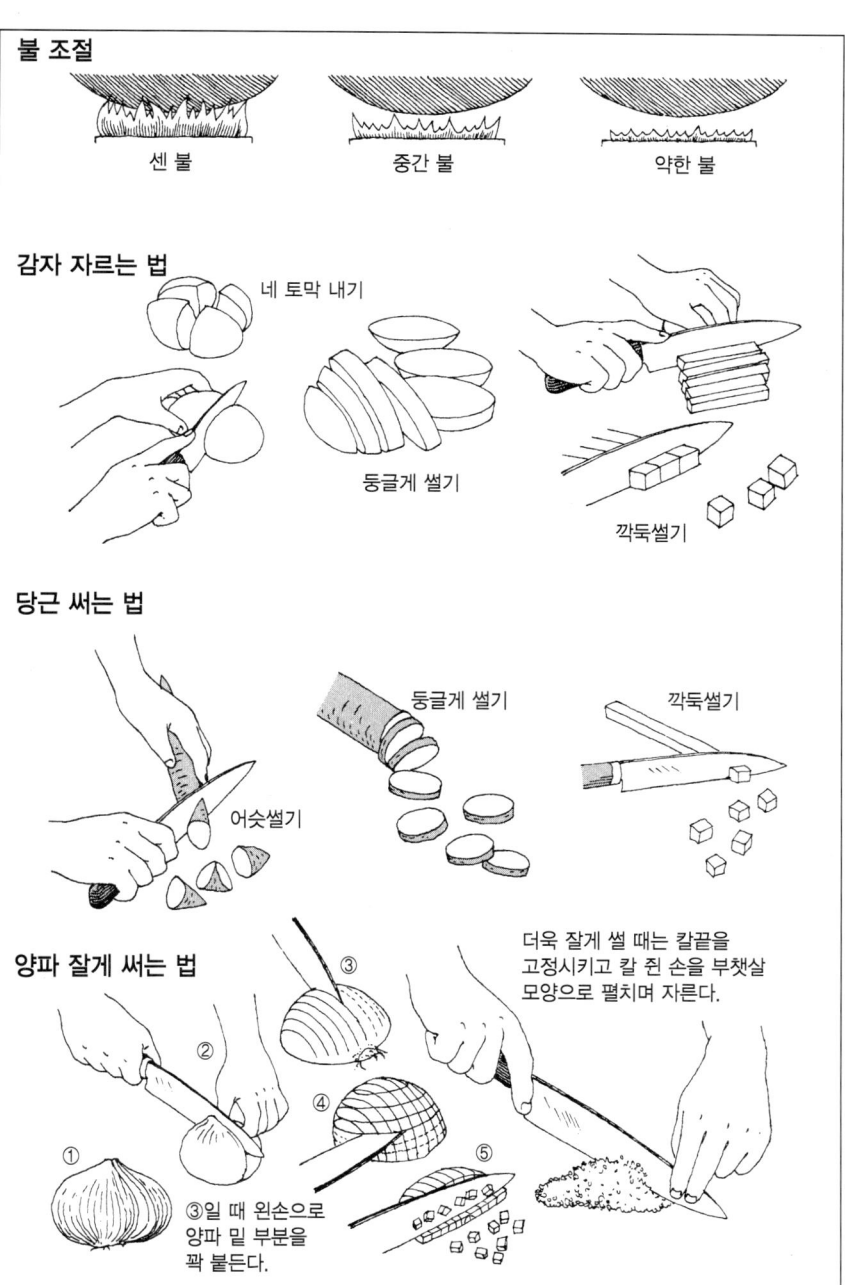

식칼 사용법

껍질을 잘 벗기려면
칼은 자주 써 봐야 손에 익습니다. 우선 채소 껍질을 벗기는 연습부터 합니다. 집에서 과일 깎기를 도맡아 하면 자연히 연습이 됩니다. 감자 껍질을 벗길 수 있게 되면 첫 과정은 통과한 셈입니다. 감자는 표면이 울퉁불퉁해서 껍질을 곱게 벗기기가 쉽지 않습니다. 싹을 도려낼 때는 손을 조심해야 합니다.

칼을 쥔 손에 힘을 주지 않는다
칼자루는 가볍게 쥐며 힘을 주어서는 안 됩니다. 몸은 도마를 향해 바로 섭니다. 그리고 재료를 썰어 봅니다. 감자, 당근, 무, 파 등 칼날을 재료에 대고 위에서 누르는 식으로 싹싹 자릅니다. 그런데 어묵이나 김치 같은 것은 이렇게 썰 수가 없습니다. 이런 것은 날을 대고 몸 앞으로 잡아당기는 식으로 잘라야 합니다.

칼등이나 칼의 배 부분도 이용한다
칼의 생김새를 잘 보면 부엌칼의 끝은 뾰족하고 등은 두툼하게 생겼습니다. 우엉의 껍질을 벗길 때는 칼날 대신 칼등을 쓰면 더 쉽습니다. 당근 껍질도 마찬가지입니다. 은행 껍질을 깔 때도 칼등을 씁니다. 또 배 부분으로 마늘이나 생강을 으깰 수 있습니다. 한 손으로 칼자루를 꼭 쥐고 다른 손바닥을 칼등 가까운 배 부분에 대고 체중을 실어 위에서 누릅니다. 손이 미끄러지지 않게 조심해야 합니다.

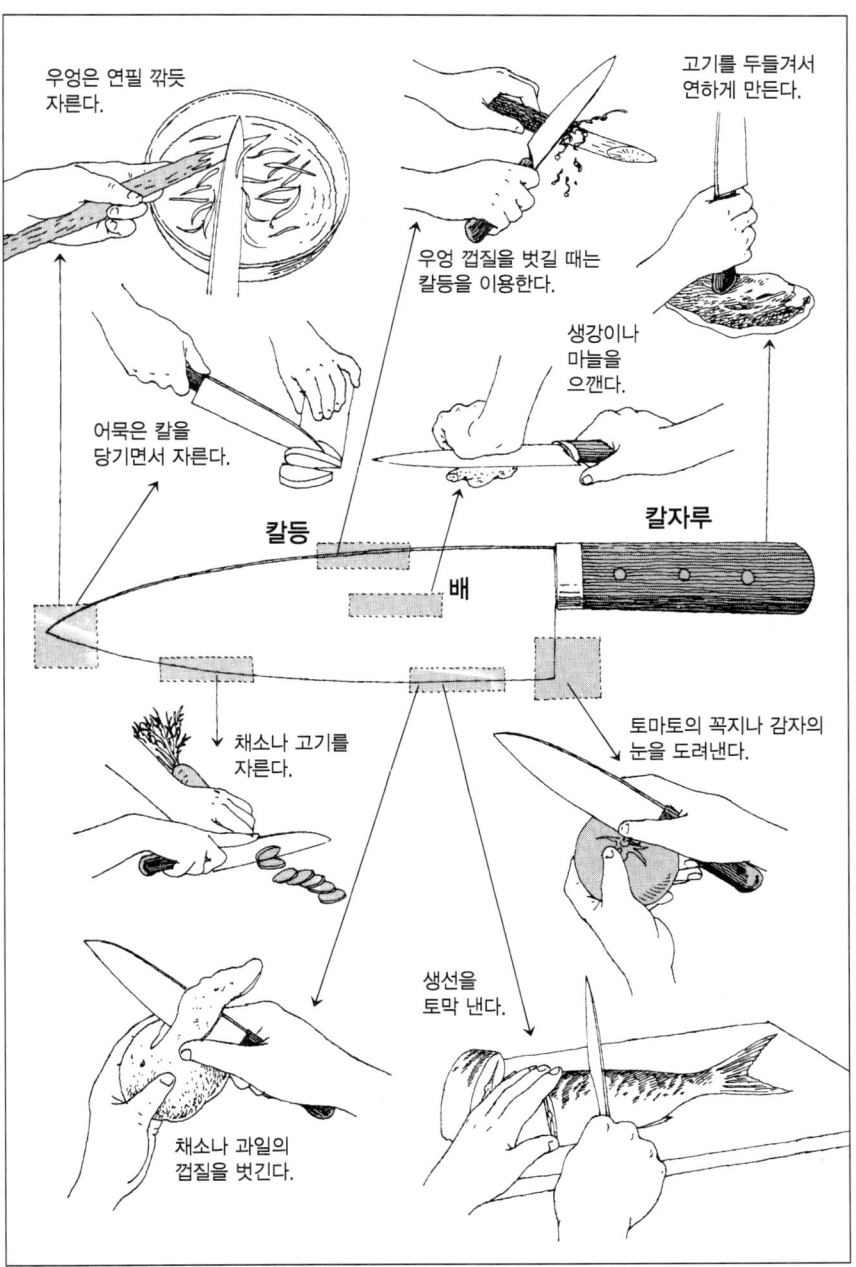

채소 써는 법 1

요리에 따라 재료를 써는 방법이 다릅니다. 그 재료를 요리의 주인공으로 쓰는지 조역으로 쓰는지에 따라 써는 방법이 달라집니다.

채소 써는 법 2

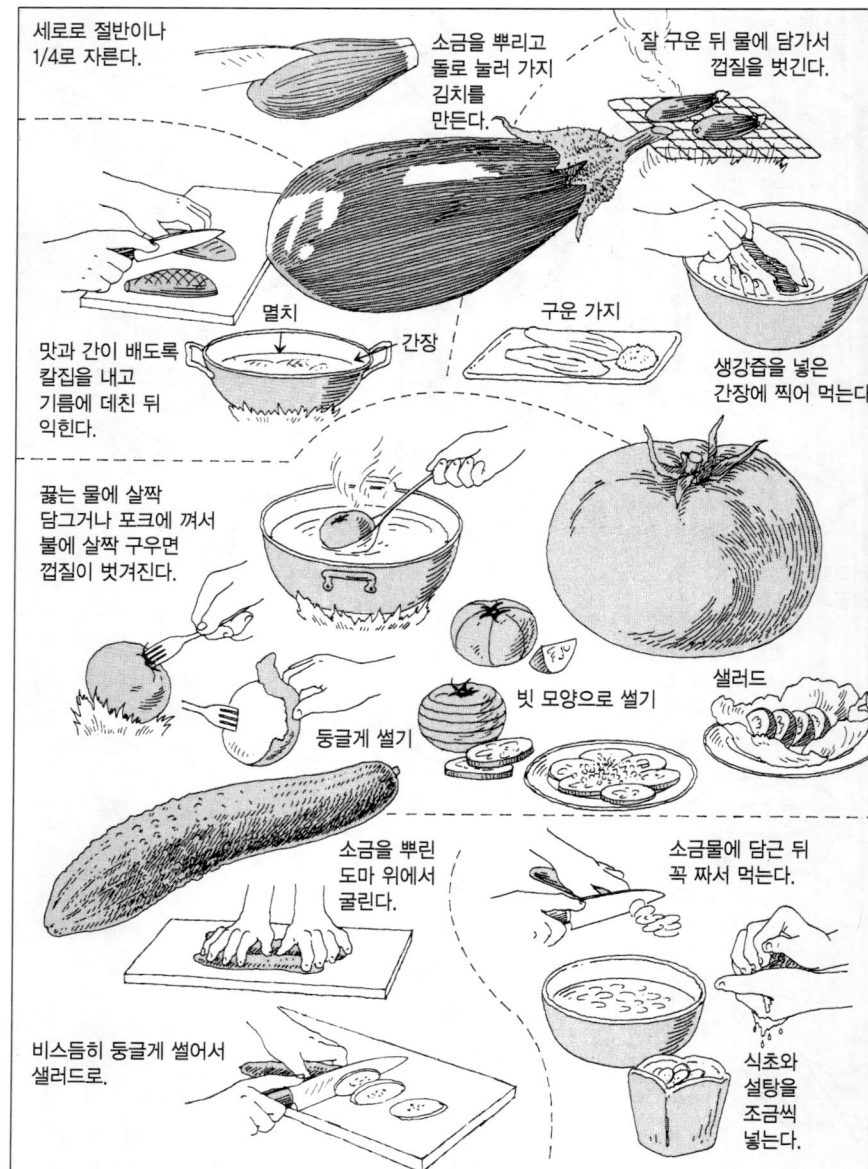

날로 먹을 수 있는 것과 익혀야 먹을 수 있는 것이 있습니다. 당근, 무, 토마토, 오이, 양배추 등은 샐러드로 만들어 먹을 수 있습니다.

생선을 토막 낸다

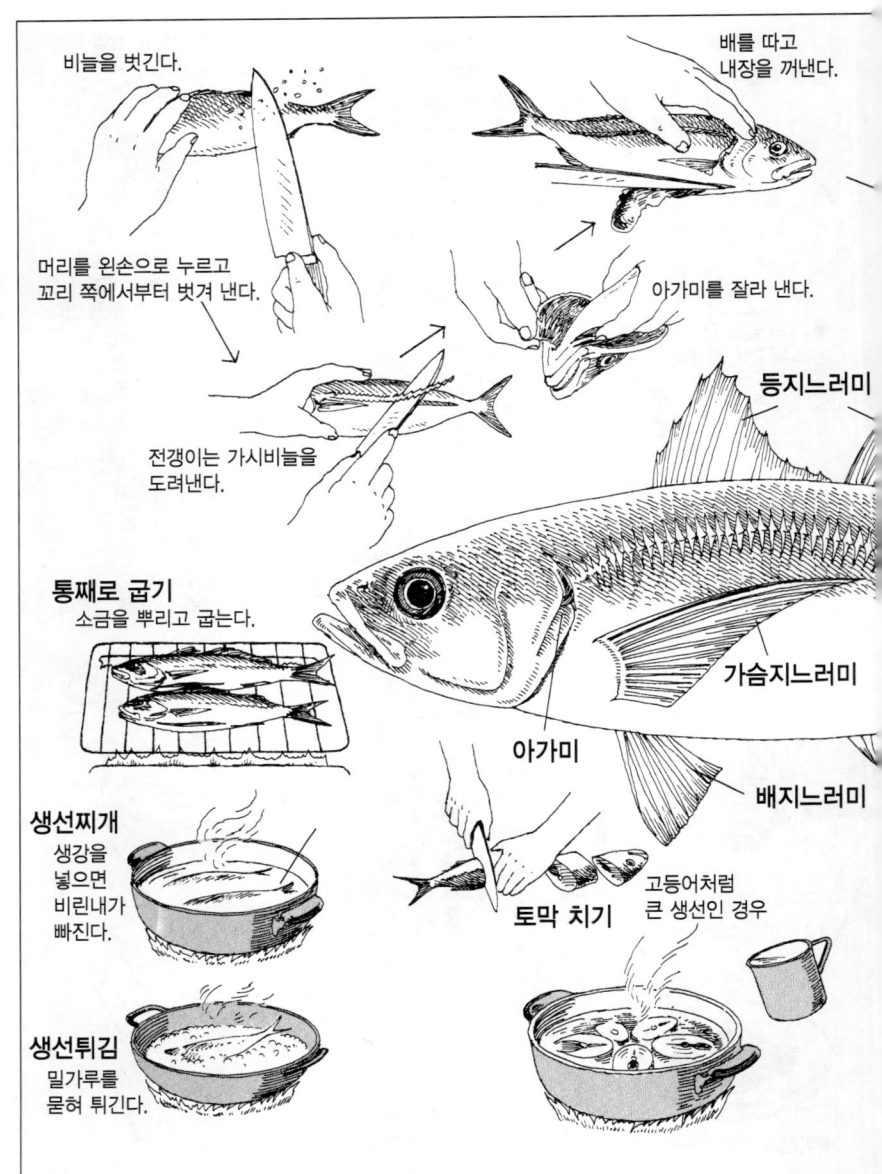

생선은 비늘을 벗기고 내장만 꺼내면 깨끗하게 손질한 것입니다.
만약 생선이 싱싱하면 내장을 꺼내지 않아도 괜찮습니다.

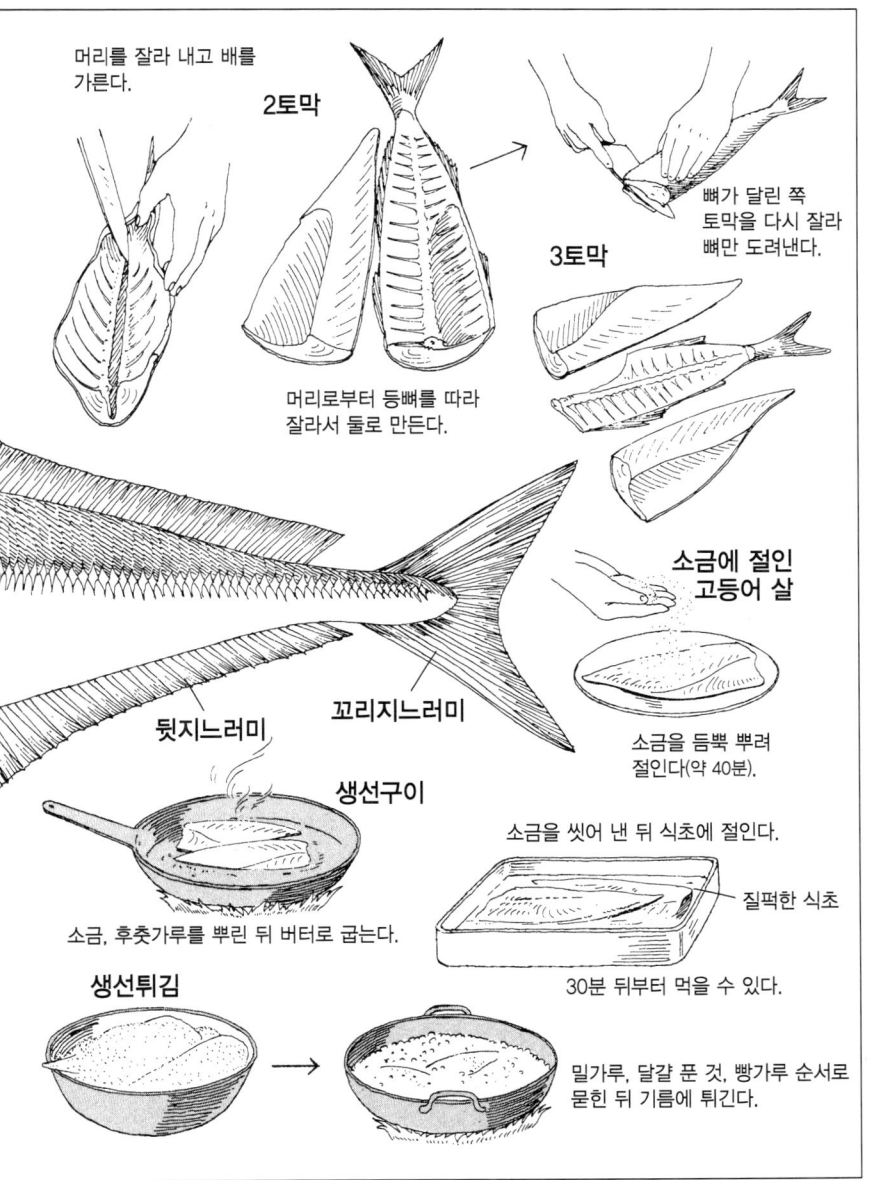

밥 짓기

밥을 지을 수 있다면 대단한 솜씨

전기밥솥이 아니고 냄비를 써서 밥을 지어 봅니다. 그래야 야외에 나가서 밥을 할 수 있습니다. 쌀을 불에 올려놓고 있는 시간은 10분에서 15분 정도의 짧은 시간입니다. 따라서 처음에는 그대로 옆에 붙어서 냄비를 지켜봐야 합니다. 도중에 뚜껑을 열면 김이 빠져서 안의 온도가 낮아지고 밥이 설익거나 맛이 없습니다. 냄비를 불에 올려놓은 뒤에는 뚜껑을 열지 말아야 합니다. 그 대신 귀를 기울여서 냄비 속의 소리를 잘 들어 봅니다. 처음은 조용하다가 끓기 시작하면 김이 나고 흰 밥물이 넘습니다. 뚜껑도 덜렁덜렁 소리를 냅니다. 그리고 얼마 동안 뚜껑이 들썩거리다가 다시 조용해집니다. 그 후 '픽픽' 소리가 나면 다 됐다는 신호입니다.

밥을 짓는 세 단계

첫 번째는 쌀을 잘 씻은 뒤 물에 담가서 불립니다. 두 번째로 불에 올려놓습니다. 세 번째는 불을 완전히 끄고 뜸을 더 들입니다. 이 세 단계 하나하나가 모두 중요합니다. 쌀을 씻고 바로 불에 올려놓으면 쌀 표면에만 물기가 있기 때문에 안이 익지 않고 딱딱해서 설익은 밥이 됩니다. 이럴 때는 술을 조금 뿌린 다음 다시 뚜껑을 닫고 30초 정도 센 불에 올려놓았다가 뜸을 들이면 나아집니다. 또는 쌀을 씻은 다음 30분 정도 물에 담가 두면 됩니다. 쌀을 물에 담가 두는 30분 동안 쌀 표면의 수분이 안으로 배어듭니다. 만일 쌀을 불릴 시간이 없을 때는 냄비에 물을 붓고 불에 올려놓아 물이 더워진 뒤에 쌀을 넣습니다. 온도가 높으면 쌀이 물기를 빨리 빨아들이는 원리를 이용한 것입니다. 밥을 지을 때 물은 약간 많은 듯 잡는 것이 안전합니다.

쌀과 물의 분량

쌀 1컵 + 물 1과 1/5컵

한 그릇 분량의 밥이 된다.

① 쌀을 씻는다

물을 가득 넣고 쌀을 씻은 뒤 물을 버린다.

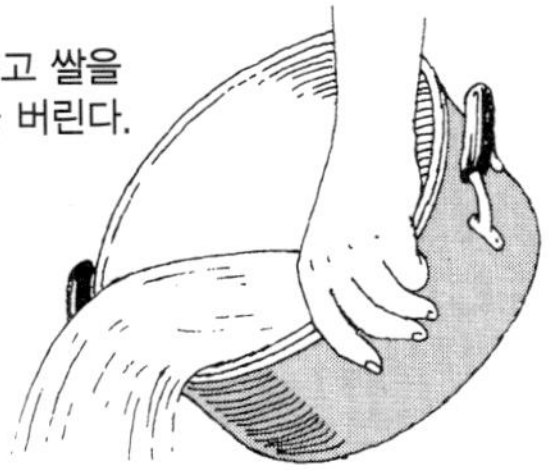

처음의 2~3회는 대강 씻는다.

뜨물이 나오지 않으면 그릇에 담아 불린다.

② 냄비를 불에 얹는다 (15분)

끓을 때까지 센 불로 한다.

센 불

소리가 가장 요란하다.

센 불

③ 약한 불로 뜸을 들인다

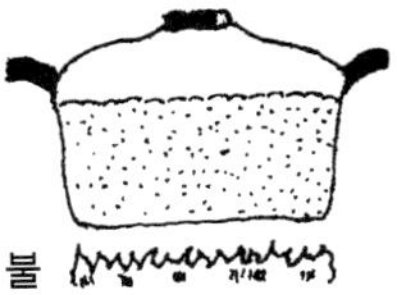

소리가 잦아들 때 약한 불로 줄인다.

약한 불

완성된 밥

찌개 만들기

쌀뜨물로 국물을 만든 된장찌개

우리나라 음식 중에서 맛있는 것이 많이 있지만 고추장과 된장을 넣은 찌개만큼 입맛을 돋우는 것도 없습니다. 감자와 양파를 주재료로 해서 된장찌개를 만들어 봅니다. 먼저 쌀뜨물로 국물을 만듭니다. 맹물에 된장을 풀면 맛이 국물에 배지 않지만 뜨물에 된장을 풀면 매끄러운 맛을 내는 훌륭한 장국이 됩니다. 장국이 준비되면 양념을 해 놓은 쇠고기를 넣고 팔팔 끓인 후에 큼직하게 썰어 놓은 감자와 양파를 넣습니다. 이때 호박을 넣어도 좋습니다. 구수한 냄새가 나면서 감자와 양파가 익으면 두부와 풋고추, 붉은 고추를 넣고 한 번 더 살짝 끓입니다. 안에 넣은 재료가 다 익었으면 어슷어슷하게 썰어 놓은 파를 넣고 간을 맞춥니다.

김치찌개 만들기

추운 겨울날 새콤하게 익은 김장 김치로 끓이는 김치찌개는 맛뿐만 아니라 그 냄새가 입맛을 자극합니다. 쉽게 구할 수 있는 김치를 이용해서 간편하고 손쉬운 김치찌개를 만들어 봅니다. 우선 5cm 정도 길이로 김치를 썰어 놓고 돼지고기도 얄팍하게 썰어 놓습니다. 재료가 준비되면 썰어 놓은 돼지고기를 냄비에 넣고 볶습니다. 지글지글하며 붉은 살이 갈색으로 변해 가면 썰어 놓은 김치를 넣고 함께 볶습니다. 두 재료가 섞여 어느 정도 익으면 김치 국물과 물을 붓고 끓입니다. 안에 있는 재료가 익으면 썰어 놓은 두부를 넣습니다. 살짝 끓인 후에 파를 넣고 간을 합니다. 불그스름한 김치와 흰 두부, 푸른 파가 조화를 이루어 식욕을 자극할 것입니다. 얼큰한 김치찌개의 맛은 겨울철 추위를 잊기에 충분할 것입니다.

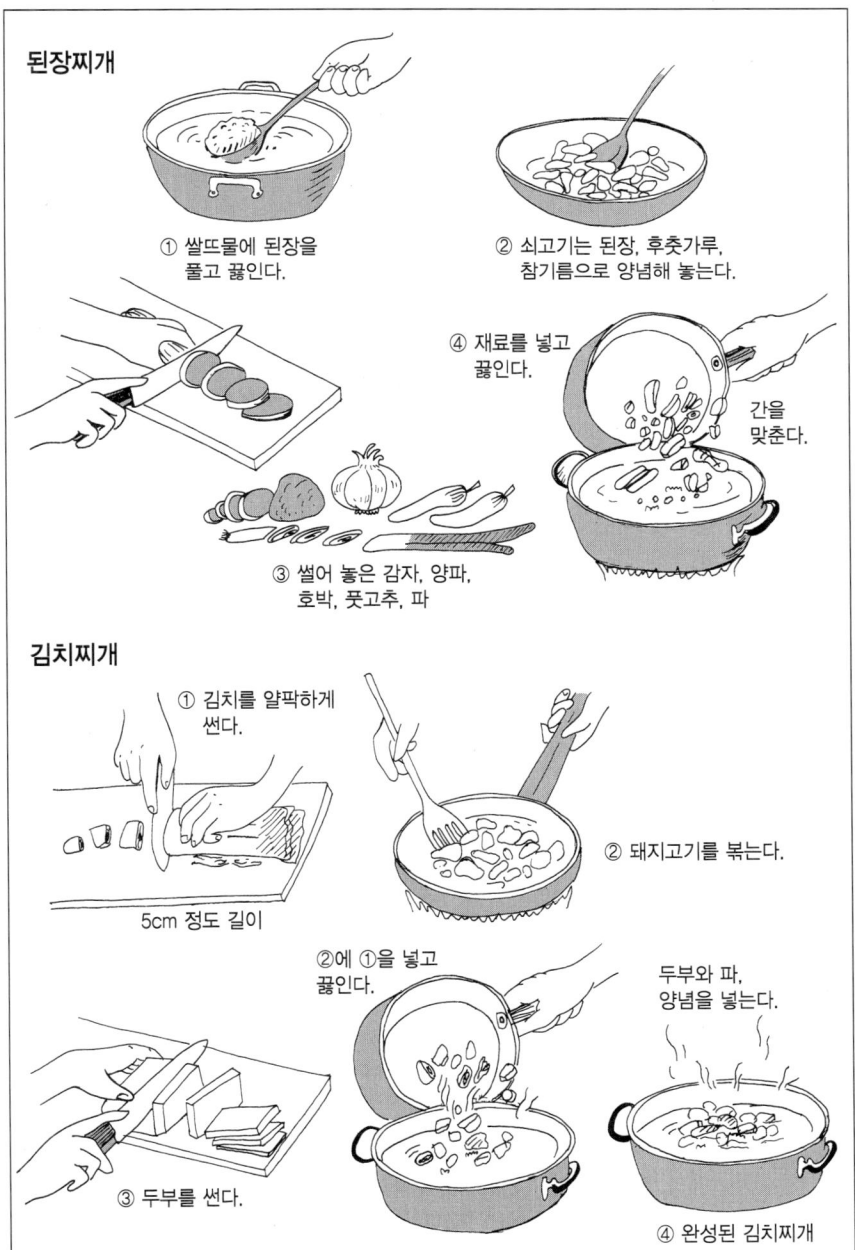

생선 · 고기 굽는 법

불을 세게 하고 불에서 떨어지게 해서 굽는다

생선이나 고기는 불을 가장 세게 한 다음 석쇠 위에서 구워야 맛이 좋습니다. 맛있게 구우려면 센 불로 고기 겉을 살짝 굳혀서 막을 만든 다음에 속살을 익혀 가도록 해야 합니다. 불에 직접 닿게 해서 구우면 어떻게 될까요? 겉은 검게 타는데도 속살이 익지 않습니다. 그렇다면 약한 불로 오래 구우면 될까요? 아닙니다. 불이 약하면 겉은 타지 않지만 굳어지지 않기 때문에 살의 맛있는 영양분이 밖으로 흘러내리고 맙니다. 게다가 수분도 빠져 버리기 때문에 고기가 푸석푸석해져서 맛이 통 없습니다.

프라이팬을 쓸 때는 기름을 친다

석쇠에 생선이나 고기 살이 들러붙지 않게 하려면 석쇠를 불에 올려놓고 달군 다음에 쓰면 되고, 프라이팬이면 기름을 발라야 합니다. 이때도 프라이팬을 달군 다음에 기름을 치고 기름 연기가 피어오를 때 생선이나 고기를 올려놓습니다. 고기에는 미리 소금이나 후추를 뿌려서 간을 맞춥니다. 스테이크를 구울 때는 센 불로 단번에 익힙니다. 쇠고기는 속이 약간 익지 않아도 맛이 있습니다. 그러나 생선이나 돼지고기는 기생충이 붙어 있으므로 완전히 익혀야 합니다. 이때 밀가루를 묻혀서 구우면 좋습니다. 그러면 뜨거운 기름과 밀가루가 뭉쳐져서 고기 겉에 막이 생기고 안의 영양분이 빠져나가지 못합니다. 생선 굽기는 쉬운 것 같으면서도 요령이 생기기까지는 경험이 필요합니다. 잘 굽기만 하면 가장 맛있는 요리가 바로 구이입니다.

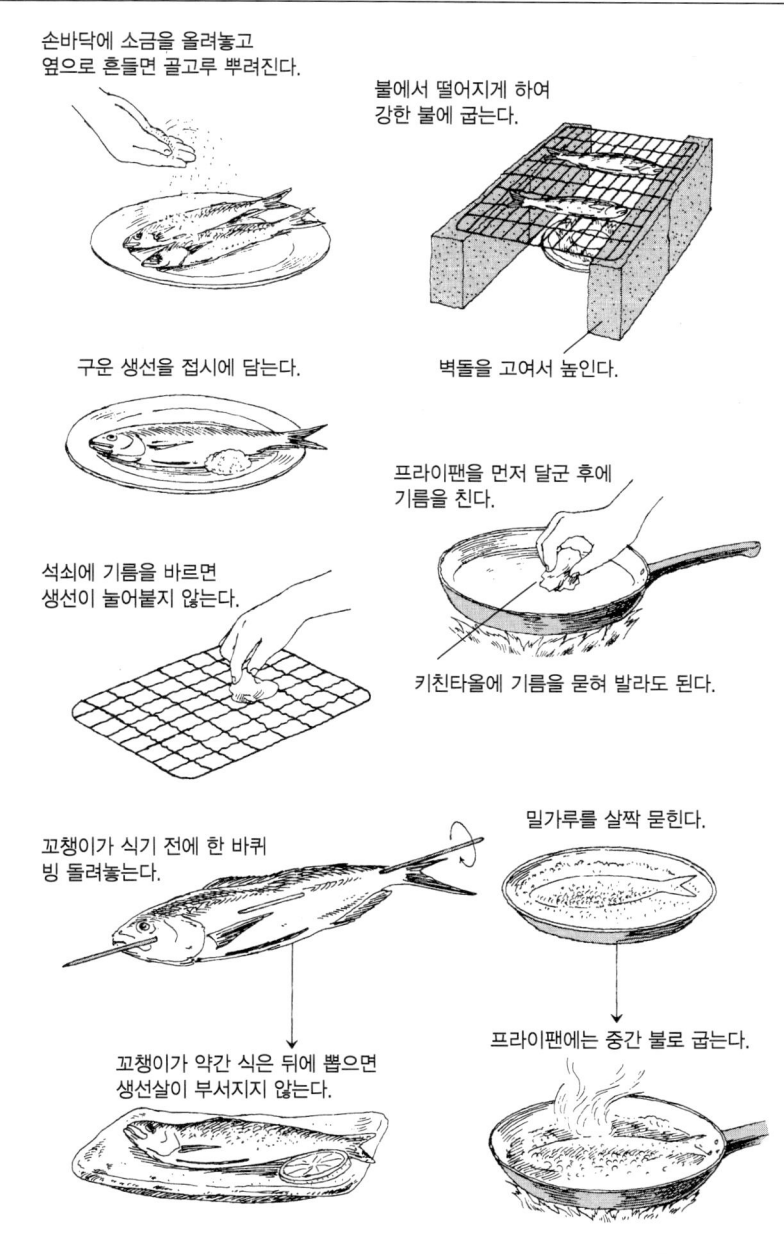

샐러드 만드는 법

입맛을 돋우는 샐러드

싱싱한 채소는 맛도 있고 기분도 좋게 합니다. 그래서 누구나 샐러드를 좋아합니다. 오이를 길쭉하게 잘라 마요네즈를 바르면 간편한 샐러드 요리가 됩니다. 오이를 얇게 썰어서 소금물을 뿌린 뒤 꼭 쥐어짜서 식초와 고추장을 알맞게 넣고 무치면 새콤한 오이무침이 됩니다. 이것은 서양 음식에는 없는 동양식 샐러드입니다. 샐러드란 원래 생채 요리, 즉 날것으로 먹는 채소라는 뜻입니다. 상추는 우리나라 고유의 샐러드 라고 볼 수 있습니다.

드레싱을 여러 가지로 만든다

재료는 무엇이나 신선하면 다 좋습니다. 드레싱의 내용을 바꾸면 샐러드의 맛이 다양해집니다. 드레싱을 만드는 기본은 식초와 기름인데 비율은 2:3입니다. 여기에 소금과 후추를 조금씩 넣으면 프렌치 드레싱(프랑스 사람들이 잘 먹는다고 해서 이렇게 부름)이 됩니다. 식초는 사과 식초도 좋습니다. 신 것이 좋으면 식초를 좀 더 넣습니다. 치즈를 잘게 썰어 넣어도 좋고 고춧가루를 쳐도 됩니다. 간장을 치면 동양식 드레싱이 됩니다. 샐러드 기름 대신에 참기름을 써도 맛이 훌륭합니다.

우리나라 채소 무침과 서양 샐러드

수분이 많은 채소는 기름으로 표면에 막을 만들어 줘야 싱싱한 상태가 오래 보존됩니다. 그래서 샐러드에는 기름을 치는 것입니다. 그러나 우리나라처럼 채소를 한 번 삶거나, 소금물에 절인 뒤에 쥐어짜는 식으로 하면 수분이 미리 빠지므로 굳이 기름을 쓰지 않습니다. 그래서 기름 대신에 간장이나 고추장 또는 설탕 등을 써서 무친 것이 채소 무침입니다. 재료 색깔이 희면 무칠 때 간장을 조금 넣으면 좋습니다.

서양식 샐러드

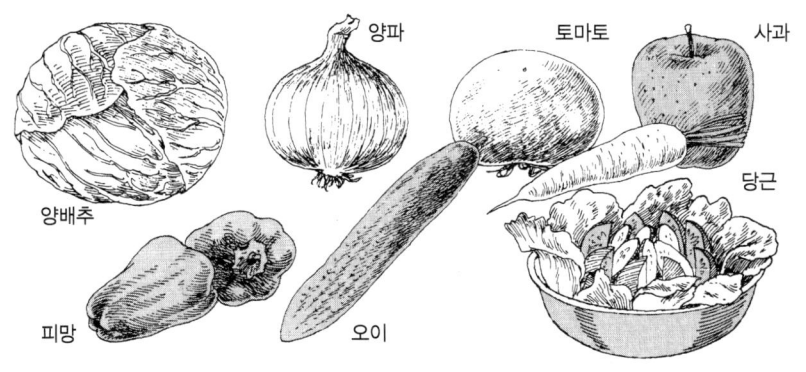

수분이 많은 재료들이므로 먹을 때마다 조금씩 썰어서 만든다.

샐러드 소스	식초 레몬즙 사과식초 기타	샐러드 기름 올리브 기름 참기름 기타	소금 후추	고추, 마늘, 파슬리 등 좋아하는 것
	※식초+기름+소금·후추 약간+좋아하는 것			

간편하게 마요네즈 소스를 이용하기도 한다.

오이와 미역 무침

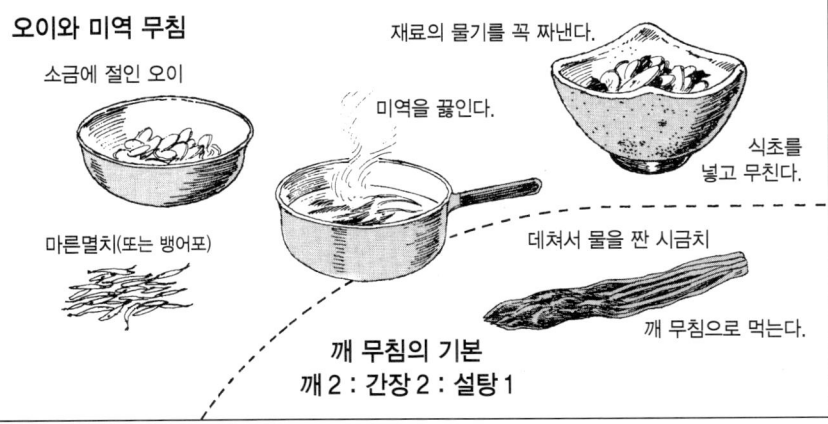

깨 무침의 기본
깨 2 : 간장 2 : 설탕 1

손짐작을 연습하자

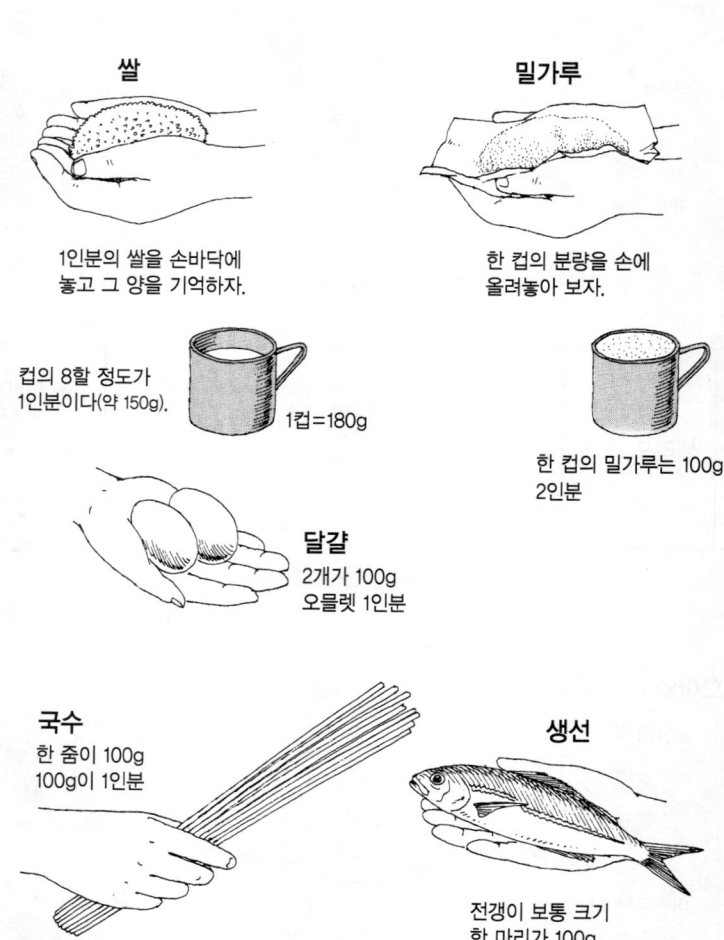

저울이나 계량스푼을 쓰지 않고 손짐작으로 무게나 분량을 알면 편리합니다. 1인분이 어느 정도가 되는지 알아 둡니다.

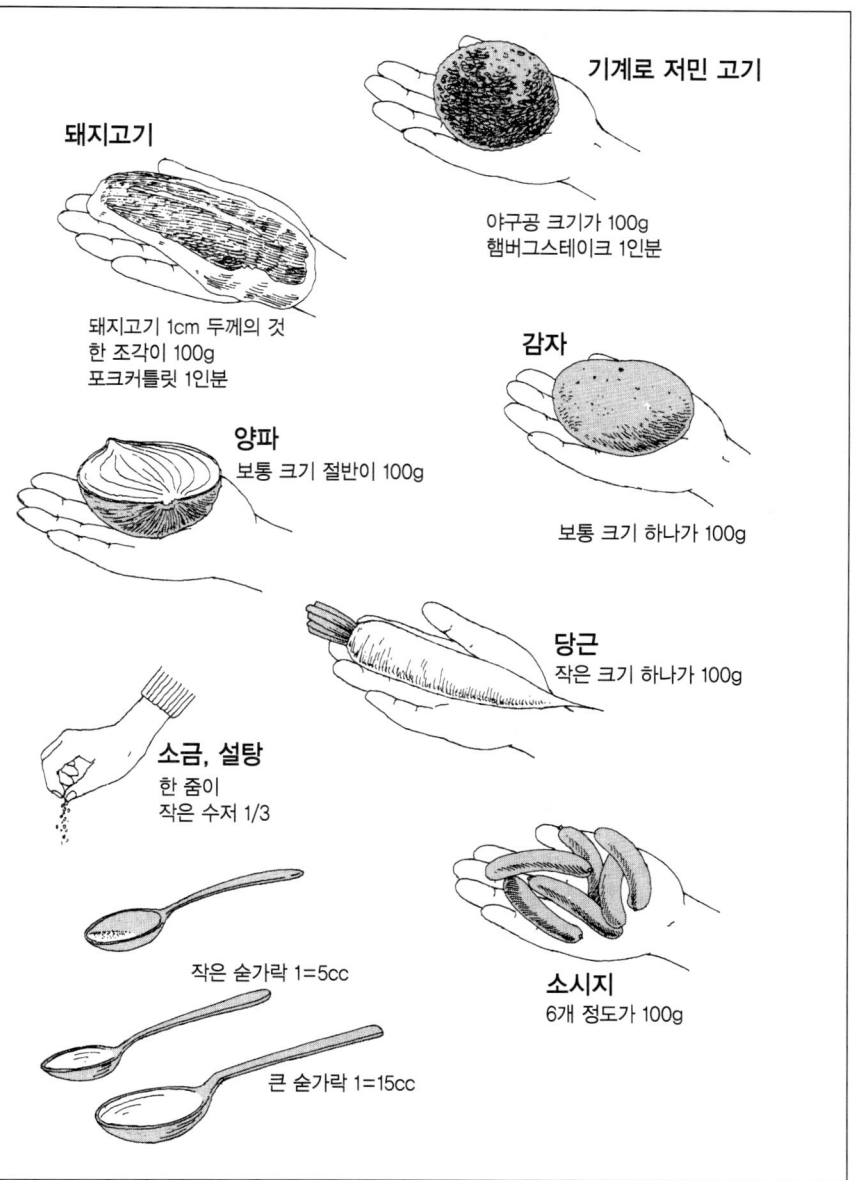

기계로 저민 고기
야구공 크기가 100g
햄버그스테이크 1인분

돼지고기
돼지고기 1cm 두께의 것
한 조각이 100g
포크커틀릿 1인분

감자
보통 크기 하나가 100g

양파
보통 크기 절반이 100g

당근
작은 크기 하나가 100g

소금, 설탕
한 줌이
작은 수저 1/3

소시지
6개 정도가 100g

작은 숟가락 1=5cc

큰 숟가락 1=15cc

설거지

씻을 순서를 먼저 생각하자
음식 담은 그릇을 씻는 데도 요령이 있습니다. 먼저 기름기가 묻은 것과 그렇지 않은 것을 나누고 기름이 묻지 않은 그릇을 먼저 씻습니다. 두 가지를 한데 섞어 놓고 씻으면 기름이 묻지 않은 그릇에도 기름이 묻기 때문에 일을 만들어 하는 식이 됩니다. 기름은 더운 물로 씻어야 잘 빠집니다. 야외에서는 세제를 쓰지 않아야 하는데 그러려면 집에서도 쓰지 않는 습관을 길러야 합니다. 더운 물로도 기름이 말끔히 씻어지지 않을 때가 있습니다. 이때는 밀가루를 이용해서 닦으면 깨끗이 닦입니다.

도마도 꼭 씻자
도마의 한 면은 채소나 과일용, 다른 면은 생선과 고기용으로 구분해서 씁니다. 부엌에서 쓰던 도마를 야외에 가져가면 크고 무거우니 다른 대용품을 준비합니다. 한쪽 면 구석에 생선 그림을 그려 구별하기 쉽도록 합니다. 도마에 난 칼자국은 잡균이 달라붙기 쉬운 곳이므로 여러 번 솔로 문질러서 씻고 더운 물에 넣어 소독하면 좋습니다. 씻은 다음은 마른 행주로 물기를 닦아 내고 깨끗한 자리에 세워서 말립니다. 표백제에 적신 천을 도마에 걸쳤다가 뗀 뒤에 씻으면 더욱 깨끗합니다. 그리고 가끔 햇볕에 말립니다. 도마를 깨끗하게 하려면 행주나 솔도 깨끗해야 합니다.

씻은 그릇은 꼭 말리자
설거지가 다 끝난 후, 씻은 그릇을 그대로 배낭에 넣으면 안 됩니다. 물기가 남아 있기 때문에 다른 물건이나 배낭이 젖을 수가 있습니다. 그릇을 햇볕 아래서 잠시 말린 후, 휴지나 수건 등으로 닦으면 금세 짐을 꾸릴 수 있습니다. 그릇을 씻고 나서 바로 짐을 싸지 않도록 합니다.

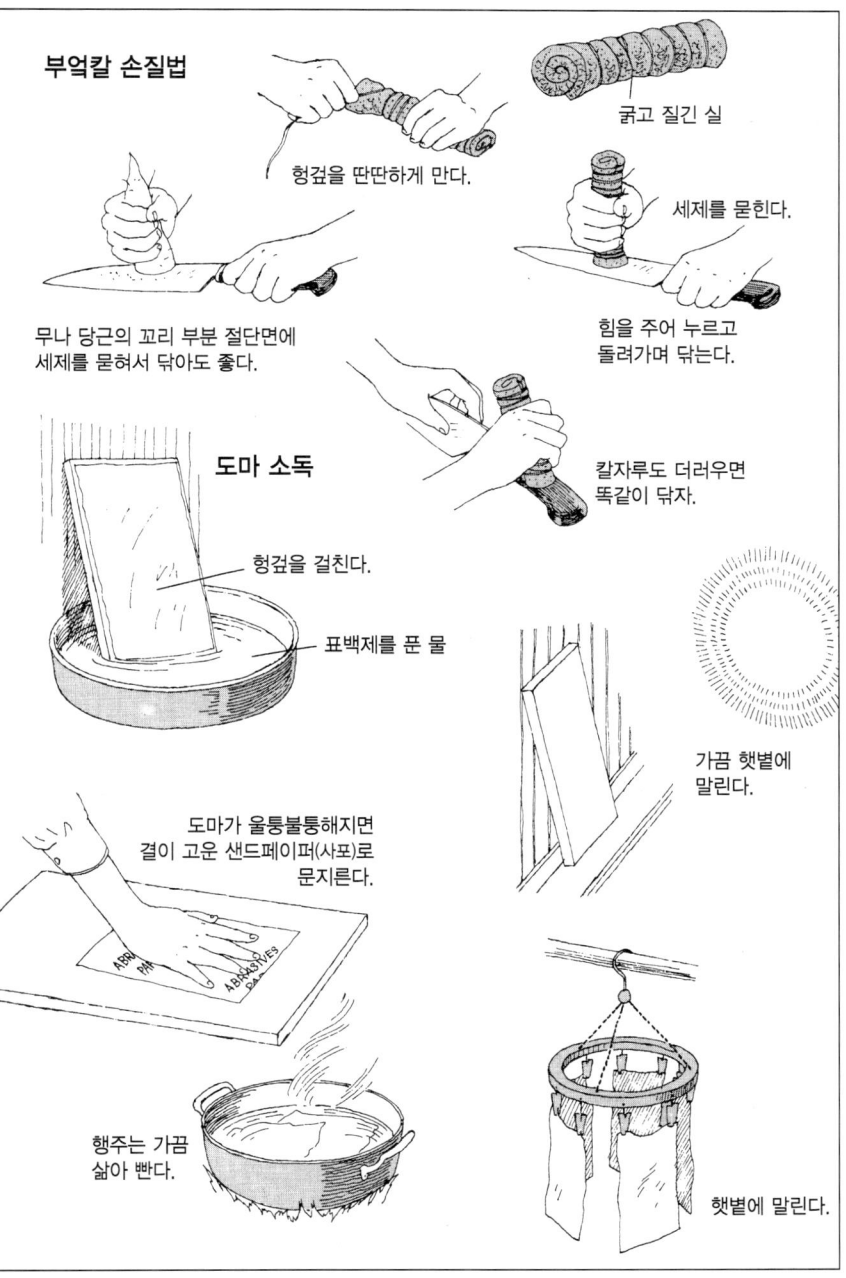

야외로 나가자 - 간식과 비상식량

재료는 비닐 주머니에
야외에서 음식을 만들려면 재료를 가져가야 합니다. 부피가 너무 크지 않게 재료를 미리 손질해서(채소는 미리 씻어 놓습니다) 비닐 주머니에 넣으면 운반하기가 편리하고, 음식을 만드는 시간도 절약됩니다. 밀가루나 참기름 등은 쏟아지지 않도록 병에 넣어 마개를 단단히 막고, 비닐 주머니로 한 번 더 싸면 마음이 놓입니다.

간식은 옷 주머니나 배낭 주머니에
간식은 걸으면서 먹을 수 있는 간편한 음식입니다. 출출하거나 피곤할 때 그대로 참지 말고 간식을 꺼내 먹으면서 걷습니다. 열량이 높은 초콜릿이나 비스킷, 캐러멜 등이 간식으로 좋습니다. 사람은 누구나 먹고 싶을 때 뭔가 먹으면 기운이 나는 법입니다.

비상식량은 손대지 않고 그대로 가지고 오는 음식
비상식량은 이름 그대로 예기치 못한 어려운 상황에서 먹는 음식입니다. 예를 들어 큰 비가 와서 며칠씩 꼼짝도 할 수 없을 때라든가, 길을 잃어 예정된 날에 돌아올 수 없는데 먹을 것이 떨어졌다든가, 또는 개울을 건너다 실수로 다른 식량이 모두 떠내려가 버린 경우에 사용하는 것이 비상식량입니다. 이런 특별한 사고가 없는 한 비상식량에 손을 대지 않아야 합니다. 비상식량으로는 마른 고기나 냉동 건조 식품(136쪽 참조), 초콜릿 등이 좋습니다. 야외에서는 예상치 않던 일이 가끔 벌어지기 때문에 꼭 비상식량을 준비해야 합니다.

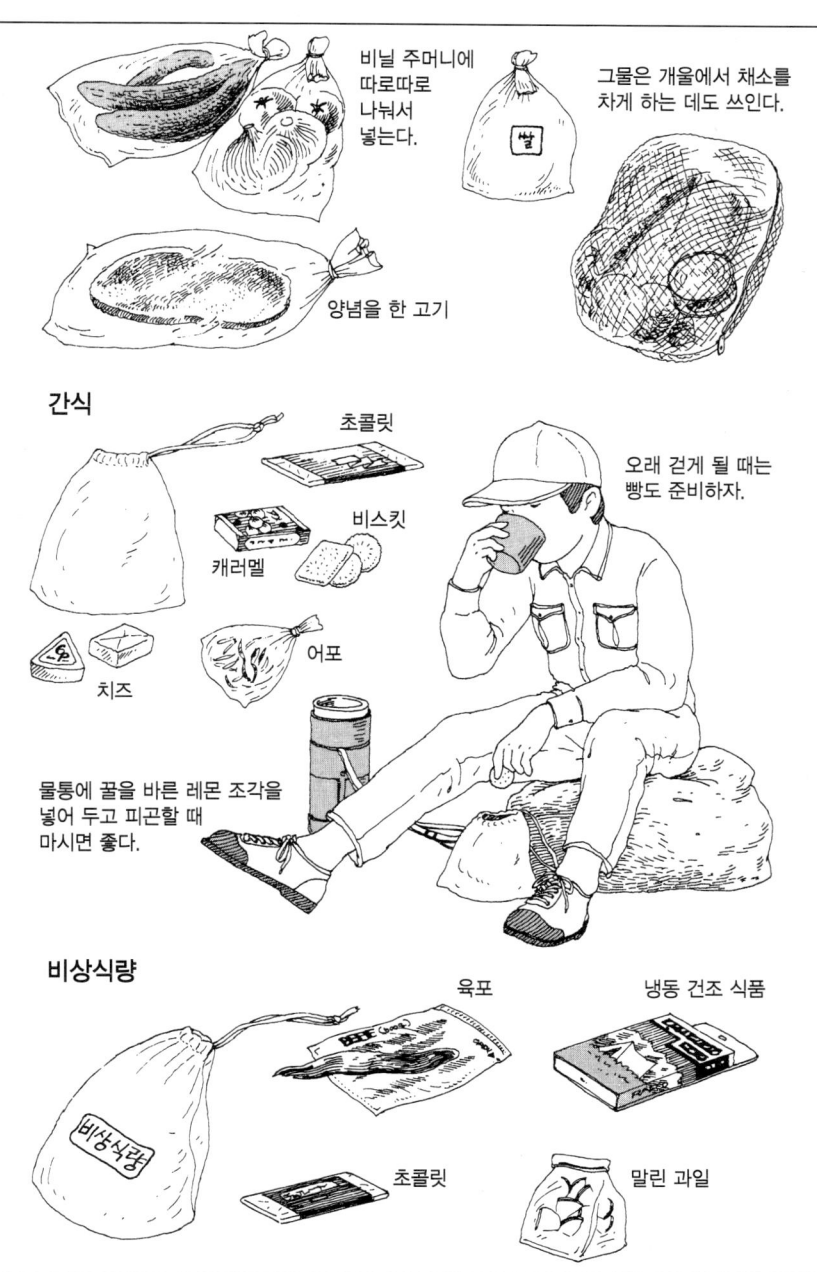

가져갈 취사도구

집에서 쓰는 것을 이용하자
취사도구에 어떤 것이 있는지는 99쪽에서 이야기했습니다. 그런데 야외에 갈 때는 짐이 가벼워야 편합니다. 냄비, 도마, 칼만 있으면 음식을 만드는 데는 큰 어려움이 없습니다. 국자는 있으면 편리합니다. 그리고 밥을 지을 때는 반합이 냄비보다 더 편리합니다. 이러한 도구 외에 불과 물이 있으면 그것으로 훌륭한 야외 취사장이 마련됩니다.

짐을 되도록 줄이자
나무를 땔 수 있는 곳이면 야외 부엌을 만듭니다(130쪽 참조). 그럴 수 없으면 스토브를 가져가야 합니다. 물은 현장에서 얻을 수 있더라도 물을 떠오려면 물주머니가 있어야 합니다. 불과 물이 있고 음식을 만들기 위한 기구들이 준비되었으면, 다음은 음식을 담을 수 있는 접시, 그릇, 수저 등이 필요합니다. 여럿이 먹을 때는 종이 그릇이나 종이컵을 쓸 수도 있는데 이때는 쓰고 난 다음 뒤처리를 깨끗이 해서 쓰레기를 남기지 않도록 합니다.

야외용으로 만든 코펠 세트
냄비, 접시를 겸한 그릇 뚜껑, 컵 등이 한 조가 되도록 고안된 코펠 세트는 보통 알루미늄으로 되어 있어서 가볍고 휴대하기가 편합니다. 코펠은 그릇들을 차곡차곡 넣을 수 있어 짐을 꾸릴 때 부피가 작은 것이 장점인데 그렇다고 꼭 이 코펠 세트가 있어야 하는 것은 아닙니다. 집에서 쓰는 조리기구로도 얼마든지 야외에서 음식을 만들 수 있습니다. 또한 냄비는 코펠보다 밑이 두꺼워서 음식 맛이 훨씬 좋다는 장점이 있습니다.

양념을 잊지 말자

양념이 있어야 음식 맛이 난다

소금이나 간장이 조금만 있으면 참 좋을 텐데……. 야외에 나가서 양념을 잊고 왔을 때 하는 말입니다. 원래 양념이란 맛을 내는 것이지만 사용하면 음식 맛이 확 달라집니다. 가령 생선을 그대로 구운 것과 소금을 뿌려서 구운 것과는 맛이 아예 다릅니다. 또 소금을 뿌리지 않은 채로 구우면 고기가 부스러지기 쉽고 비린 맛이 그대로 남습니다. 그런데 소금을 뿌리면 고기의 수분이 소금기 때문에 겉으로 나와서 살이 오돌오돌해지고 비린 맛도 가십니다. 그리고 생선을 구웠을 때 겉의 단백질이 열 때문에 굳어지고 그것이 막 같은 구실을 해서 단맛이 밖으로 빠지지 않습니다. 약간의 소금이 이처럼 중요한 일을 해 줍니다.

맛과 냄새를 만들어 내는 향신료

후춧가루는 자극적인 냄새로 우리의 식욕을 돋우며 위나 장의 활동을 활발하게 만드는 중요한 향신료입니다. 이 외에 좀 더 다양한 맛을 내고 싶으면 카레가루를 이용하면 좋습니다. 카레가루는 후춧가루를 비롯해서 수십 가지 향신료를 섞어서 만듭니다. 그래서 볶거나 익히거나 할 때 음식에 조금만 사용하면 독특한 맛을 낼 수가 있습니다. 다만 아주 조금만 넣어야 합니다. 자칫 양이 지나치면 카레 음식이 되고 맙니다.

음식 재료의 맛을 끌어내는 멸치 장국

재료의 맛을 내는 데에 멸치 장국을 잊어서는 안 됩니다. 멸치 대신 다시마를 쓰기도 합니다. 집에서는 장국을 만든 뒤 멸치나 다시마를 건져 내지만 야외에서는 그대로 먹어 봅니다. 영양도 있을 뿐 아니라 자연 속에서는 그대로 먹는 것이 오히려 독특한 맛이 있습니다. 라면처럼 각종 인스턴트 식품에 따로 들어 있는 조미용 스프도 야외에서 음식을 만들 때 이용할 수 있습니다.

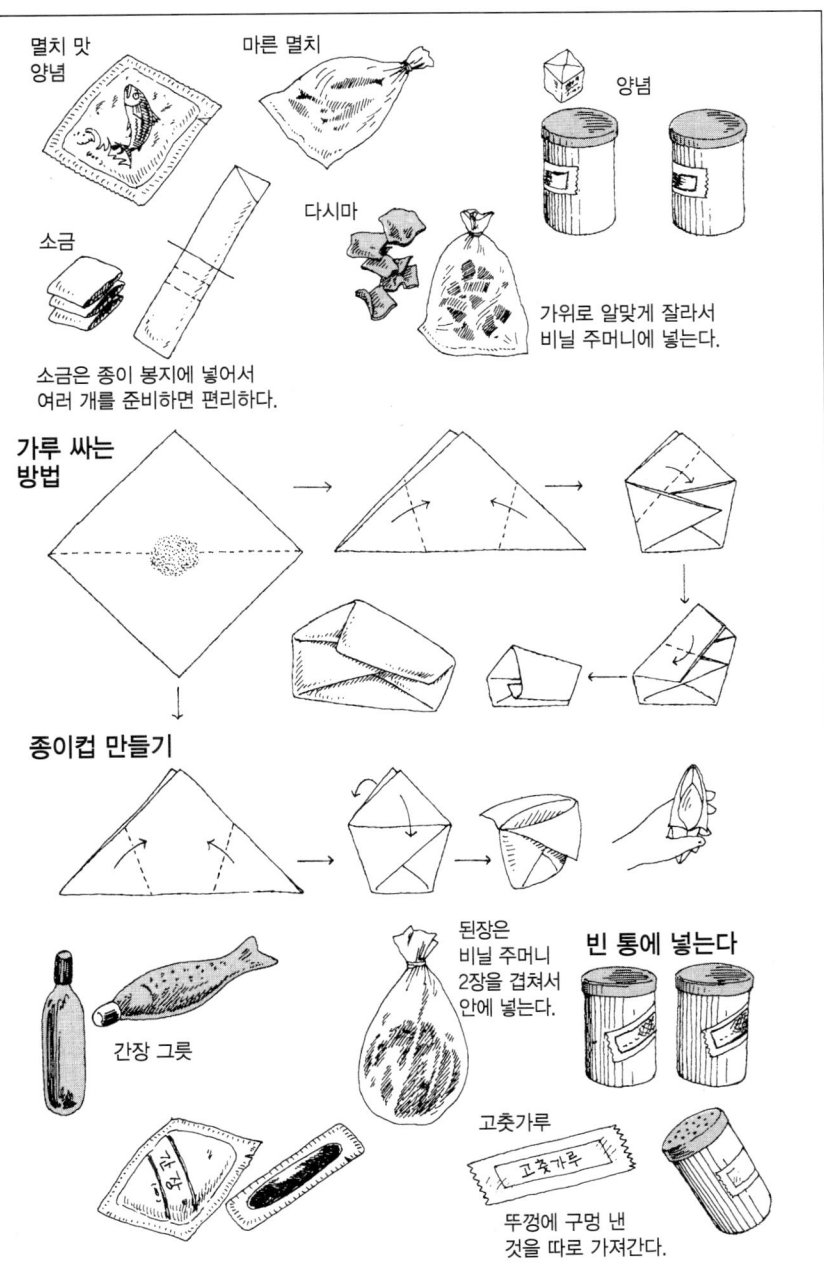

야외 부엌

불을 피워도 되는지 살피자

야외에서는 아무 데서나 불을 피울 수 있는 것이 아닙니다. 자칫 실수해서 산불을 내면 보통 큰일이 아니기 때문입니다. 산에 들어가서는 불을 피우지 못하는 것이 원칙이지만 지정된 야영장에서는 피울 수도 있습니다. 나무를 뗄 수 없는 곳이라면 스토브를 가져가야 합니다.

야외 부엌은 직경 3m의 둥근 원으로

음식을 만들기 위한 부엌을 만들어 봅니다. 우선 장소를 정합니다. 부엌에는 물이 있어야 하므로 물 가까운 곳이면 좋지만 개울과 아주 가까운 데서 음식을 만들면 개울이 더러워집니다. 버린 물이 일단 땅에 스며들어 걸러진 뒤에 개울로 들어가야 좋습니다. 그래서 부엌 자리는 개울에서 조금 떨어져야 합니다. 그리고 불 중심에서부터 적어도 1.5m의 원 안에는 불이 붙을 만한 물건을 두지 말아야 합니다. 나무가 타는 불기운은 집에서 쓰는 가스 불 하고는 아예 다릅니다. 나무 튀는 소리도 요란할 뿐만 아니라 가끔 불똥이 사방에 튀기도 합니다. 건조한 날씨에는 가까이 있는 풀 따위에 불이 붙지 않는지 조심해서 살펴야 합니다.

불을 붙일 때는 천천히

처음 나무에 불을 지펴 보면 생각보다 어렵다는 것을 알게 될 것입니다. 바람이 불거나 땔감이 젖었다면 더욱 힘이 듭니다. 불을 지피는 일은 여러 번 해 봐야 자신이 붙는데 요령이 중요합니다. 우선 땔나무가 충분해야 합니다. 그리고 성냥이나 라이터로 신문지나 나무껍질에 먼저 불을 붙입니다. 그 불로 잔 나뭇가지에 불이 옮겨 붙도록 합니다. 그리고는 차차 굵은 나무를 불 위에 올려놓습니다. 나무를 구하기 어려운 곳에서는 그림처럼 신문지를 공처럼 뭉쳐서 연료로 쓸 수도 있습니다.

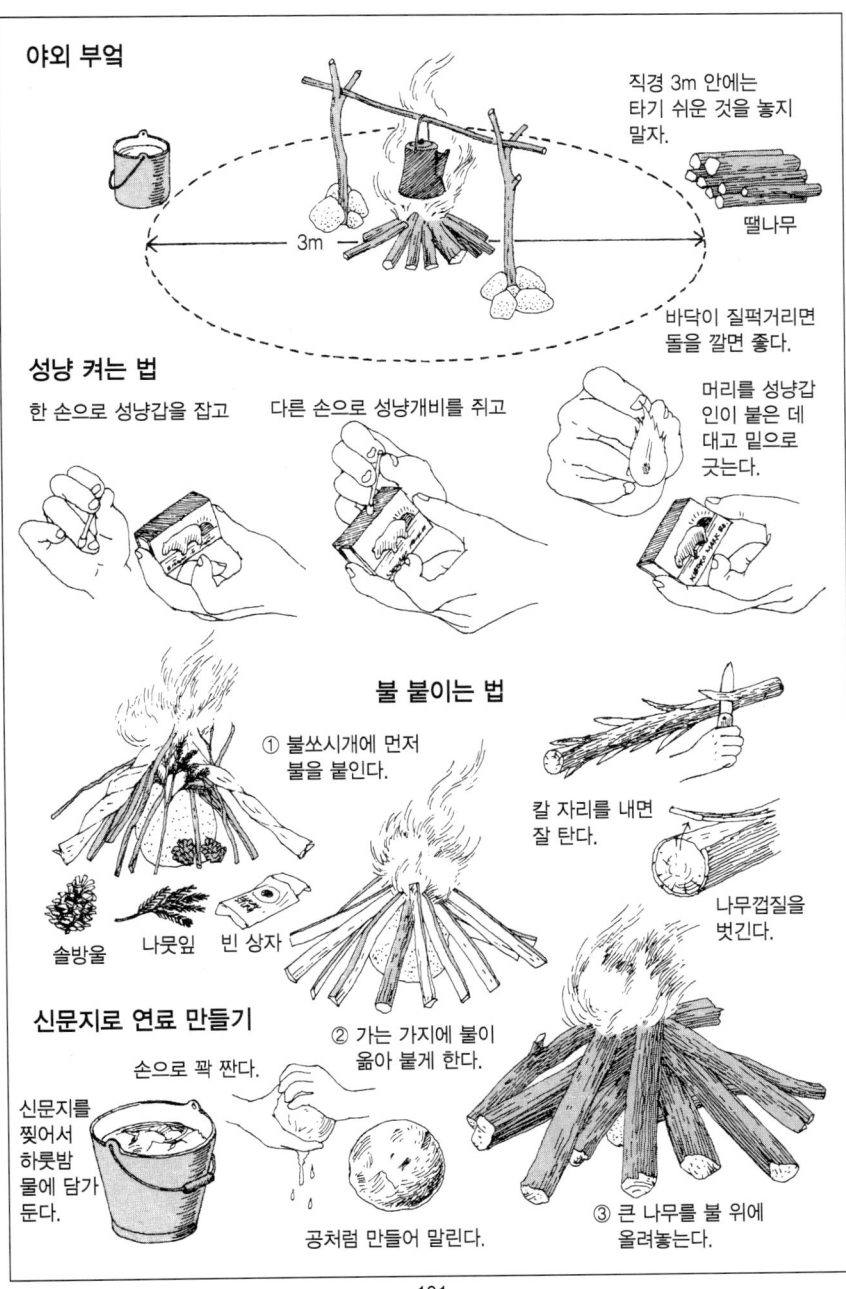

스토브 사용법

가스 스토브부터 써 보자

스토브에는 연료에 따라 가스 스토브, 석유 스토브, 가솔린 스토브 등이 있습니다(버너는 스토브의 잘못 쓰인 말임). 가스 스토브에 쓰이는 연료는 부탄가스인데 가볍고 점화가 쉽게 되는 것이 특징입니다. 따라서 이 스토브부터 써 봅니다. 가스 스토브는 스토브 부분과 카트리지(교환용 가스봄베)로 나뉘며 가스가 없어지면 카트리지를 바꿉니다. 그리고 빈 카트리지는 집으로 가져옵니다. 석유 스토브는 화력이 세고 안전하지만 발화점이 높아서 쓰기 좋은 파란 불꽃이 되기까지 시간이 좀 걸립니다. 예열을 해서 기화 가스가 계속 뿜어 나올 수 있게 해 줘야 합니다. 가솔린 스토브에 쓰이는 연료는 자동차에 쓰이는 가솔린과 다른 화이트 가솔린입니다. 화력은 아주 강하지만 다루기가 위험하기 때문에 조심해야 합니다.

스토브는 편리하지만 위험하기도 하다

어떤 스토브도 마찬가지인데 주위에 타기 쉬운 물건을 놓아두지 말아야 합니다. 가스 스토브의 카트리지를 바꿀 때는 불기가 없는 데서 해야 안전합니다. 불을 다룰 때는 조심하고 또 조심해서 나쁠 것이 없습니다. 그리고 비 오는 날이라고 스토브를 텐트 안에 들여놓고 만지지 않습니다. 비를 맞지 않게 플라이를 치고 텐트 밖에서 불을 피워야 합니다. 여럿이 있으면 스토브 담당을 정해 놓고 책임지고 주의하게 하는 것도 방법입니다. 비 오는 날이면 자연히 불 가까이에 물건을 두게 되므로 더욱 조심하고 불을 쓰는 시간을 짧게 하도록 합니다.

야외에서 밥 짓는 요령

나무를 때서 밥을 할 때는 반합이 편리하다

반합으로 지은 밥은 맛이 있습니다. 반합 뚜껑을 열면 속뚜껑이 또 있는데 이 속뚜껑은 2홉들이(360cc)입니다. 이 속뚜껑이 있기 때문에 반합 안의 압력이 올라가도 밥물이 밖으로 흘러 넘지 않으며 맛있는 밥을 지을 수 있습니다. 반합으로는 2홉에서 4홉까지의 쌀을 써서 밥을 지을 수 있는데 쌀이 2홉보다 적으면 밥이 잘 되지 않습니다. 밥을 먹다 남으면 그대로 둬도 좋습니다. 다음날 물을 넣어서 죽을 만들어도 맛이 있습니다. 반합은 나무를 때서 밥을 지을 때 매우 편리한 반면에 스토브를 사용할 때는 적당하지 않습니다. 스토브의 불은 그릇 밑에만 닿기 때문입니다. 반합 안에 은박지를 깔고 밥을 지으면 밥이 눌러 붙지 않아서 좋습니다.

냄비로 밥을 지을 때

냄비를 사용할 때는 먼저 뚜껑이 꼭 맞는가를 알아봐야 합니다. 뚜껑이 맞지 않으면 안의 수분이 밖으로 증발해서 밥이 되기 전에 물이 없어져 된밥이 되거나 익지 않습니다. 뚜껑이 커서 헐거울 때는 뚜껑 위에 돌을 올려놓고 눌러 줘야 하며, 밥물이 넘을 것을 생각해서 물을 더 넣습니다. 밥을 지을 때는 물과 불을 조절해 주어야 합니다(112쪽에서 설명한 밥 짓는 요령을 다시 읽어 봅니다). 나무를 때서 밥을 지을 때는 냄비 밑이 검게 그을리기 때문에 헌 냄비를 준비해 갑니다.

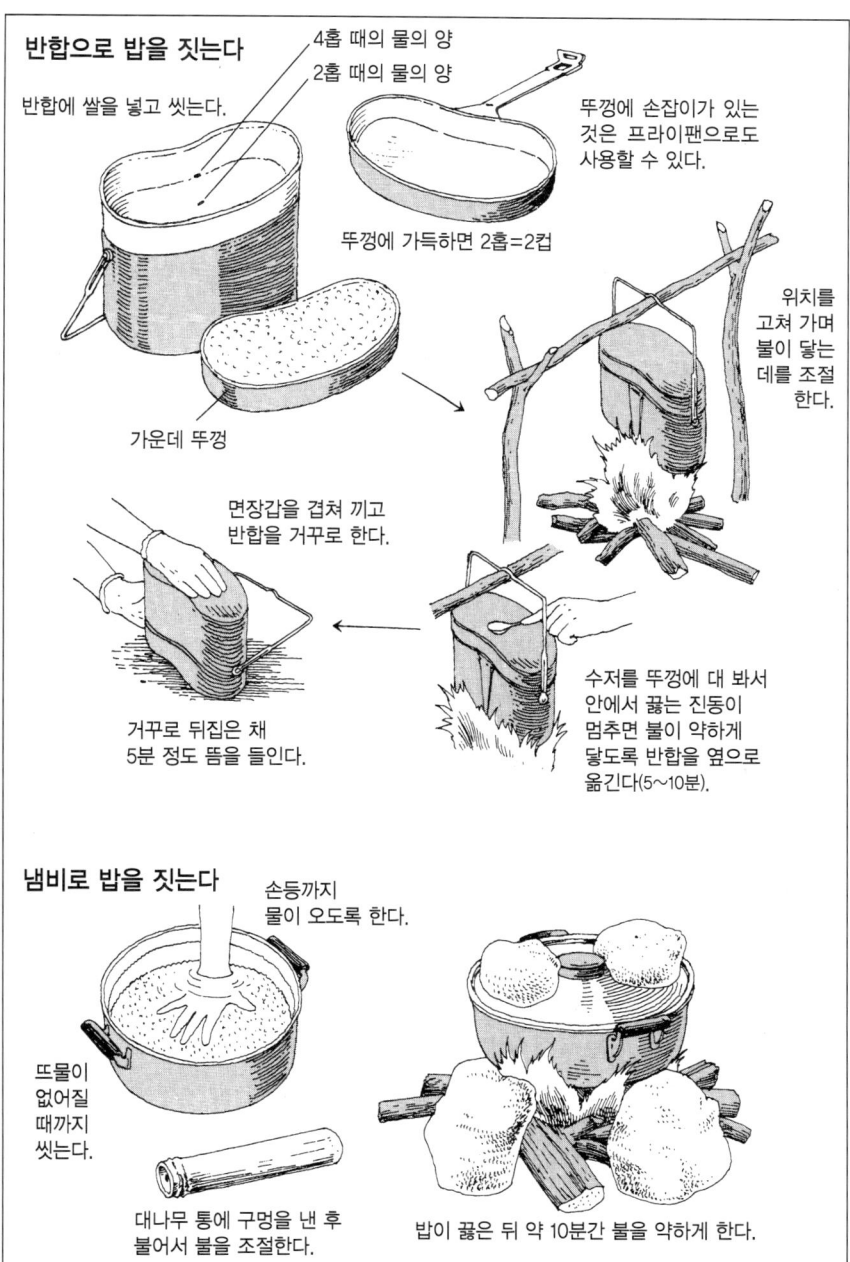

인스턴트 식품

장기간의 야외 생활에서 이용한다

야외에 머무르게 되는 기간이 2~3일 정도라면 될 수 있는 대로 재료를 가져가서 직접 음식을 만들도록 합니다. 그러나 기간이 4일 이상이면 재료가 상할 수 있습니다. 또 같은 장소에 줄곧 있게 된다면 그곳에 도착할 때까지만 짐이 무겁더라도 참으면 됩니다. 그렇지만 자주 이동해야 할 때는 가져갈 짐의 무게를 생각하지 않을 수 없습니다. 이럴 때 인스턴트 식품을 활용합니다. 인스턴트 식품은 오래 두어도 되고 무게도 비교적 가볍습니다. 또 인스턴트 식품에 들어 있는 조미용 스프는 다른 요리를 만들 때 맛을 내는 데에도 이용할 수 있습니다.

데워서 먹을 수 있는 식품들

조리된 음식이 그대로 들어 있는 것으로 통조림 식품이 있습니다. 통조림 식품 하면 무거운 깡통에 담긴 음식을 생각하기 쉬우나 요즘은 높은 압력에서 열로 살균하고 은박지로 포장하여 며칠이고 보관할 수 있는 식품이 많이 나오고 있습니다. 이런 식품은 우선 가볍고, 조금만 데우면 먹을 수 있어서 야외 음식으로는 제격입니다. 다만 양이 적어서 식욕이 좋은 사람은 이것만으로는 부족한 감이 있습니다.

가볍고 편리한 냉동 건조 식품

음식 재료나 조리한 것을 영하 20~30℃에서 갑자기 얼린 뒤에 진공 상태에서 수분을 없애고 말린 것이 냉동 건조 식품입니다. 더운 물을 부으면 불과 몇 분 안에 음식이 됩니다. 장기간의 야외 생활에서 쓰기 좋으며 비상식량으로 활용할 수도 있습니다. 채소로 만든 냉동 건조 식품을 다른 음식과 함께 먹으면 비타민 보충의 효과도 있습니다.

인스턴트 식품

냉동 건조 식품

여러 가지를 섞어서 만든다

쉬고 나서 떠날 때

야외에서는 세제를 쓰지 않는다
음식을 해 먹은 다음 설거지를 해야 합니다. 물이 많이 흐르는 개울에서도 설거지용 세제를 쓰면 안 됩니다. 아래쪽에서 다른 사람이 밥을 짓기 위해 그 물을 쓸지도 모를 뿐만 아니라 개울을 오염시키는 원인이 되기 때문입니다. 그릇에 낀 기름은 먼저 휴지나 종이로 닦고 나서 헝겊으로 씻어야 좋습니다. 모래로 씻는 것도 하나의 방법입니다.

묻을 수 없는 쓰레기는 가져오자
정성껏 만든 음식은 남기지 않도록 합니다. 그렇게 하려면 미리 먹을 양을 생각하고서 만들어야 하는데 양을 맞추기가 쉽지는 않습니다. 만일 음식이 남았을 때는 다시 먹을 수 있는지 방법을 생각해 보고 되도록 버리지 않도록 합니다. 다시 쓸 수 없는 쓰레기나 음식 찌꺼기는 구덩이를 파고 묻습니다. 다만 아무리 시간이 오래 지나도 다시 흙으로 되돌아가지 않는 것, 예를 들어 빈 깡통, 빈 병, 비닐, 플라스틱 등은 산에 버리지 말고 다시 가져와야 합니다.

꺼진 불도 다시 보자
불을 피웠던 곳의 뒤처리는 아무리 꼼꼼히 한다고 해도 지나치지 않습니다. 물을 여러 번 나눠서 끼얹고 한참 뒤에 불씨가 남아 있지는 않은지 확인해야 합니다. 손을 가까이 대 보는 것이 제일 확실합니다. 불에 대한 뒤처리만은 모두가 함께 확인하는 것이 마음이 놓입니다.

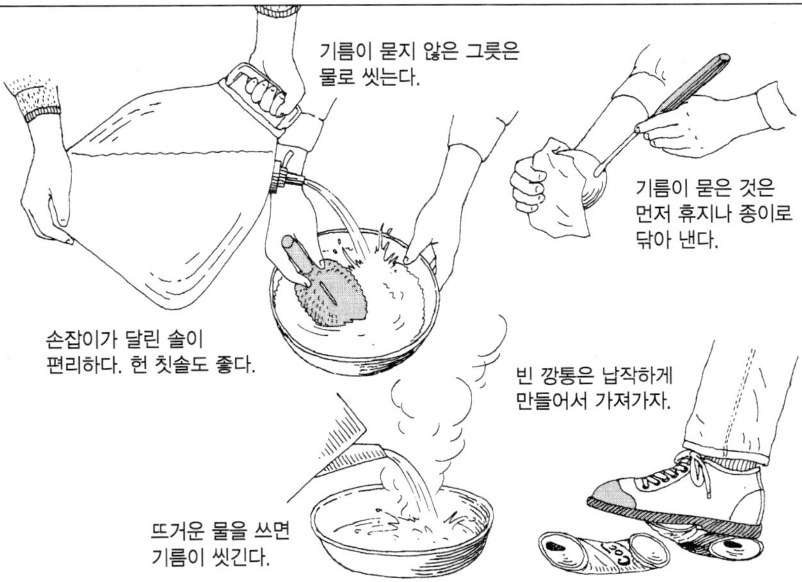

기름이 묻지 않은 그릇은
물로 씻는다.

기름이 묻은 것은
먼저 휴지나 종이로
닦아 낸다.

손잡이가 달린 솔이
편리하다. 헌 칫솔도 좋다.

빈 깡통은 납작하게
만들어서 가져가자.

뜨거운 물을 쓰면
기름이 씻긴다.

불을 끄는 법

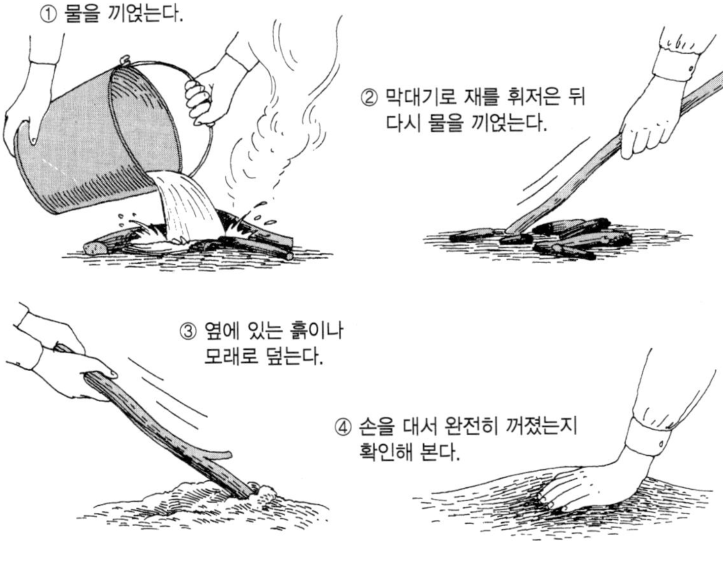

① 물을 끼얹는다.

② 막대기로 재를 휘저은 뒤
다시 물을 끼얹는다.

③ 옆에 있는 흙이나
모래로 덮는다.

④ 손을 대서 완전히 꺼졌는지
확인해 본다.

산나물을 먹자

보고, 만져 보고, 이름을 외우자
들과 산에는 먹을 수 있는 식물이 많습니다. 우리가 평소에 먹는 채소도 처음에는 들이나 산에서 나던 식물이었습니다. 그것을 개량하고 먹기 좋게 만든 것이 오늘날 재배하고 있는 채소입니다. 산나물에는 지금도 자연 그대로의 미각이 남아 있어 정다움을 느끼게 합니다. 만일 식량이 떨어졌을 때, 산과 들에서 자라는 식물 중에 먹을 수 있는 것이 어떤 것인지 알 수 있다면 굶어 죽지 않을 것입니다. 이런 식물을 좀 어려운 말이기는 하지만 '구황식물(救荒植物)'이라고도 합니다.

필요한 만큼만 따자
식물을 얻으려고 산에 갈 때는 신문지와 비닐 주머니를 꼭 가지고 가야 합니다. 잘라 낸 잎이나 줄거리는 물에 적신 신문지에 꼭꼭 싼 뒤, 비닐 주머니에 넣어야 식물이 시들지 않습니다. 어린싹이나 잎, 그리고 줄기를 자를 때는 주머니칼을 씁니다. 귀찮다는 생각에 손으로 뽑으려 해서는 안 됩니다. 뿌리가 남아 있어야 식물이 살고 그래야 다음 해에도 와서 얻을 수 있습니다. 또 너무 욕심을 내서 많이 자르면 안 됩니다.

캐면 안 되는 곳도 있다
국립공원이나 자연공원 등 식물 채집이 금지된 곳이 있으므로 미리 알아 둬야 합니다. 또 주인이 없는 땅이 있을 리가 없습니다. 함부로 남의 것을 가질 수 없으니 반드시 허락을 받도록 합니다.

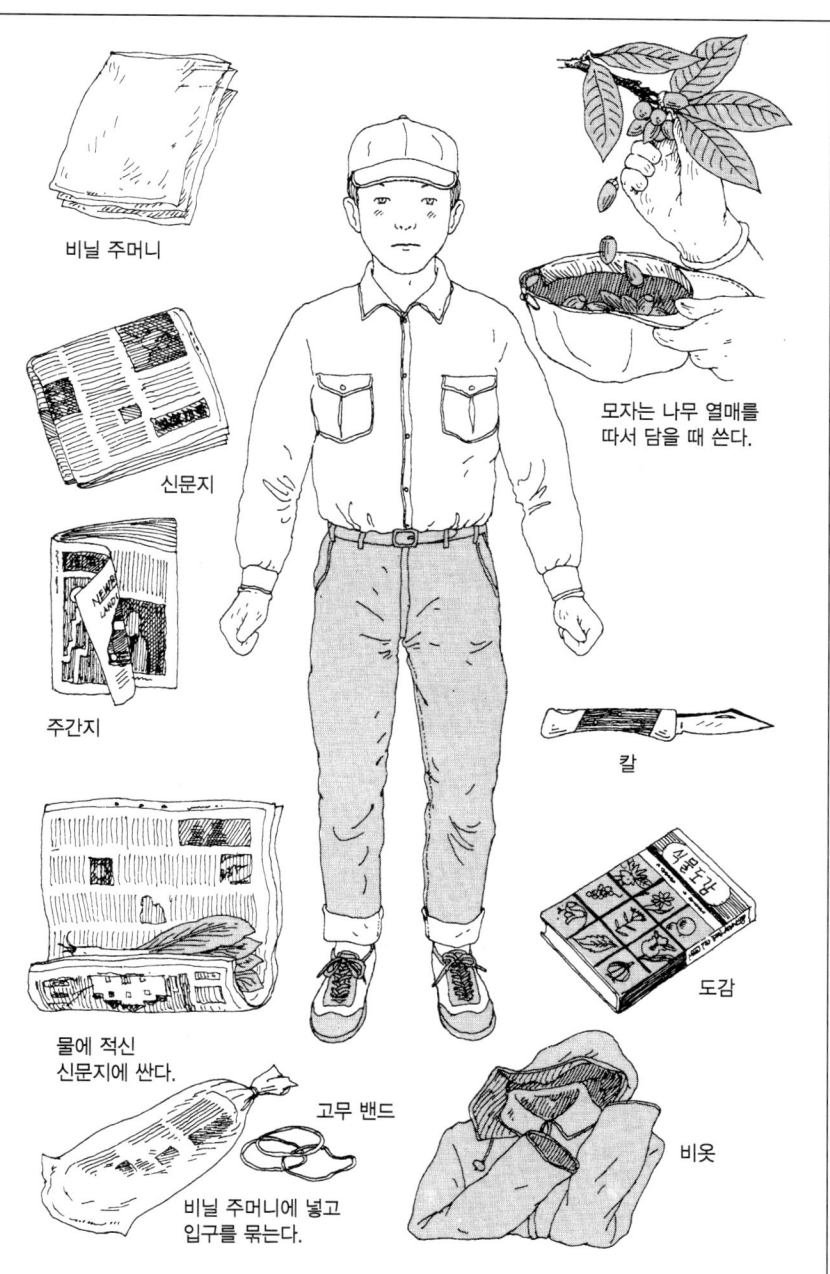

산나물을 먹으려면 1

흐르는 물에서 씻자
따 온 식물에는 흙이나 오물이 묻어 있기 때문에 먼저 물로 깨끗이 씻어야 합니다. 개울가에서 흐르는 물에 씻는 것이 가장 좋습니다. 좀 귀찮지만 잎을 하나하나 정성껏 씻어야 합니다. 제대로 씻지 않으면 흙 따위가 입맛을 버립니다.

떫은맛을 빼야 한다
어느 야생 식물이든지 조금은 떫은맛이 있습니다. 떫은맛이 아주 적으면 자연의 맛이 나서 오히려 좋지만, 많으면 쓰거나 떫어서 먹지 못합니다. 식물을 딸 때 장갑에 물이 들거나 역겨운 냄새가 나는 것에는 떫은 것이 많습니다. 대부분 소금물로 데친 뒤 찬물에 담그면 떫은맛이 빠지는데, 강한 것은 찬물에 오래 담가 둬야 합니다. 땃두릅(두릅나무과의 낙엽 활엽 관목. 깊은 산의 숲 속에 산다. 어린순은 식용으로 쓰고 줄기와 가지는 약용으로 씀)을 우려낼 때는 소금 말고 식초를 써야 좋습니다. 식초는 식물의 빛깔이 변하는 것을 막아 줍니다. 자른 뒤에 곧 식초 물에 담급니다. 꽃을 먹을 때도 마찬가지입니다. 떫은맛이 우러난 뒤에 살짝 쥐어짜고 나서 요리를 합니다.

고사리와 고비
고사리와 고비(고비과의 양치식물. 산과 들에 나는데 어린잎과 줄기는 식용으로 쓰고 뿌리는 약용으로 씀)는 다른 것과 좀 다릅니다. 떫은맛을 없애려면 나뭇재나 중탄산소다(탄산수소나트륨)를 씁니다. 소다는 약국에서 살 수 있습니다. 소다를 고사리에 뿌린 뒤, 그릇에 담고 더운물을 부은 다음 뚜껑을 닫고 돌을 올려놓습니다. 이대로 하룻밤 두면 떫은 기가 빠집니다. 씻은 다음 다시 더운물로 살짝 데치고 냉수에 2~3시간 담가 둡니다.

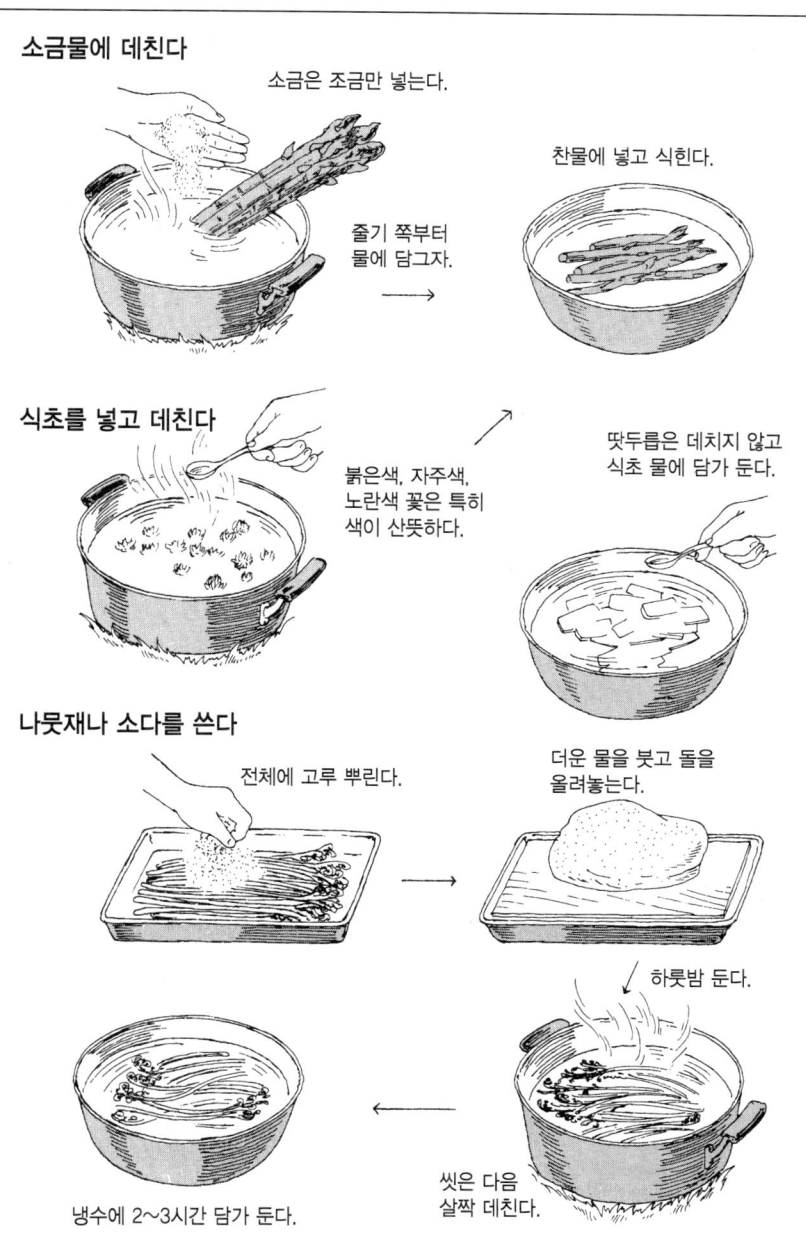

산나물을 먹으려면 2

가장 간단한 나물 무침

떫은맛을 뺀 재료를 먹기 좋게 칼로 썬 다음, 초간장을 찍어 먹기도 하고 깨소금을 넣고 무치거나 초고추장에 무쳐서 먹습니다. 이 밖에 무치는 양념 재료에 따라 갖가지 요리가 됩니다. 신맛이 나는 식물이면 식초를 써서 신맛을 살리고, 쌉쌀한 맛이 나는 재료면 고추를 쓰는 등 그 재료의 본래 맛과 조화시켜야 하는 것이 조리법의 기본입니다. 깨 대신 땅콩을 사용하면 또 색다른 맛을 얻게 됩니다.

튀김은 간편하고 좋은 조리법

식용 식물의 떫은맛은 이상하게도 기름에 약해서, 기름에 튀기면 대부분은 먹기 좋게 됩니다. 그래서 튀김이 가장 간단하고 좋은 조리 방법입니다. 재료를 밀가루 반죽에 담갔다가 끓는 기름에 넣는데, 기름의 온도는 밀가루 반죽을 젓가락에 묻혀 떨어뜨렸을 때 기름 절반까지 가라앉았다가 바로 떠오르는 정도(170~180℃)가 알맞습니다. 뜨거운 기름을 다룰 때는 특별히 조심해야 합니다. 튀긴 것은 소금을 살짝 뿌리거나 양념장에 찍어 먹습니다.

남은 것은 소금절이나 냉동 보관

재료가 많아 남을 것 같으면 재료의 사이사이에 소금을 뿌려 돌로 눌러 2~3일간 두었다가 비닐 주머니에 넣어 보관합니다. 또 재료를 살짝 데친 다음 냉수에 담갔다가 물기를 쥐어짜고 랩으로 싸서 비닐 주머니에 넣어 아이스박스에 보관해도 됩니다.

열매를 따 먹자

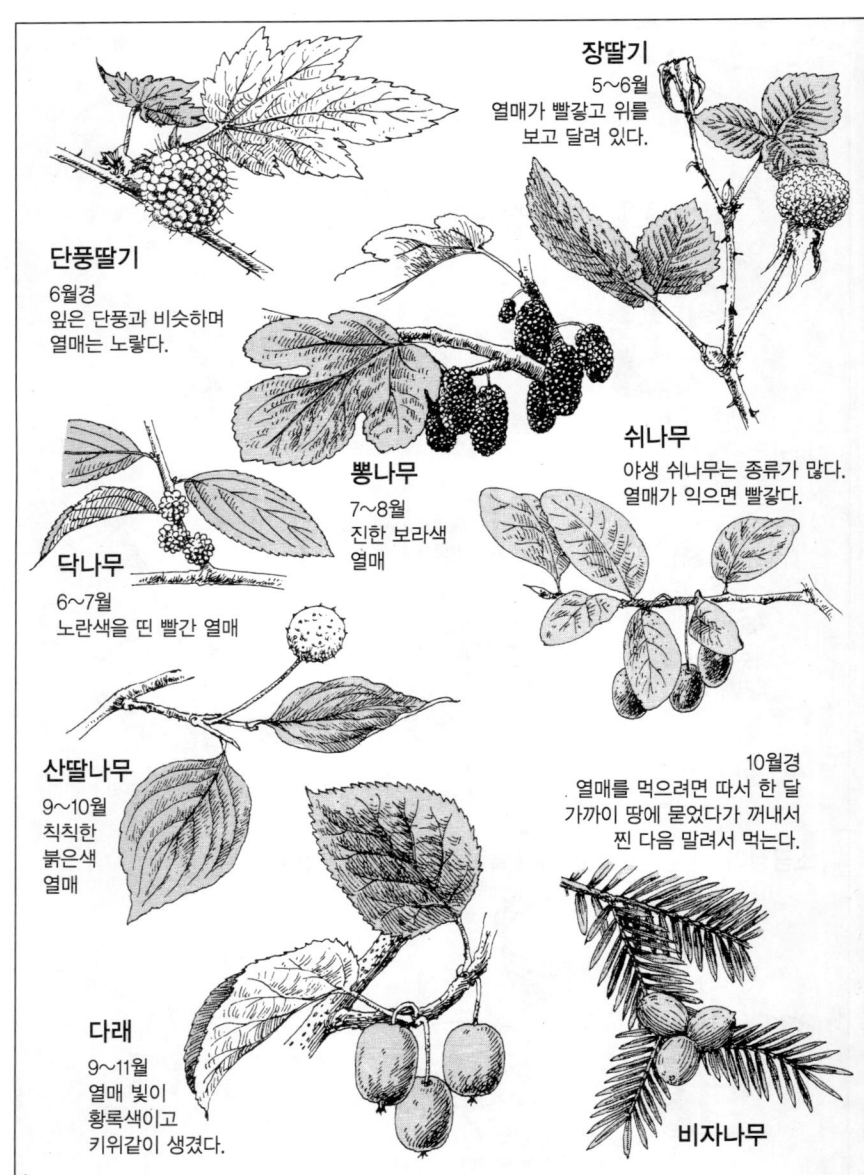

장딸기
5~6월
열매가 빨갛고 위를
보고 달려 있다.

단풍딸기
6월경
잎은 단풍과 비슷하며
열매는 노랗다.

뽕나무
7~8월
진한 보라색
열매

쉬나무
야생 쉬나무는 종류가 많다.
열매가 익으면 빨갛다.

닥나무
6~7월
노란색을 띤 빨간 열매

산딸나무
9~10월
칙칙한
붉은색
열매

10월경
열매를 먹으려면 따서 한 달
가까이 땅에 묻었다가 꺼내서
찐 다음 말려서 먹는다.

다래
9~11월
열매 빛이
황록색이고
키위같이 생겼다.

비자나무

봄과 가을에 걸쳐 들과 산에는 달고 시큼한 나무 열매가 많이 열립니다. 야외에서 그림에 있는 열매를 찾아 따 먹어 봅니다.

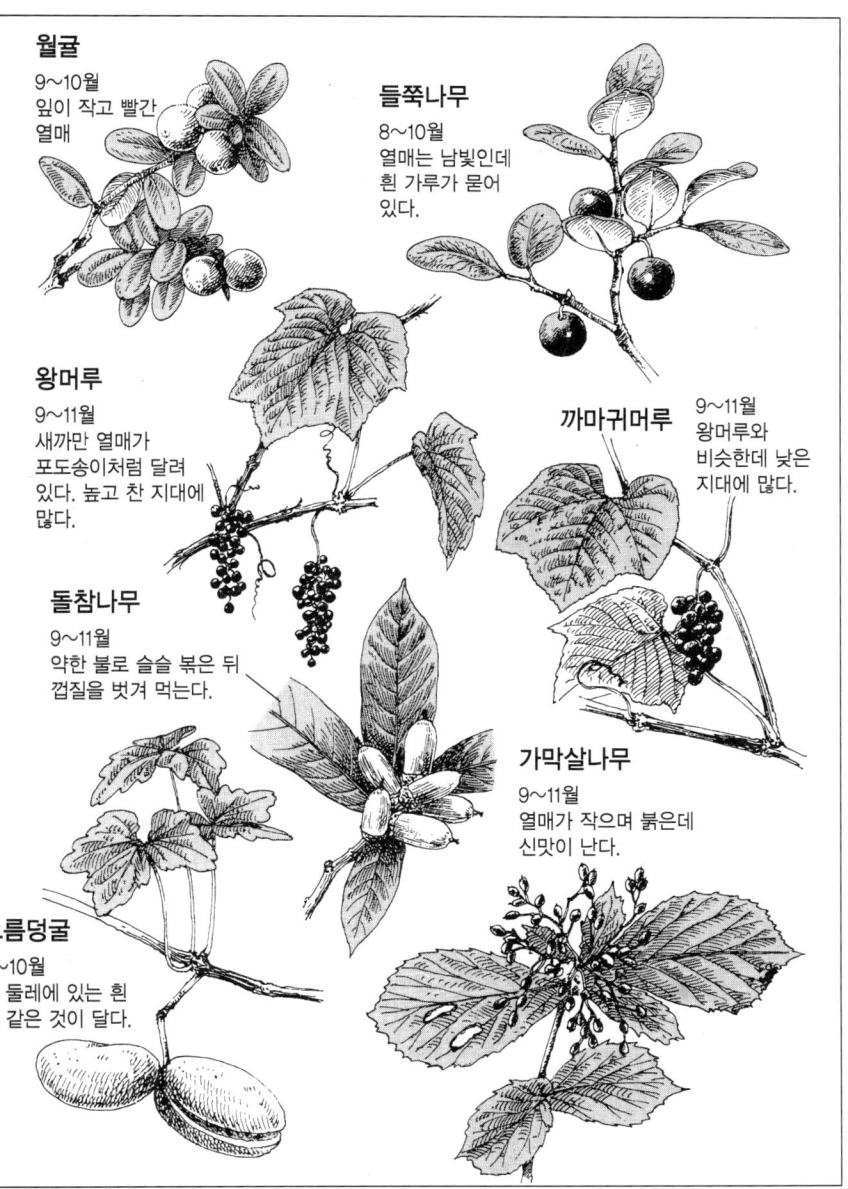

월귤
9~10월
잎이 작고 빨간 열매

들쭉나무
8~10월
열매는 남빛인데 흰 가루가 묻어 있다.

왕머루
9~11월
새까만 열매가 포도송이처럼 달려 있다. 높고 찬 지대에 많다.

까마귀머루
9~11월
왕머루와 비슷한데 낮은 지대에 많다.

돌참나무
9~11월
약한 불로 슬슬 볶은 뒤 껍질을 벗겨 먹는다.

가막살나무
9~11월
열매가 작으며 붉은데 신맛이 난다.

으름덩굴
9~10월
씨 둘레에 있는 흰 솜 같은 것이 달다.

먹을 수 있는 산나물

봄

보기 ① 볼 수 있는 곳 ② 먹는 부분
③ 따는 시기 ④ 요리법

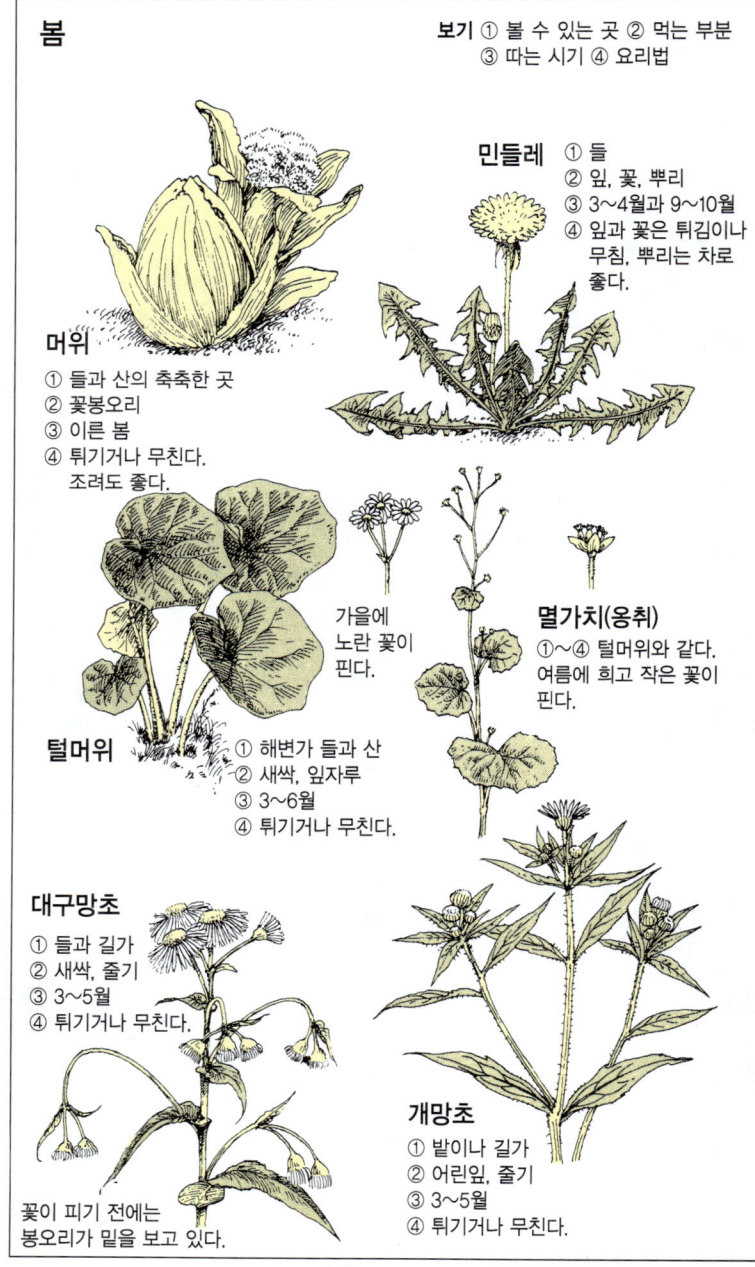

민들레
① 들
② 잎, 꽃, 뿌리
③ 3~4월과 9~10월
④ 잎과 꽃은 튀김이나 무침, 뿌리는 차로 좋다.

머위
① 들과 산의 축축한 곳
② 꽃봉오리
③ 이른 봄
④ 튀기거나 무친다. 조려도 좋다.

가을에 노란 꽃이 핀다.

멸가치(옹취)
①~④ 털머위와 같다.
여름에 희고 작은 꽃이 핀다.

털머위
① 해변가 들과 산
② 새싹, 잎자루
③ 3~6월
④ 튀기거나 무친다.

대구망초
① 들과 길가
② 새싹, 줄기
③ 3~5월
④ 튀기거나 무친다.

개망초
① 밭이나 길가
② 어린잎, 줄기
③ 3~5월
④ 튀기거나 무친다.

꽃이 피기 전에는 봉오리가 밑을 보고 있다.

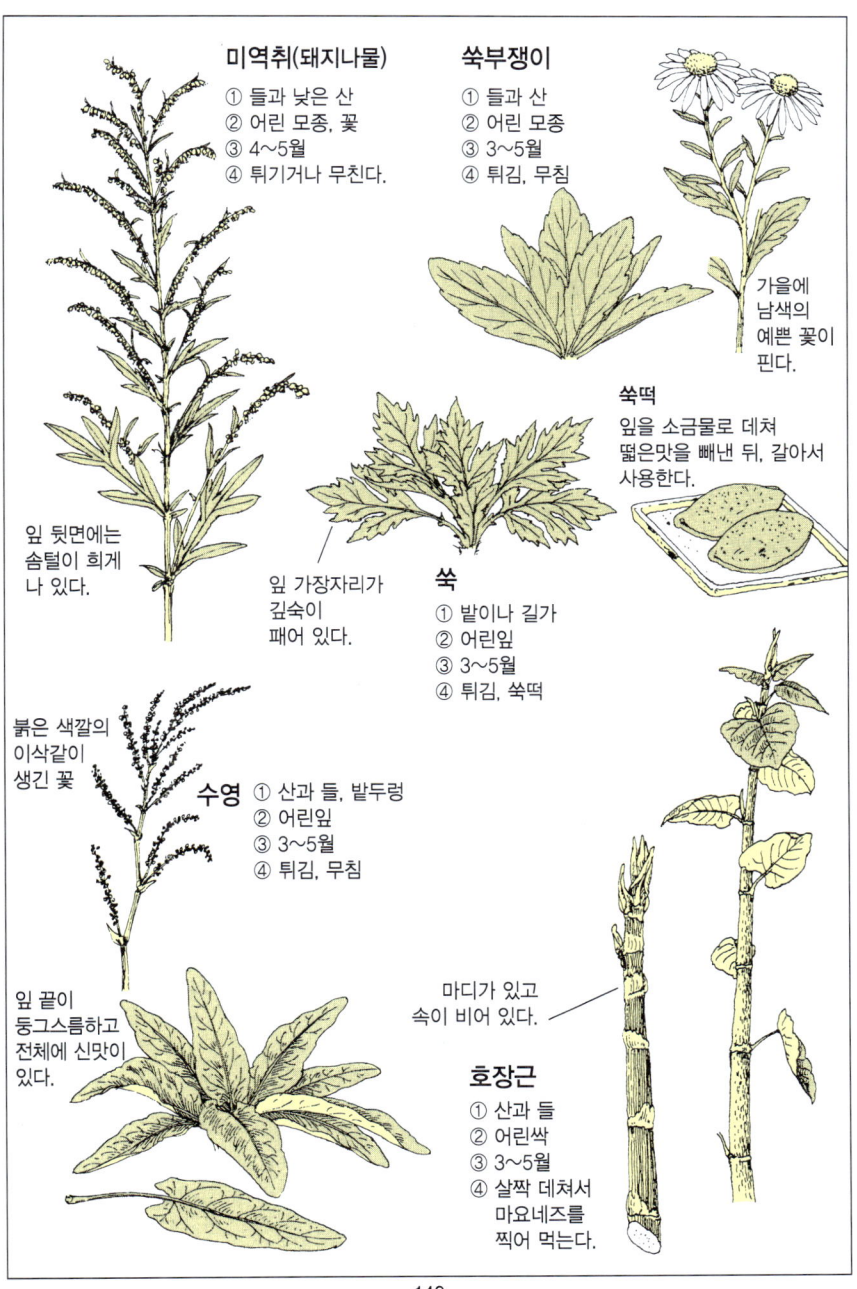

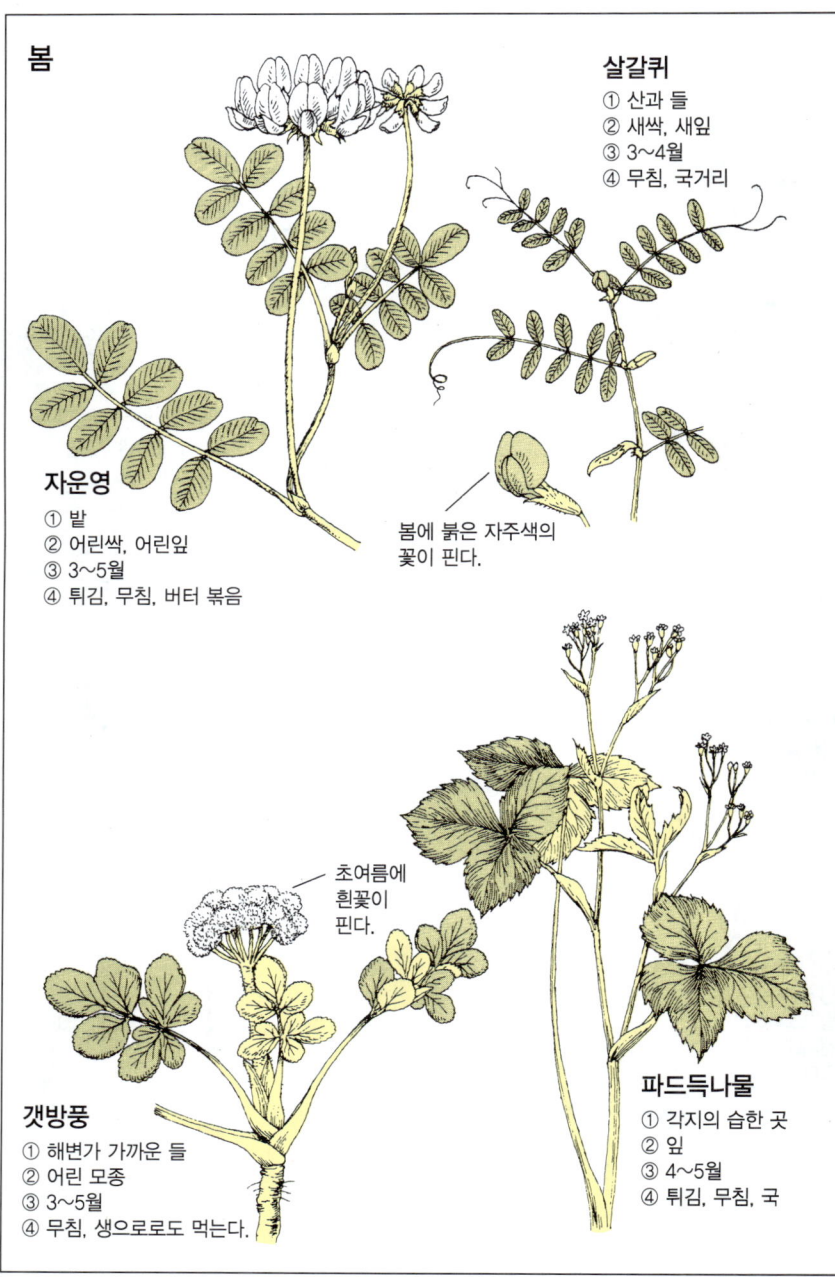

봄

살갈퀴
① 산과 들
② 새싹, 새잎
③ 3~4월
④ 무침, 국거리

자운영
① 밭
② 어린싹, 어린잎
③ 3~5월
④ 튀김, 무침, 버터 볶음

봄에 붉은 자주색의 꽃이 핀다.

갯방풍
① 해변가 가까운 들
② 어린 모종
③ 3~5월
④ 무침, 생으로로도 먹는다.

초여름에 흰꽃이 핀다.

파드득나물
① 각지의 습한 곳
② 잎
③ 4~5월
④ 튀김, 무침, 국

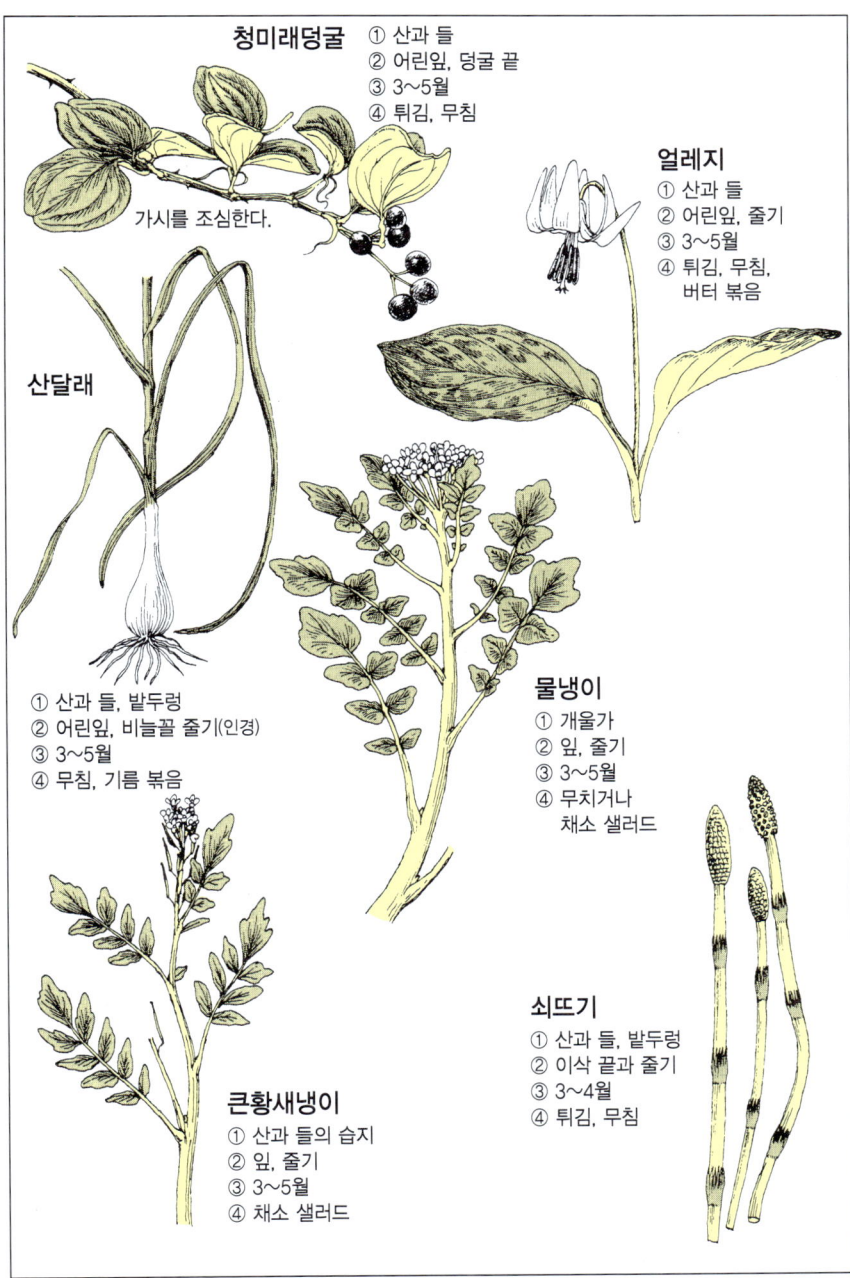

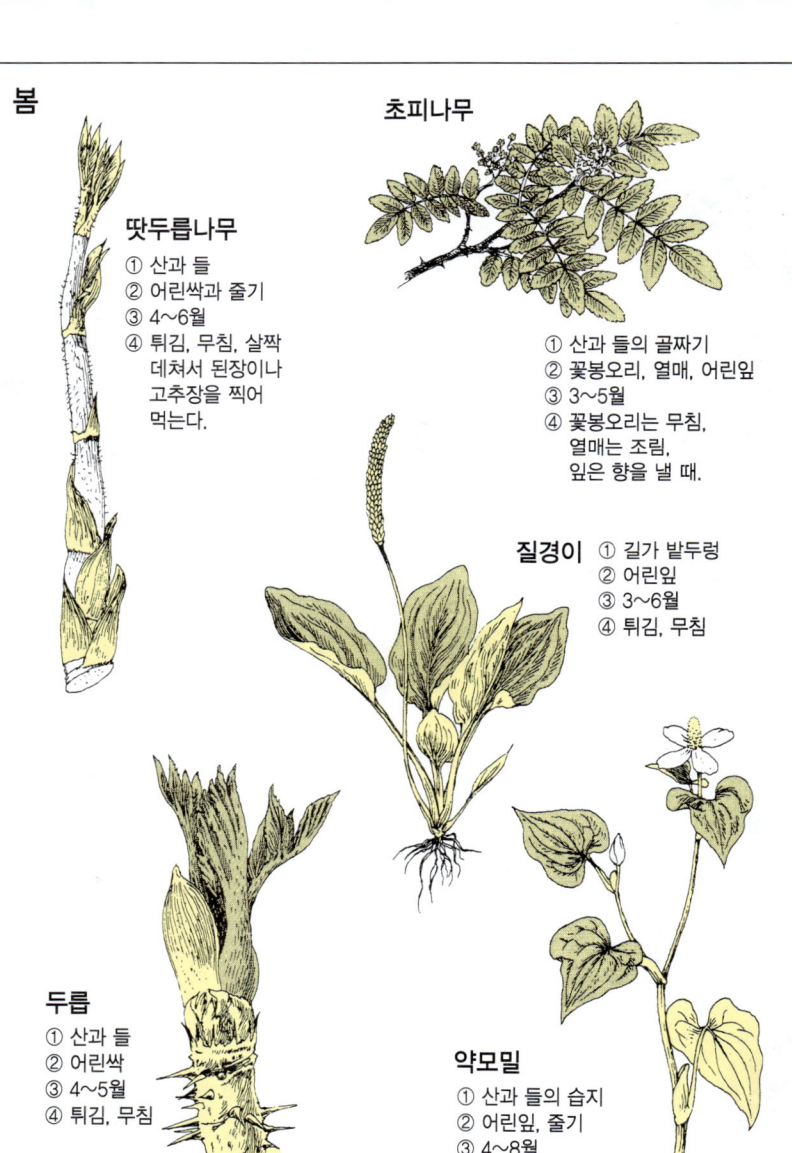

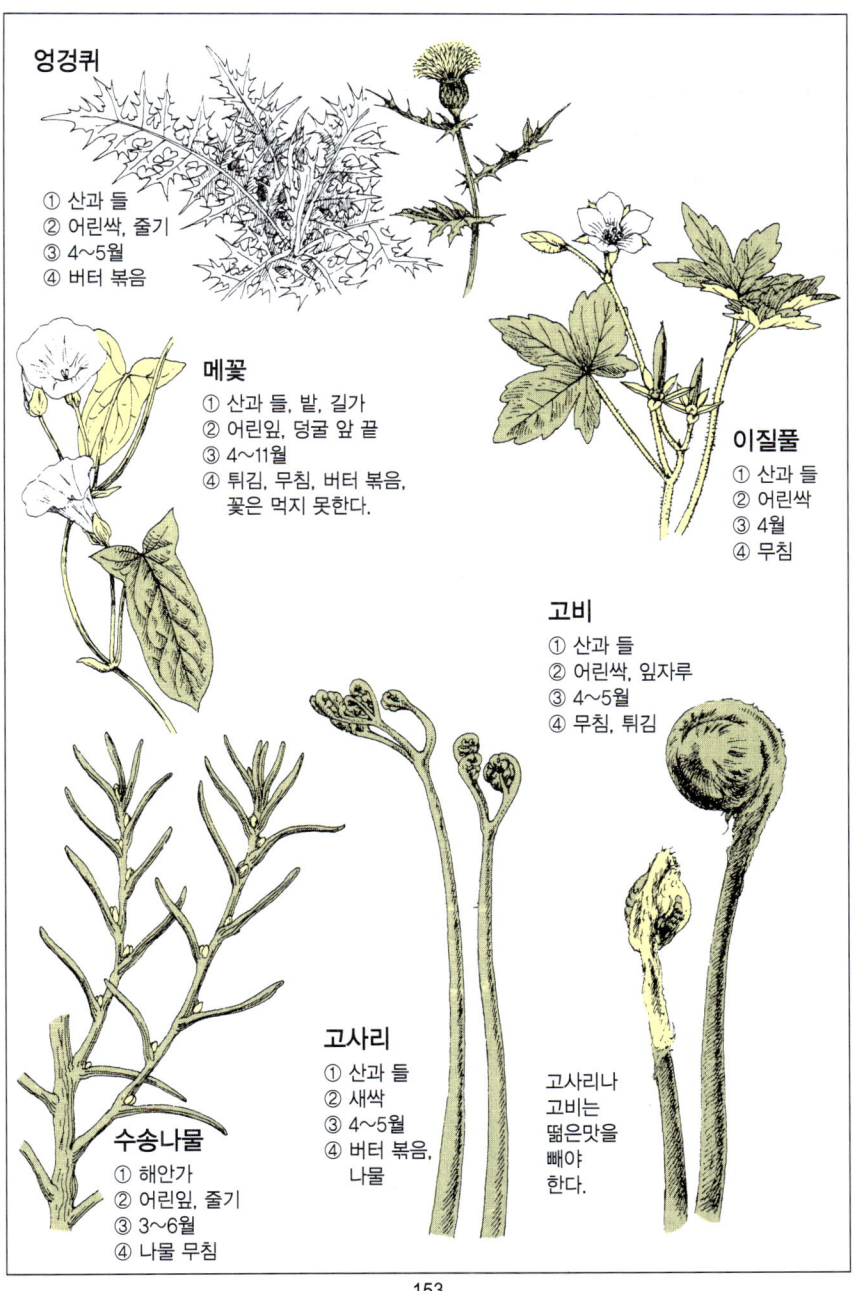

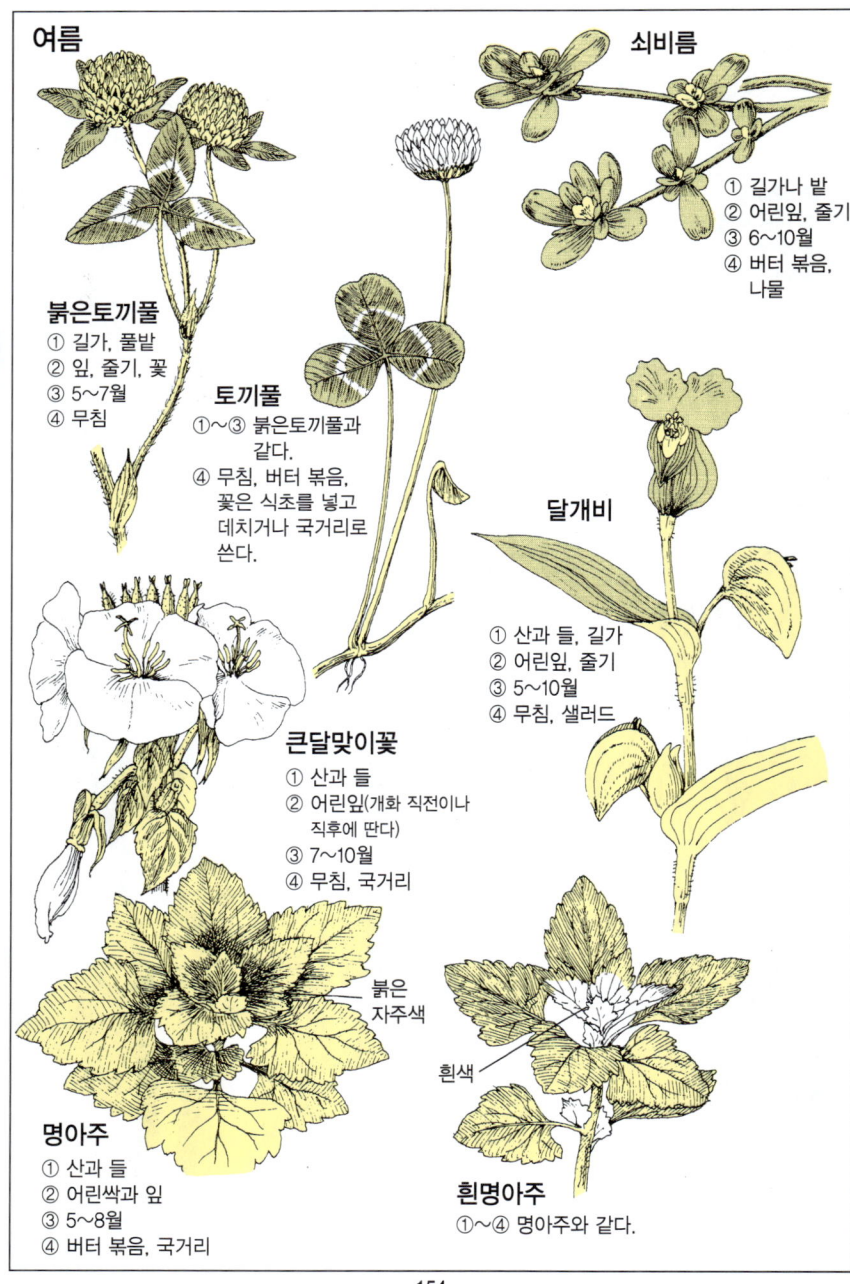

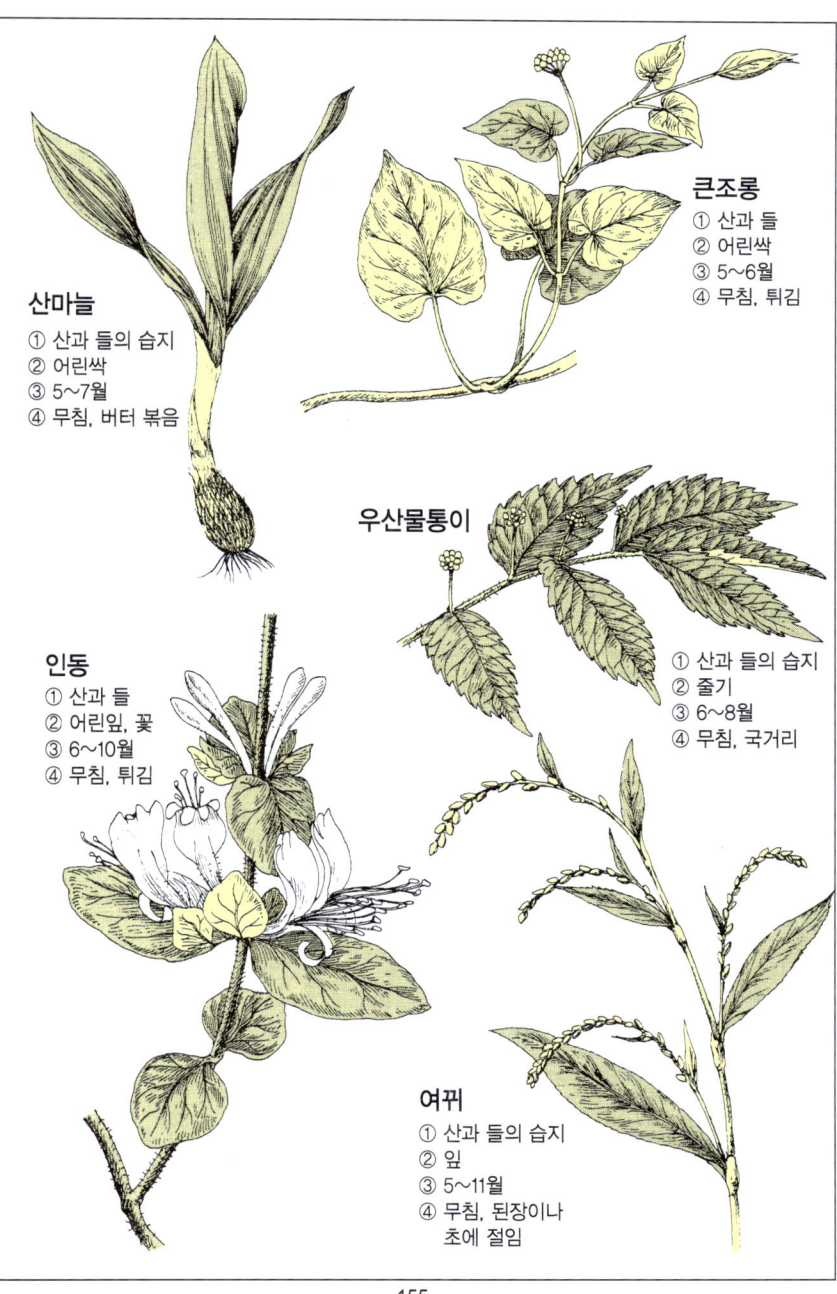

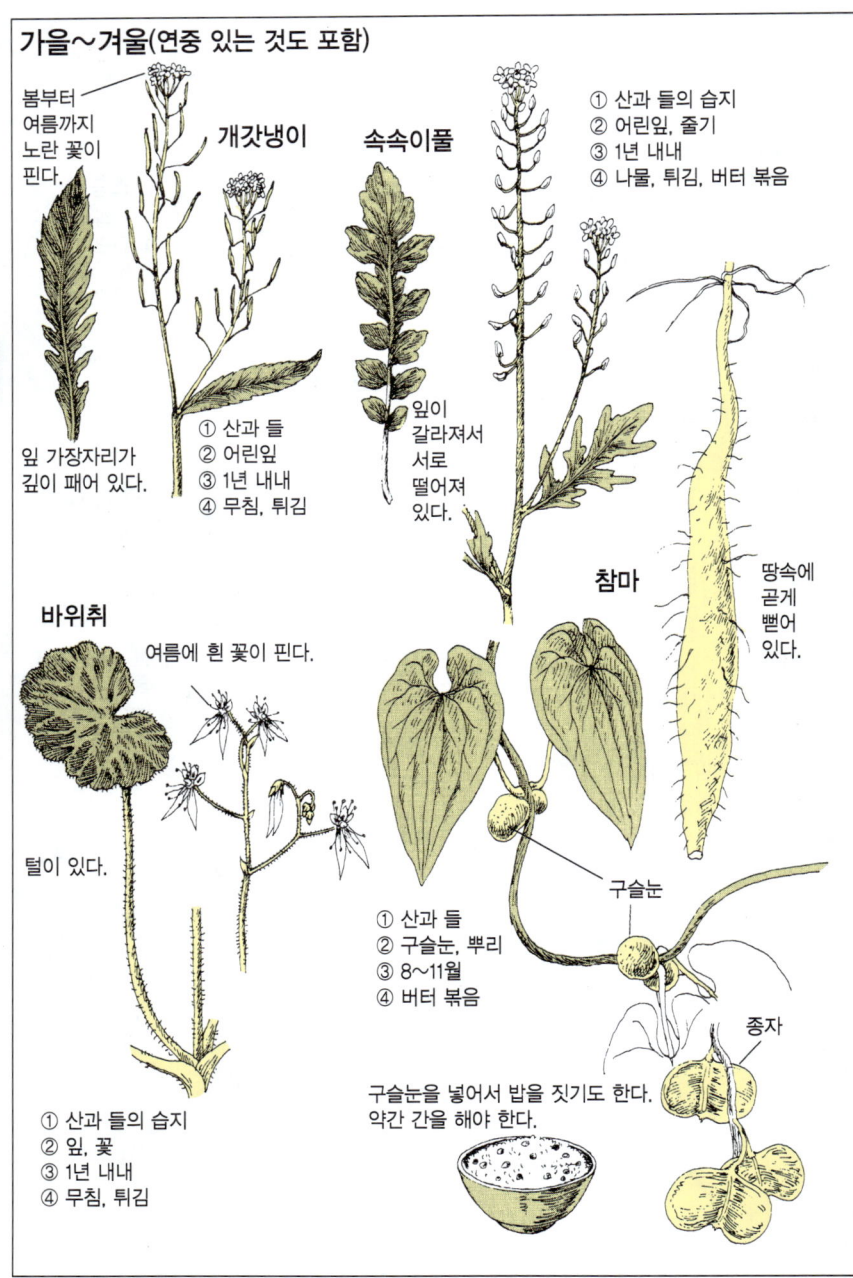

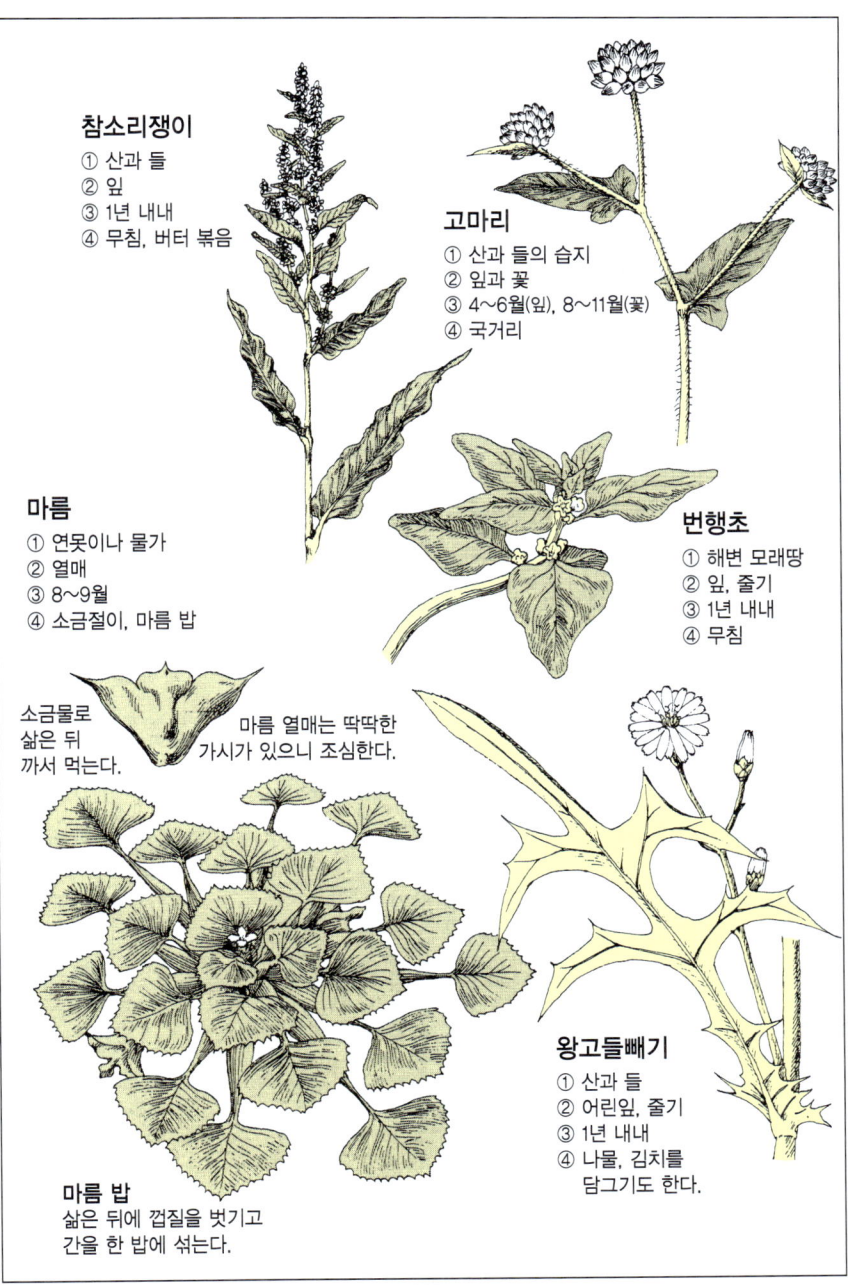

잔다

비박을 해 보자

날씨가 좋은 밤에 밖에서 자 보자

날씨가 좋은 밤이면 야외에서 자 봅니다. 침낭이 없을 때는 더러워져도 좋으니 헌 담요를 씁니다. 잠자리는 마당이나 베란다로 정합니다. 무더운 여름밤에 밖에서 자면 시원하고 기분이 좋습니다. 원래 사람도 야생 동물과 마찬가지로 자연 속에서 잠을 자곤 했습니다. 그러다가 비와 바람, 위험한 맹수들로부터 몸을 보호하기 위해서 동굴을 이용하거나 집을 짓고 그 속에 들어가서 살게 되었습니다. 용기를 내어 별이 반짝이는 밤하늘 아래서 자 보세요.

처음에는 누구나 걱정이 된다

처음 해 보는 비박(bivouac)이면 좀처럼 잠이 오지 않습니다. 등이 배기며, 팔 다리에 벌레 따위가 기어오르는 것만 같고 모기에 물릴까 봐 염려도 됩니다. 그리고 갑자기 비라도 오는 것이 아닐까, 도깨비나 귀신이 나오면 어떡하나 하는 괜한 걱정이 끊이지 않습니다. 누구나 처음에는 이런 걱정을 합니다. 그렇다면 해결 방법을 생각하고 몸을 움직여 볼까요? 등이 바닥에 배기면 비닐 시트 등 깔개가 될 만한 것을 한 장 깔고, 커다란 보자기로 머리 위에 지붕을 칩니다. 지붕 같은 것이 위를 가려 주기만 해도 마음이 한결 가라앉습니다. 사람에게는 불안을 이겨내는 능력이 있습니다. 그 능력은 몸을 움직이지 않고 움츠러들 때는 솟아나지 않습니다. 머리를 쓰고 손발을 움직여서 걱정을 떨쳐버릴 수 있는 일을 먼저 해 봅니다. 인간이 옛날 자연 속에서 살던 때의 용기와 능력이 되살아날 것입니다.

비박은 즐거운 것

불안하던 밤도 아침이 되면 세상이 온통 즐거움으로 바뀝니다. 새 소리에 잠이 깨고 동쪽 하늘이 밝아 오는 것을 보게 될 것입니다. 만일 밤이슬에 옷이 흠뻑 젖었더라도 걱정할 것은 없습니다. 아침 햇살이 순식간에 말려 줄 것입니다. 비박이 아니면 맛볼 수 없는 즐거운 체험입니다.

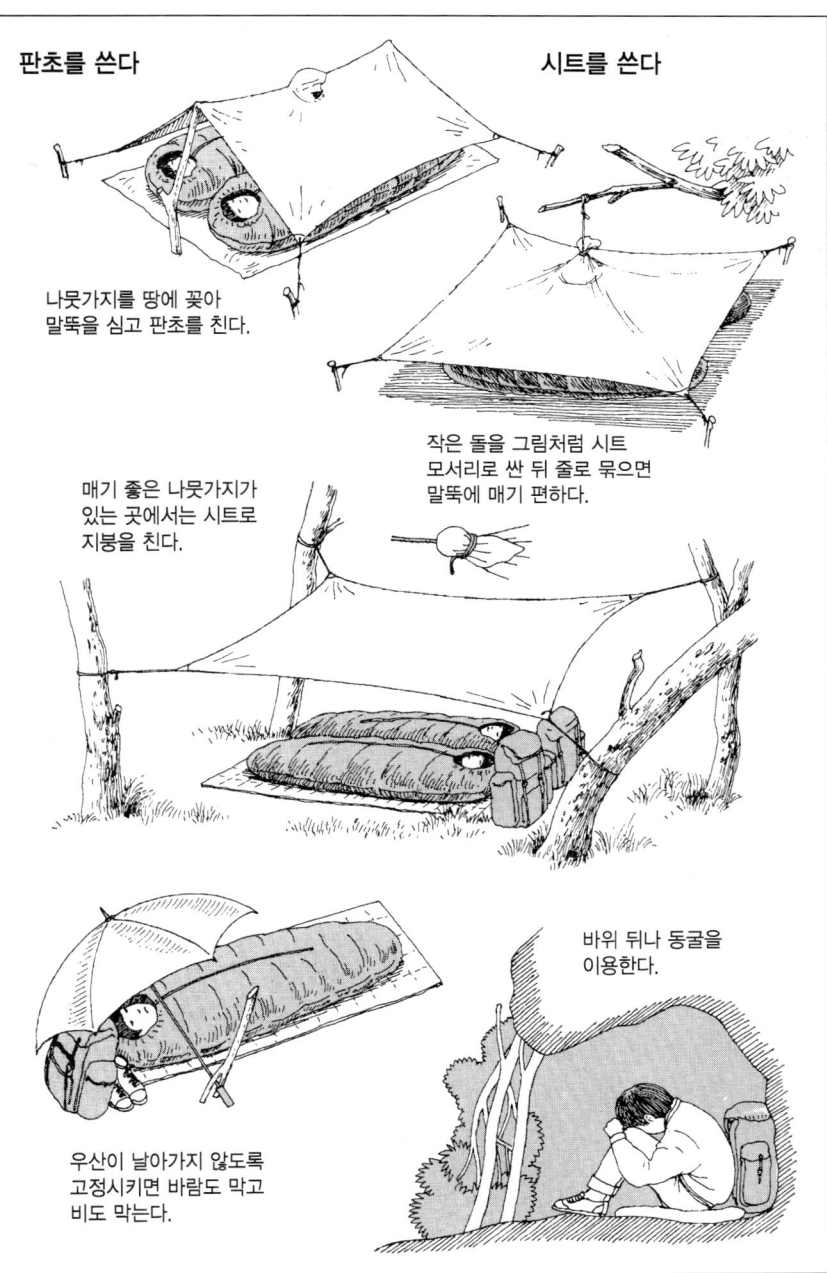

잘 자려면

에너지는 잠자는 동안에 축적된다

사람은 피곤해도 한참 푹 자고 나면 몸이 가뿐하고 기분이 새로워집니다. 아무리 고되더라도 아무 데서나 푹 잘 수만 있다면 걱정이 없습니다. 왜냐하면 잘 자는 사람은 자는 동안에 다음에 활동할 수 있는 에너지를 보충하기 때문입니다. 야외에서 여러 날 있으려면 아무데서나 잠을 잘 수 있어야 합니다.

잠을 못 자면 머리가 무겁다

자기 집에서는 잘 자는데 잠자리가 바뀌면 잠이 오지 않는 사람이 많을 것입니다. 이럴 때 조바심을 내서는 안 됩니다. 드러누워 있기만 해도 사람 몸의 신경은 쉬고 있는 것이므로 너무 걱정할 필요가 없습니다. 내일은 날씨가 좋을까, 무엇을 해 먹을까 등등 쓸데없는 생각을 자꾸 하다 보면 눈이 점점 말똥말똥해지고 잠은 멀리 달아납니다. 이럴 때는 쉽지 않겠지만 머리를 비워야 합니다. 아무 생각도 하지 말아야 합니다. 잠을 자지 않으면 내일 견디기가 힘들 텐데 하는 생각도 하지 않습니다. 하룻밤 정도 잠을 자지 않아도 사람은 크게 잘못되지 않기 때문입니다. 배가 고플 때는 공상이 많이 생깁니다. 이럴 때는 따뜻한 우유와 비스킷 몇 개를 먹어 봅니다.

잠을 잘 자는 방법

밤에 자지 못할까 봐 걱정되면 낮에 일을 고되게 합니다. 캠핑을 할 때면 다른 사람보다 앞장서서 일을 맡아서 합니다. 고단하면 잠이 잘 올 것입니다. 그리고 추워도 잠이 안 옵니다. 추운 것 같으면 옷을 꺼내서 입습니다. 몸을 꼭 죄고 있는 허리띠나 단추는 풀어 줍니다. 등이 배기면 튀어나온 데를 고칩니다. 밑에 있는 돌이나 나뭇가지를 치우면 될 것을 알면서도 귀찮다는 생각에 참고 자면 잠을 쫓는 결과가 됩니다. 일어난 김에 나뭇잎들을 많이 긁어모아서 밑에 깔면 푹신푹신해질 것입니다.

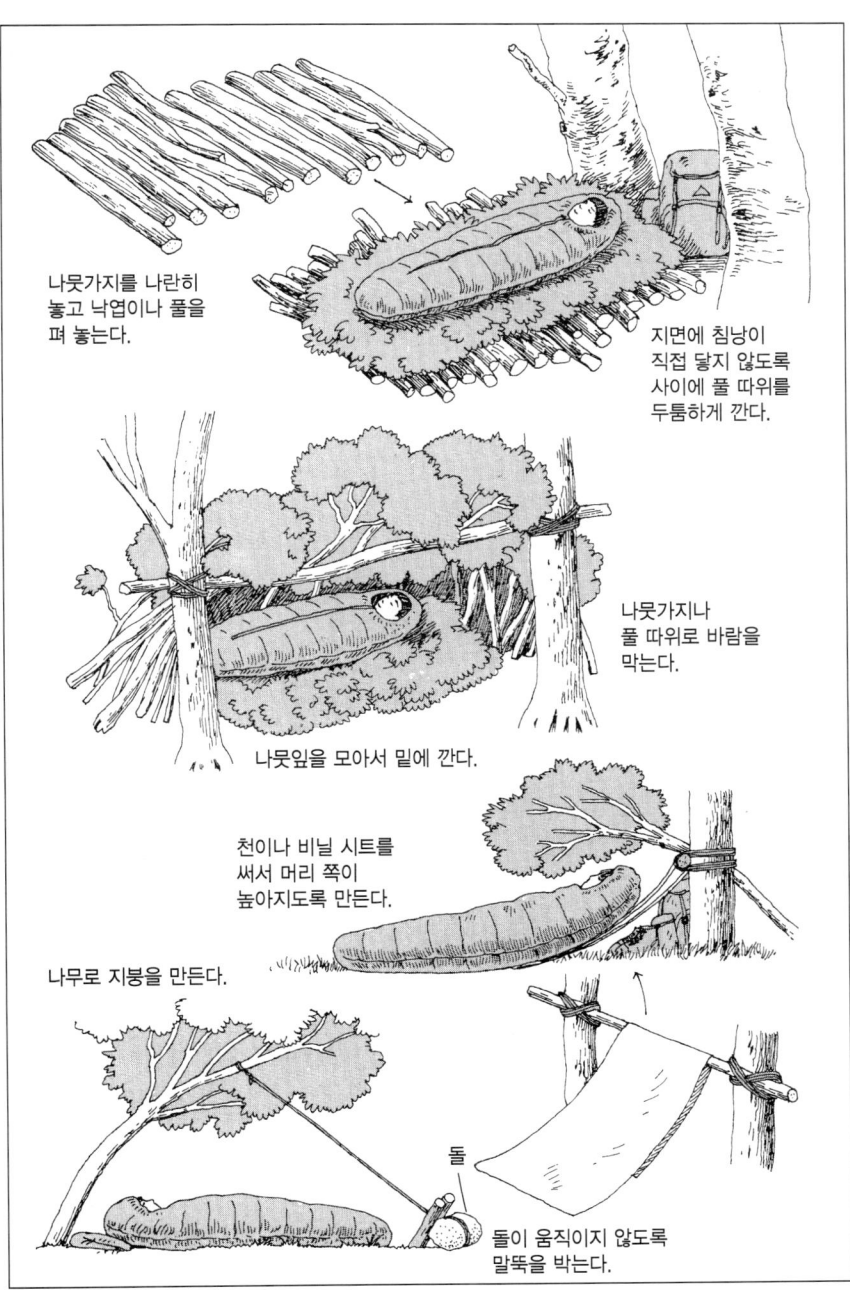

텐트 칠 자리를 정한다

맨발로 디뎌서 아프지 않은 곳
텐트를 친다는 것은 오늘밤 그 자리가 집이 되고 거기서 잔다는 이야기입니다. 편하게 자려면 우선 바닥이 편평해야 합니다. 치울 수 없는 돌이 있거나 나무뿌리가 있으면 좋지 않습니다. 맨발로 디뎌 보면 좋은 자리를 쉽게 알 수 있습니다. 가까운 곳(40~50m 밖)에 마실 수 있는 물이 있으면 더욱 좋습니다. 그렇다고 냇물 바로 옆에 자리를 정하면 밤에 물소리가 크게 들려서 좋지 않으며, 더군다나 갑자기 물이 불어날 수도 있습니다. 반면에 냇물이 너무 멀면 물을 떠오기가 힘듭니다.

주위를 두루 살펴보자
바람이 불어오는 쪽에 나무가 서 있으면 바람막이가 됩니다. 텐트는 가벼운 소재로 만들기 때문에 바람이 세게 불면 불안한데 가까이에 나무가 있으면 바람을 막아 주어 크게 도움이 됩니다. 그러나 나무를 다시 한 번 주의해서 봅니다. 나뭇가지가 썩지 않았는지 확인해야 합니다. 가지뿐만 아니라 나무 전체가 썩었어도 겉모습은 멀쩡할 때가 있습니다. 바람이 세게 불어 커다란 가지가 날려서 텐트를 내려칠 수 있으니 조심해야 합니다. 그 밖에 낙석이나 산사태의 위험이 있는 곳인가 살펴보아야 합니다.

낮은 데는 피하자
텐트를 쳤을 때는 그 둘레에 미리 도랑을 파서 비가 왔을 때 빗물이 그곳으로 빠져나가게 해야 합니다. 그러나 아무리 도랑을 파 놓았다 하더라도 텐트 친 자리가 원래 낮아서 빗물이 괴면 아무 소용이 없습니다. 그래서 텐트 자리는 주위보다 약간 높은 데로 잡아야 안심할 수 있습니다.

여러 종류의 텐트

텐트 생활의 맛
캠핑을 해 본 사람이면 텐트 안에 들어갔을 때의 아늑한 맛을 결코 잊지 못할 것입니다. 텐트 지붕과 벽이 위와 옆을 가리고 바깥 공간과 나뉘어져 자기도 모르게 마음이 푹 놓입니다. 텐트는 가지고 다닐 수 있는 가볍고 작은 자기 집입니다.

텐트의 모양, 크기, 무게
여름 야외 학교에서 많이 쓰는 집형 텐트는 이름 그대로 집처럼 지붕과 벽이 달린 모양입니다. 바닥에 시트(깔개)를 깔고 그 위에 텐트를 세웁니다. 집형 텐트는 약간 인원이 많을 때나 오랜 기간 계속되는 캠핑에 아주 좋습니다. 이 밖에 4~5인용 텐트로는 요즘 많이 쓰이는 돔형과 웜퍼형이 있습니다. 소재가 모두 가벼운 나일론이며 지면에 닿는 바닥과 벽, 지붕 부분이 같이 이어져 있는 것이 특징입니다. 집형 텐트가 바람에 약한 데 비해 이들 텐트는 바람에는 든든합니다. 그러나 주위의 말뚝이 단단히 지면에 박혀 있지 않으면 텐트째 날아갈 위험이 있습니다. 무게는 3~4인용 텐트면 약 5kg 안팎입니다.

야외에 나가기 전에 미리 집에서 꼭 쳐 보자
막상 야외에 나가서 텐트를 풀고 나서 세우는 방법을 모르면 당황할 수 있습니다. 조립식 폴의 부품이 모자라거나 필요한 끈 따위가 붙어 있지 않으면 큰일입니다. 새로 샀을 때는 말할 것도 없고 여러 번 사용한 것이라도 야외로 떠나기 전에 확인하고 한 번 완전히 쳐 봐야 마음이 놓입니다. 텐트가 대형이 아니면 보통 혼자서 칠 수 있게 되어 있습니다. 텐트를 친 뒤에 바느질한 사이로 빗물이 새어 들지 않도록 방수 크림을 바깥쪽에 발라 두면 더욱 좋습니다.

텐트 치는 법

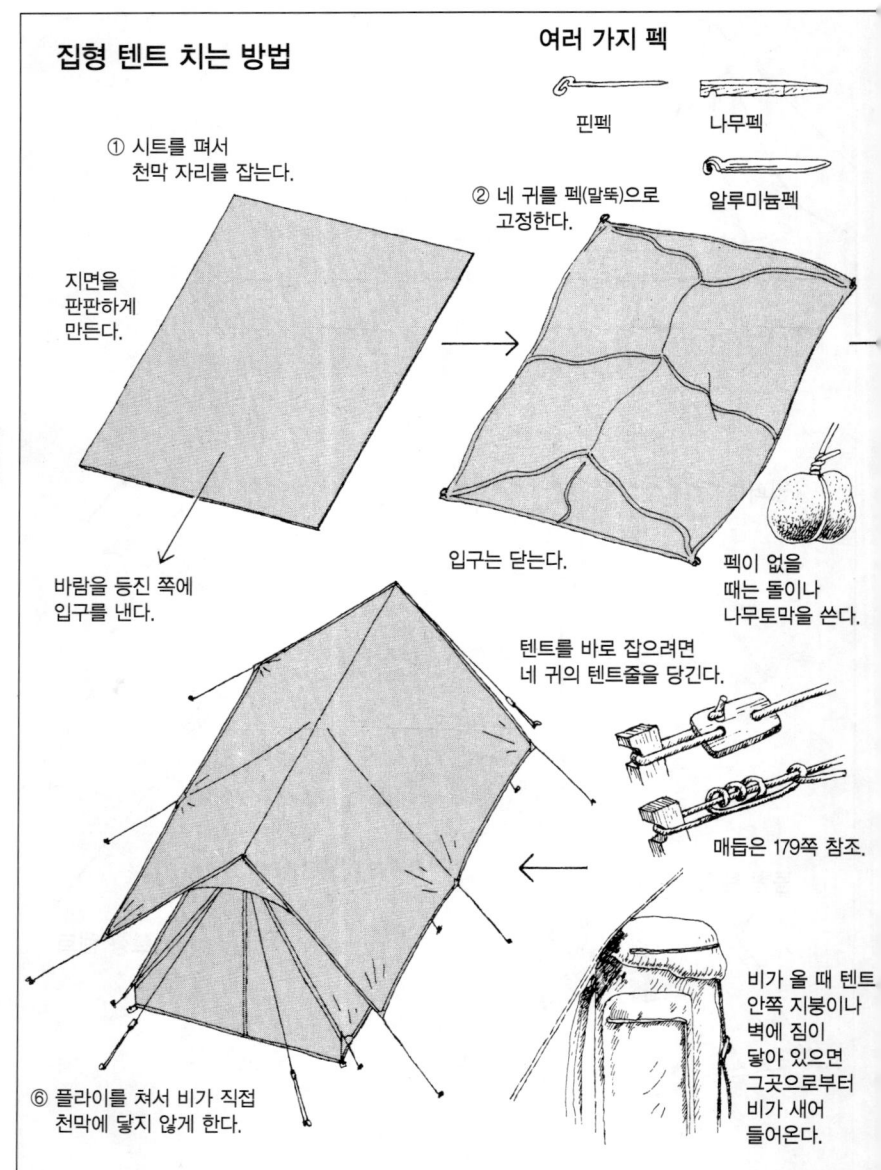

텐트는 여럿이 힘을 합해서 쳐야 쉽습니다. 출발 전에 부품을 점검하고 펙은 여벌을 갖고 가는 것이 좋습니다.

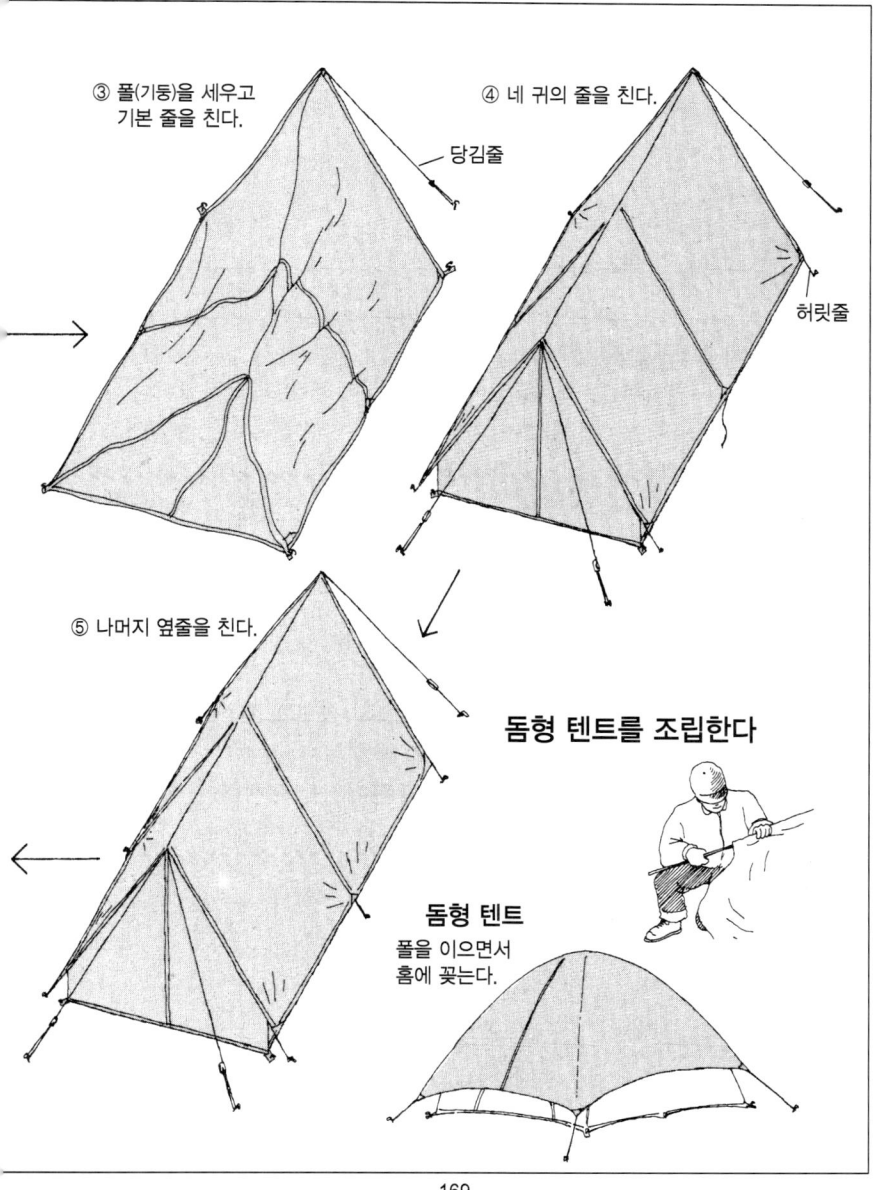

침낭 준비

침낭은 휴대용 이불

여름이면 담요를 주머니 모양으로 접어서 그 안에 들어가면 편하게 잘 수가 있지만 담요보다 가볍고 따뜻하며 휴대하기가 편한 침낭이 더 좋습니다. 왜냐하면 체온이 달아나기 어렵고 바깥의 찬 공기를 막아 주기 때문입니다. 게다가 둘둘 말면 베개 크기로 작아집니다. 처음에는 침낭이 더 작아도 될 것처럼 느껴질지 모르지만 짐이 되지 않는 한도에서 침낭은 큼직해야 잠자리가 편합니다.

침낭 밑에 매트리스를 깔자

집에서 자는 것처럼 좀 더 편하려면 침낭 밑에 매트리스를 깝니다. 매트리스에는 전신 크기의 것도 있지만, 반신용이나 두께가 1cm 정도 되는 우레탄 매트리스만 깔아도 한결 잠자리가 좋아집니다. 찬 바깥 공기가 들어올 수 있는 곳은 얼굴 부분이므로 지퍼를 목까지 올려 트인 부분이 가능한 좁아지게 만듭니다. 그리고 목에 스카프나 수건을 감으면 한결 보온 효과가 있습니다.

침낭 손질

침낭은 보통 나일론으로 만드는데 그 이유는 가볍게 하기 위해서입니다. 그런데 나일론은 불에 약합니다. 그러다 보니 촛불에서 떨어지는 촛농에도 구멍이 날 때가 있습니다. 텐트 안에서는 특히 조심해야 합니다. 그리고 사용한 뒤에는 볕에서 말려야 합니다. 이렇게 손질을 해 둬야 다음에 잘 때 기분이 상쾌하고, 오래 쓸 수 있습니다. 보관할 때는 말아 두지 말고 대강 개어서 선반 위에 올려 두었다가 야외에 나갈 때 말아 가는 것이 원칙입니다. 침낭이 오래 눌리면 안의 깃털이 푹신푹신하지 않습니다.

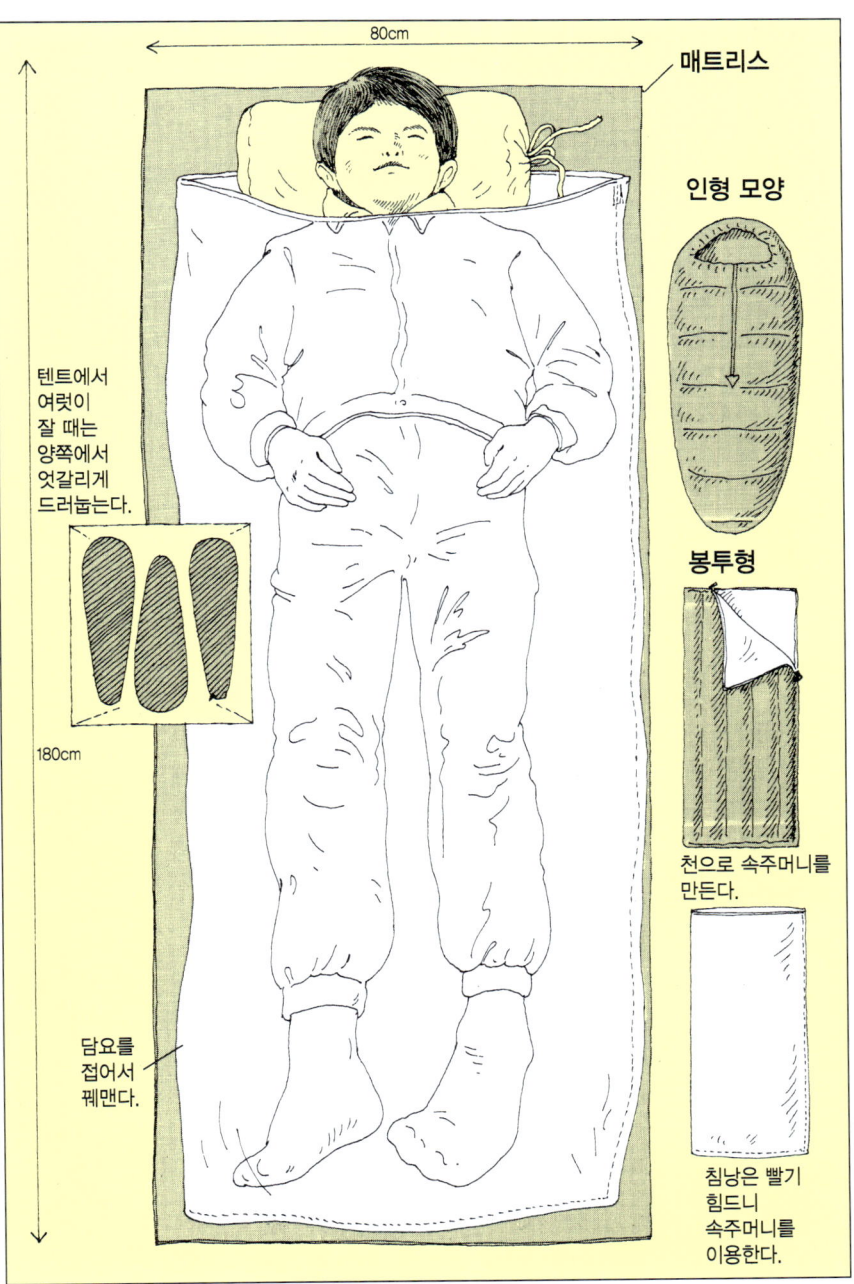

텐트 안을 정돈하자

짐 두는 자리를 정한다

텐트 안은 집보다 훨씬 좁고 물건을 올려놓을 선반도 없습니다. 그래서 가져간 짐을 놓아 둘 자리를 하나하나 정하고 정리정돈을 해서 텐트 한 가운데를 비워야만 움직이기 편하고 좋습니다. 옷이나 식량도 배낭에 넣은 채로 두고 꼭 필요한 것만 그때그때 꺼내 쓰고 다시 넣어 둡니다. 함께 쓰는 취사도구는 한 구석에 모아 둡니다. 여름에는 밤이슬에 젖고 겨울에는 얼기 때문에 밤에는 신발을 안에 들여놓습니다. 잘 시간이 되면 손전등을 켜고 촛불이나 램프는 끕니다. 틀림없이 꺼진 것을 확인하고 침낭에 들어갑니다. 귀중품은 침낭 안에 넣고 잡니다. 손전등은 머리맡에 두거나 입구에 매달면 편리합니다.

텐트 안에 다 둘 수 없을 때

좁아서 여러 사람의 물건을 모두 안에 두기 어려울 때가 있습니다. 이럴 때는 공동으로 쓰는 취사도구나 식량을 밖에 내놓습니다. 땅바닥에 비닐을 깔고 물건을 놓은 뒤 그 위를 다시 비닐로 덮습니다. 바람에 펄럭이거나 날리지 않게 돌을 올려놓습니다. 되도록 텐트 가까이에 둬야 마음이 놓입니다. 그리고 스토브나 연료는 텐트 밖에 둘 때도 비나 눈에 젖지 않게 합니다. 텐트 안에서 촛불이 쓰러지기라도 하면 안 되므로 쉽게 불이 붙을 물건은 되도록 밖에 두도록 합니다.

비 오는 날에는 텐트 안에서 놀이를

캠핑하는 동안에 비가 올 때가 있습니다. 이럴 때는 텐트 안에서 게임을 하거나 노래를 부르며 노는 것도 즐겁습니다. 놀이에 열중해서 오랜 시간 닫힌 공간에 있으면 머리가 아파 옵니다. 가끔 공기를 환기시킵니다. 비가 들이치지 않는 한 입구를 열어 둡니다.

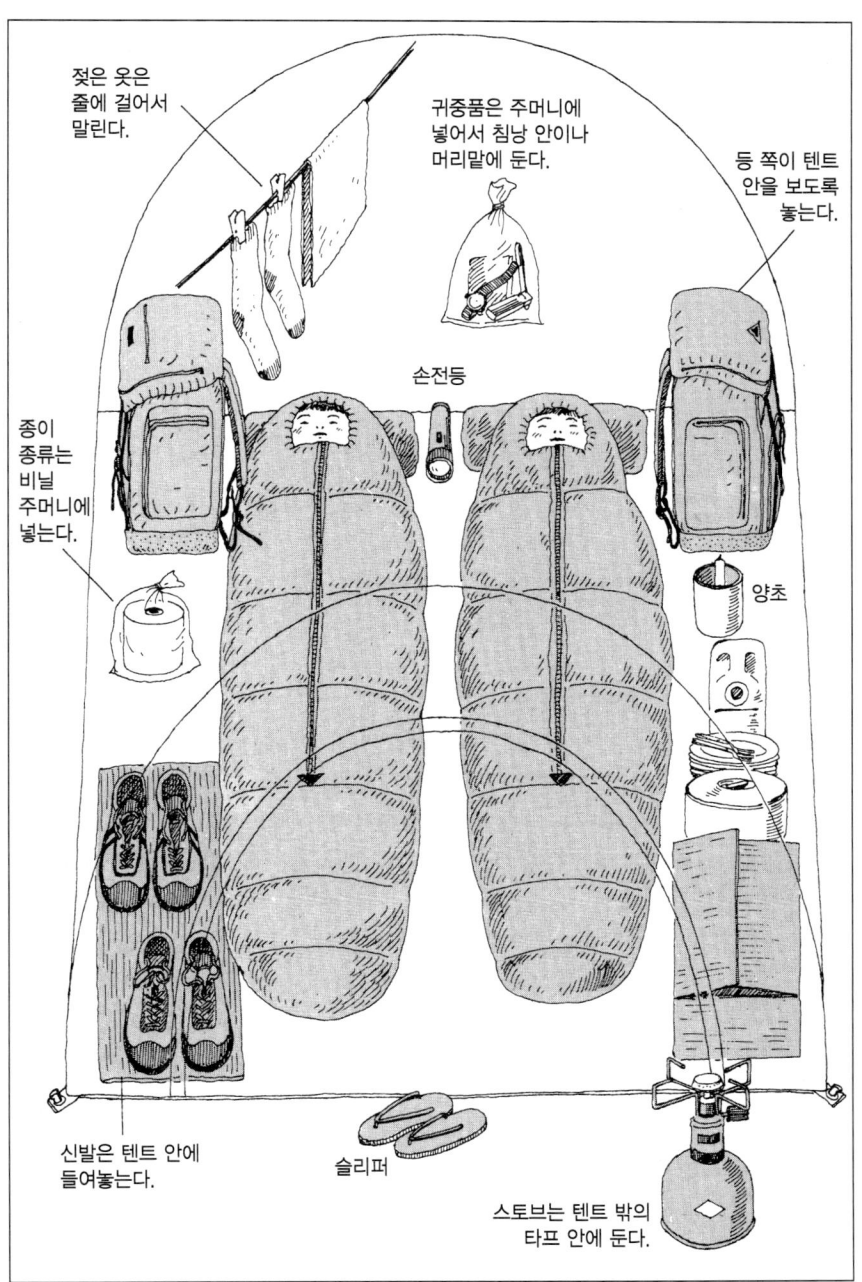

캠핑 때 필요한 조명 기구

어두우면 겁이 난다

어떤 때는 어둠이 깔리고 난 후에 손전등을 켜고 텐트를 치게 됩니다. 주위가 보이지 않으면 누구나 불안하고 겁이 납니다. 텐트를 치고 저녁을 해서 먹으려면 대략 두 시간 정도 걸리는데 이런 일은 어두울 때 하기가 쉽지 않습니다. 어두워지기 전에 텐트 칠 곳이나, 물 있는 곳 등을 알아 두어야 고생하지 않습니다.

일하기에 편한 헤드램프

조명 기구로는 여러 가지가 있습니다. 양초, 손전등 이외에 휘발유나 가스를 사용하는 램프도 있습니다. 움직이면서 일을 할 때에는 광부들이 머리에 쓰는 것 같은 헤드램프가 편리합니다. 헤드램프는 텐트 안에서 일기를 쓰거나 기록을 할 때도 좋습니다. 다만 건전지가 다 떨어지면 쓸 수가 없으므로 미리 여분의 건전지를 챙겨 갑니다.

텐트 안에서는 촛불이 제격

텐트에서 손전등을 오래 쓰면 건전지를 당해 내지 못할 뿐만 아니라 건전지는 무겁기 때문에 여분을 많이 준비하기도 어렵습니다. 텐트 안에서는 촛불을 써 봅니다. 촛불을 켜 놓고 보면 이처럼 텐트에 어울리는 조명도 없습니다. 은은하고 소박하며 아늑한 분위기를 자아내며 자연과 가장 어울리는 불빛입니다. 다만 촛불은 전등하고 달라서 불조심을 해야 합니다. 자기 전에는 불이 다 꺼졌는지 확인하고 자리에 눕습니다.

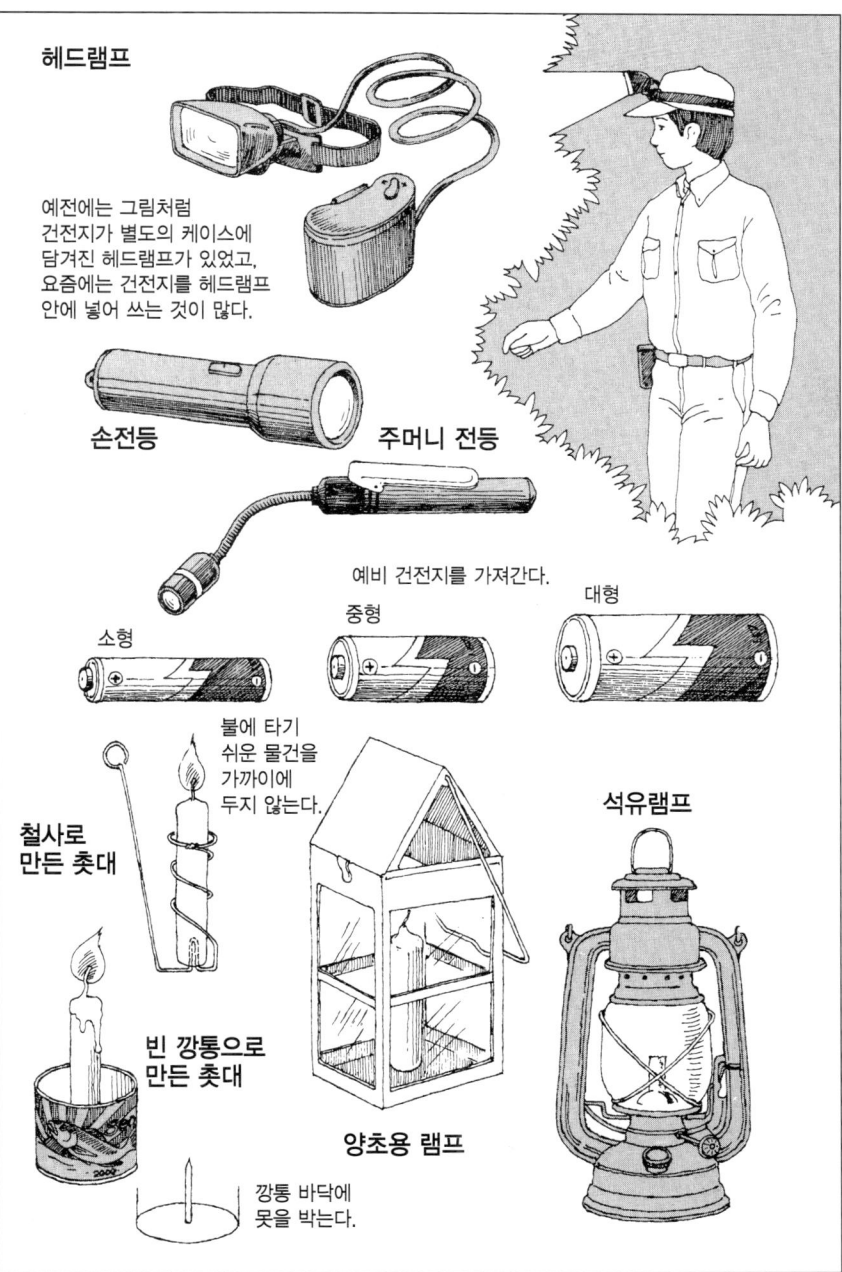

야외 화장실

텐트보다 낮은 곳, 바람이 불어 가는 쪽에
요즘 야영지에는 대부분 화장실이 마련되어 있습니다. 주변에 화장실이 설치되지 않은 곳이라면 텐트를 친 다음에는 간이 화장실을 만듭니다. 사방이 탁 트인 자리를 일부러 골라서 화장실을 만드는 사람은 아마 없을 것입니다. 간이 화장실은 텐트에서 10~20m는 떨어져야 좋습니다. 그리고 바람 방향을 보고 냄새가 가까이 오지 않는 곳에 만들어야 합니다. 또한 근처에 개울이 있으면 그 개울물을 더럽힐 염려가 있으므로 개울과 가까운 곳에 만들어서도 안 됩니다. 흙 속에 있는 미생물들이 배설물을 오랜 시간에 걸쳐 분해한 후 다시 흙으로 돌아가게 만듭니다.

화장실에서 나는 냄새
여러 사람이 오랫동안 한 장소에서 캠핑을 하다 보면 화장실 냄새를 잘 처리하는 일이 중요해집니다. 용변을 보고 나서는 그때그때 흙이나 모래로 덮습니다. 그러기 위해서 구덩이 가까이에 미리 흙이나 모래를 준비해 두면 편합니다. 삽이 없으면 넓은 판자로 구덩이에 뚜껑을 덮는 것도 방법입니다. 구덩이를 판 뒤에 자갈을 넣고 그 위에 솔잎을 깔아 두면 화장실 냄새가 덜 납니다.

편하게 쓰려면
휴지는 비닐 주머니나 빈 깡통에 넣어 두면 비가 올 때도 젖지 않아 안심입니다. 다만 여러 날 있게 될 때는 휴지 걸이를 만드는 것도 좋습니다. 또한 화장실 안에 사용하는 사람이 있을 때 이 사실을 밖에서 알 수 있도록 표지를 만듭니다. 야영지를 떠날 때는 구덩이에 흙을 덮고 주위를 치운 다음 그 자리가 화장실이었다는 것을 다른 사람에게 알리는 표시를 해 둬야 합니다. 작은 흙더미를 만들고 거기에 나뭇가지를 꽂아 두는 것도 하나의 방법입니다.

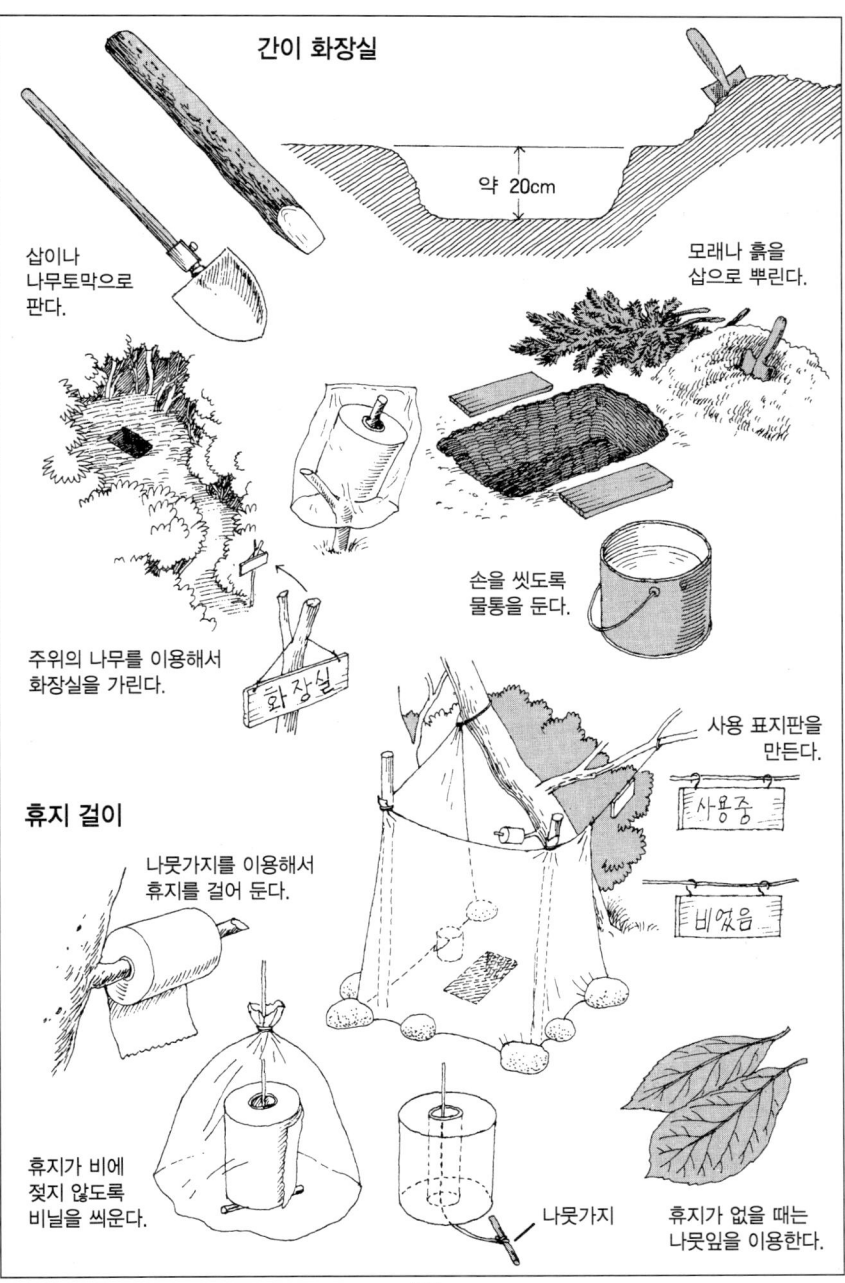

로프 쓰는 법 1

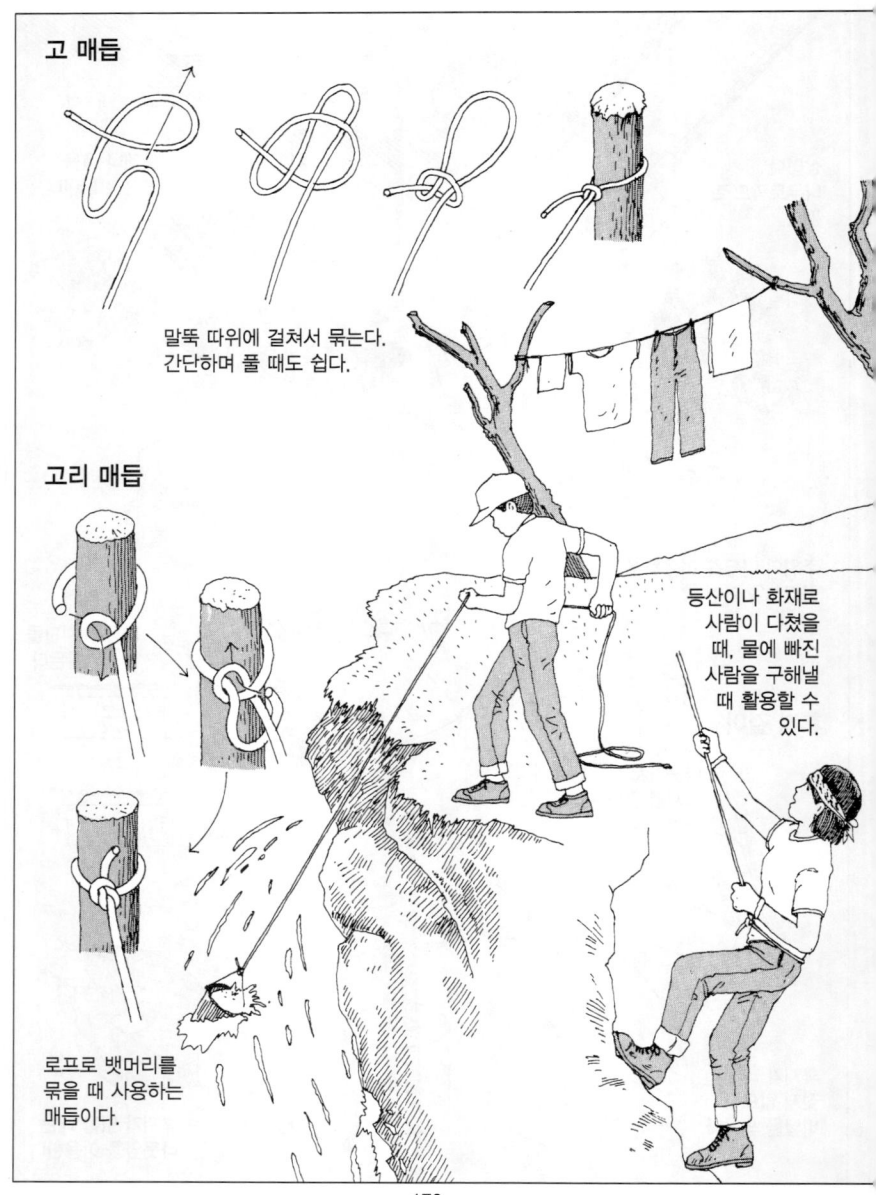

고 매듭

말뚝 따위에 걸쳐서 묶는다. 간단하며 풀 때도 쉽다.

고리 매듭

로프로 뱃머리를 묶을 때 사용하는 매듭이다.

등산이나 화재로 사람이 다쳤을 때, 물에 빠진 사람을 구해낼 때 활용할 수 있다.

야영장에서는 로프를 쓸 기회가 많습니다. 10m 길이의 로프를 준비해서 그림을 보고 연습을 한 뒤 야외로 나갑니다.

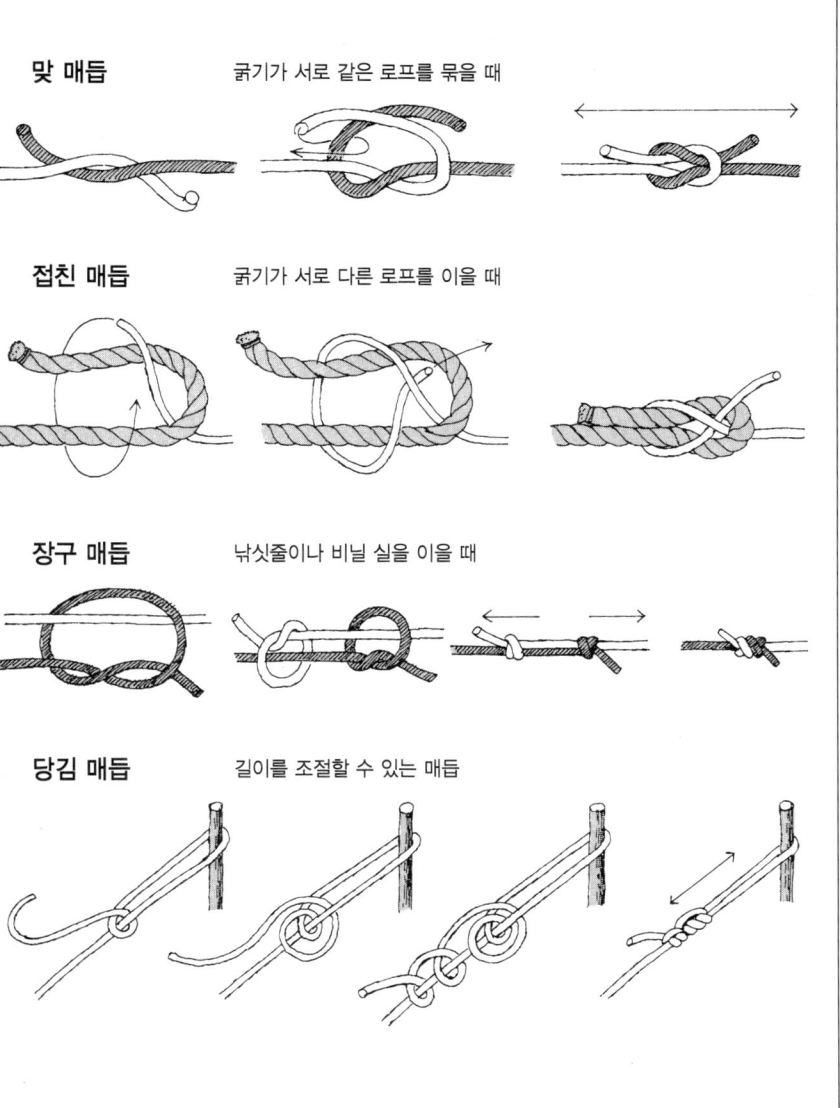

맞 매듭 굵기가 서로 같은 로프를 묶을 때

접친 매듭 굵기가 서로 다른 로프를 이을 때

장구 매듭 낚싯줄이나 비닐 실을 이을 때

당김 매듭 길이를 조절할 수 있는 매듭

로프 쓰는 법 2

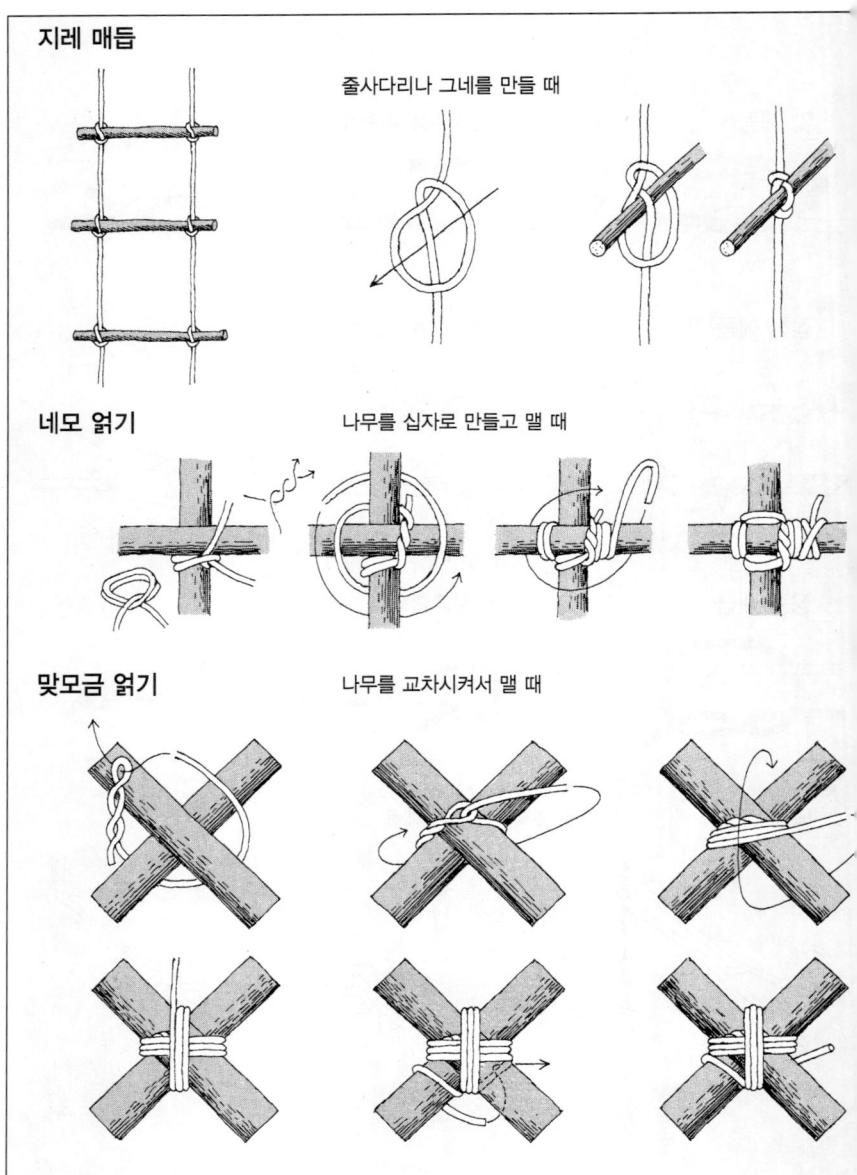

막상 로프를 써야 할 때 헝클어져 있으면 안 됩니다. 언제나 쓰기 좋게 사려 둬야 합니다. 상한 데가 없는지 살펴봅니다.

뗏목 얽기

휘감아 얽기

로프 끝이 속으로 들어가도록 맬 때

낚싯바늘을 맬 때도 쓰인다.

로프 감아 두는 법

언제나 쓸 수 있게 잘 사려 둔다.

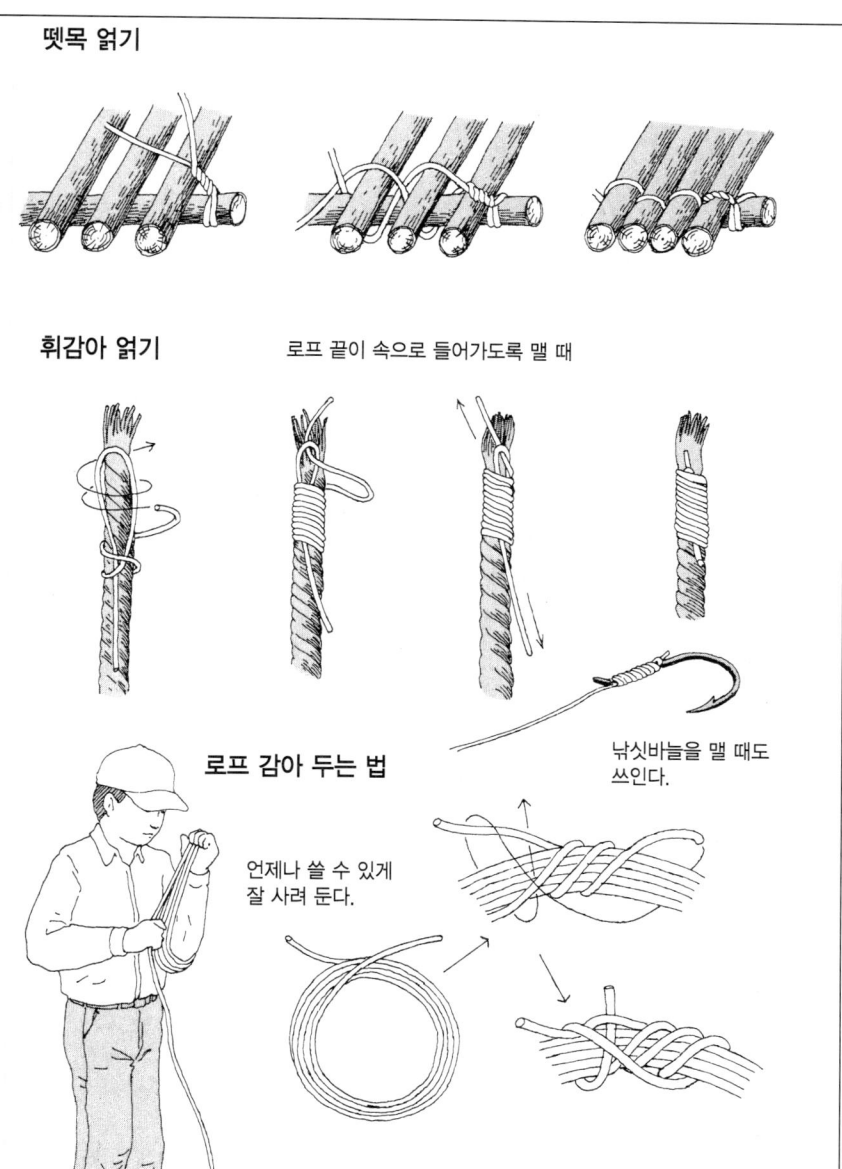

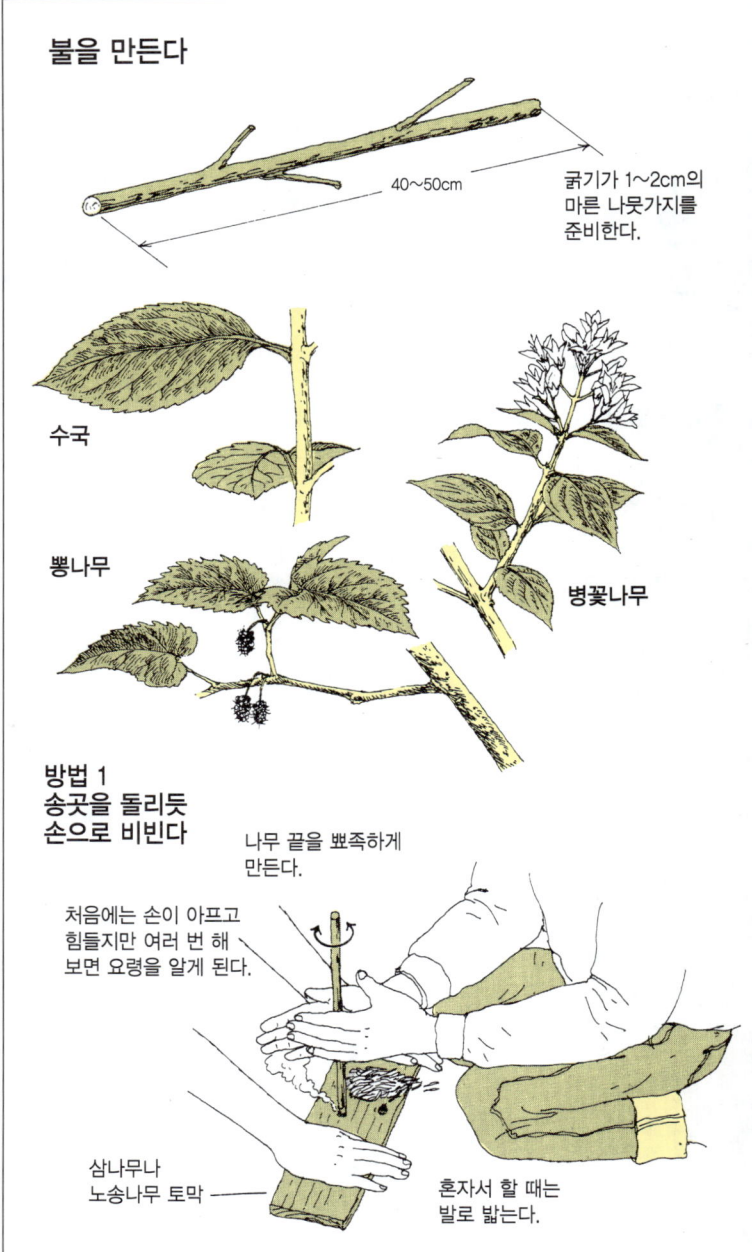

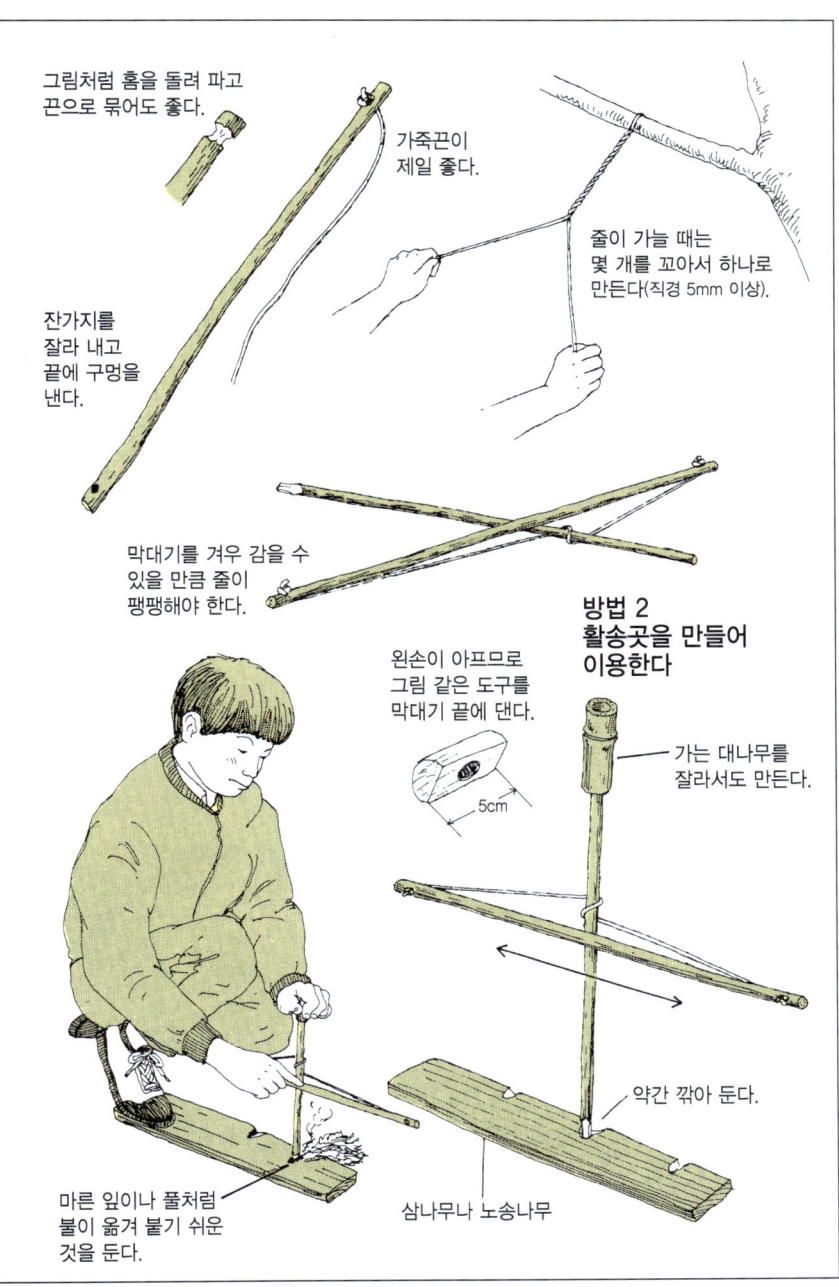

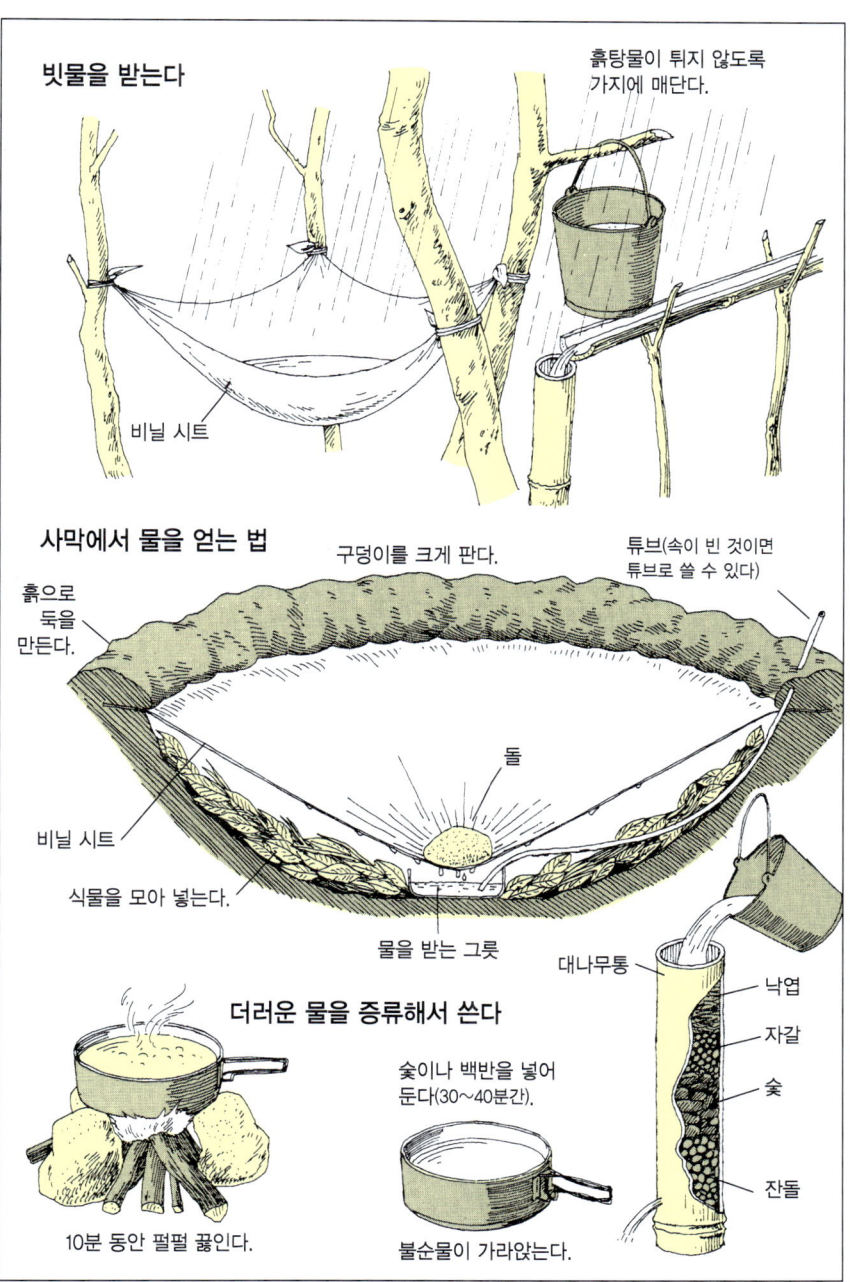

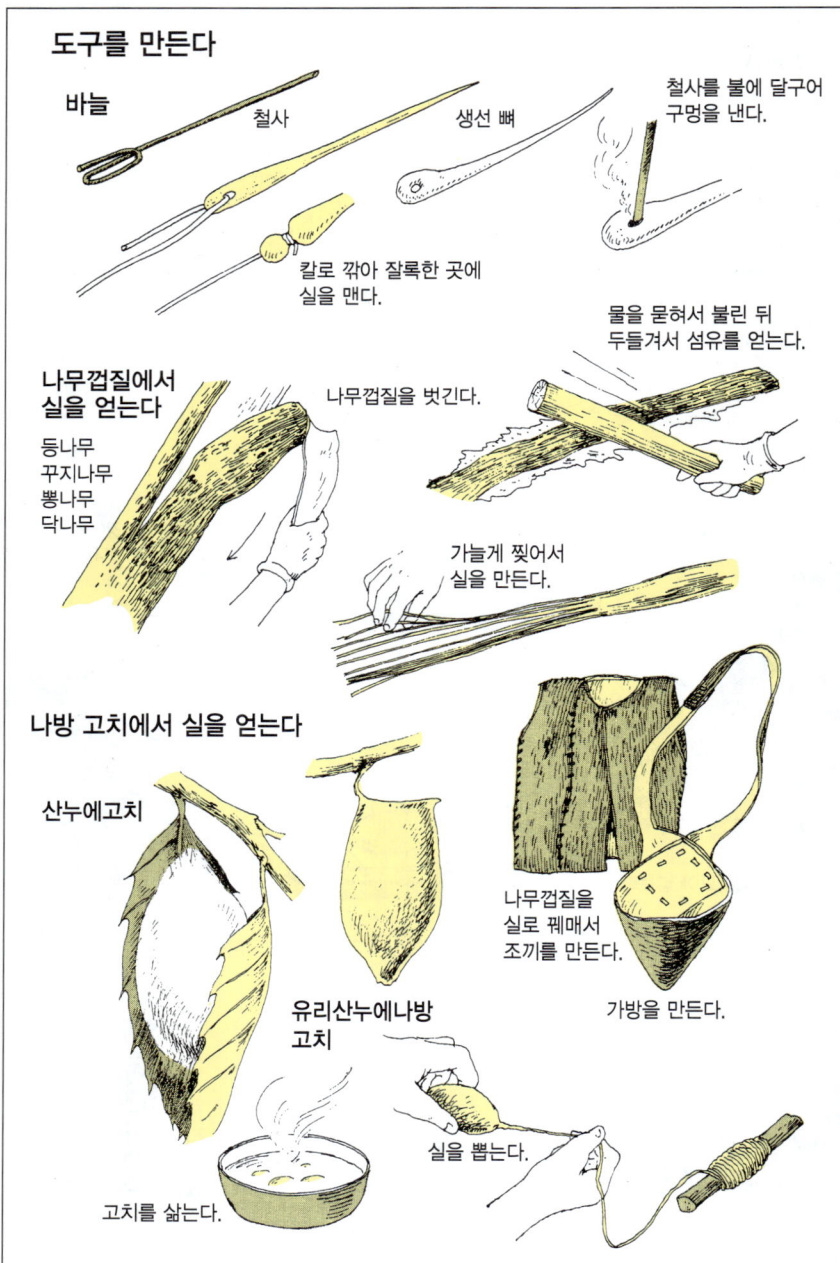

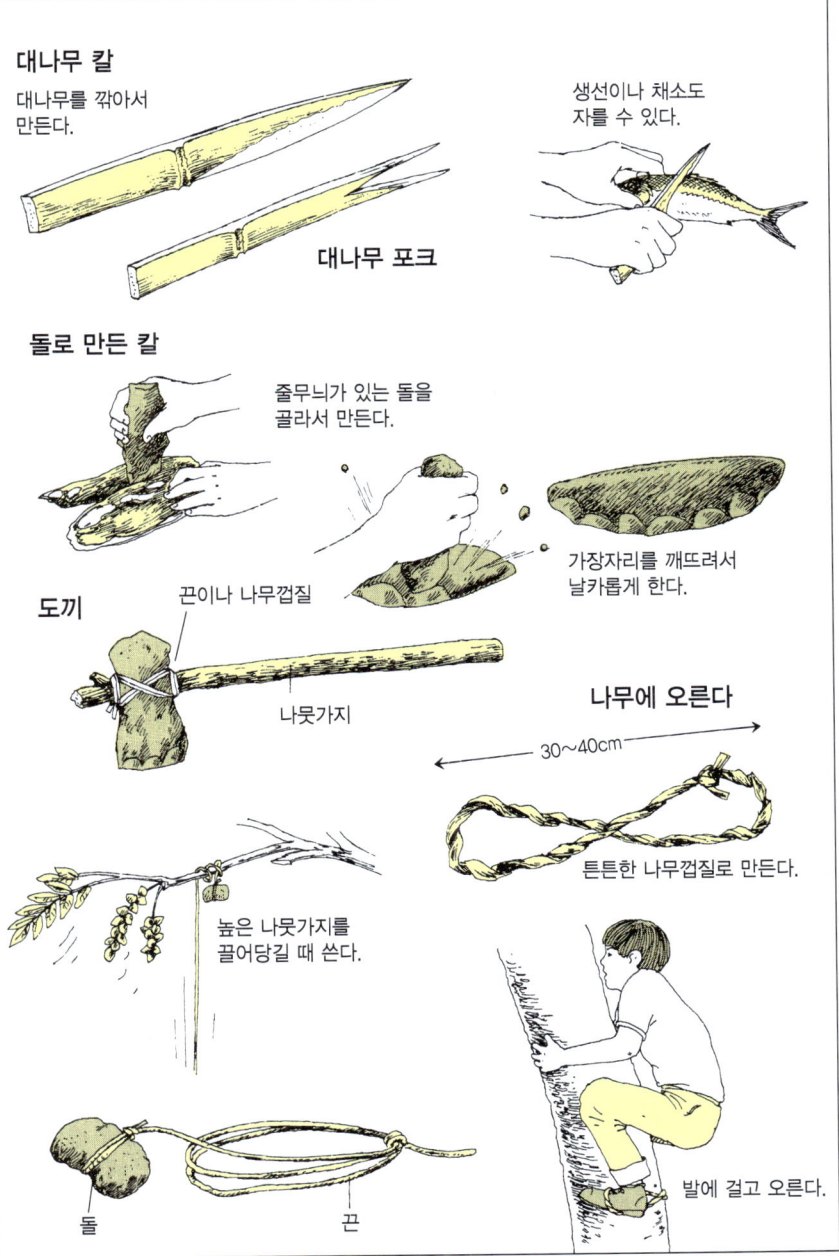

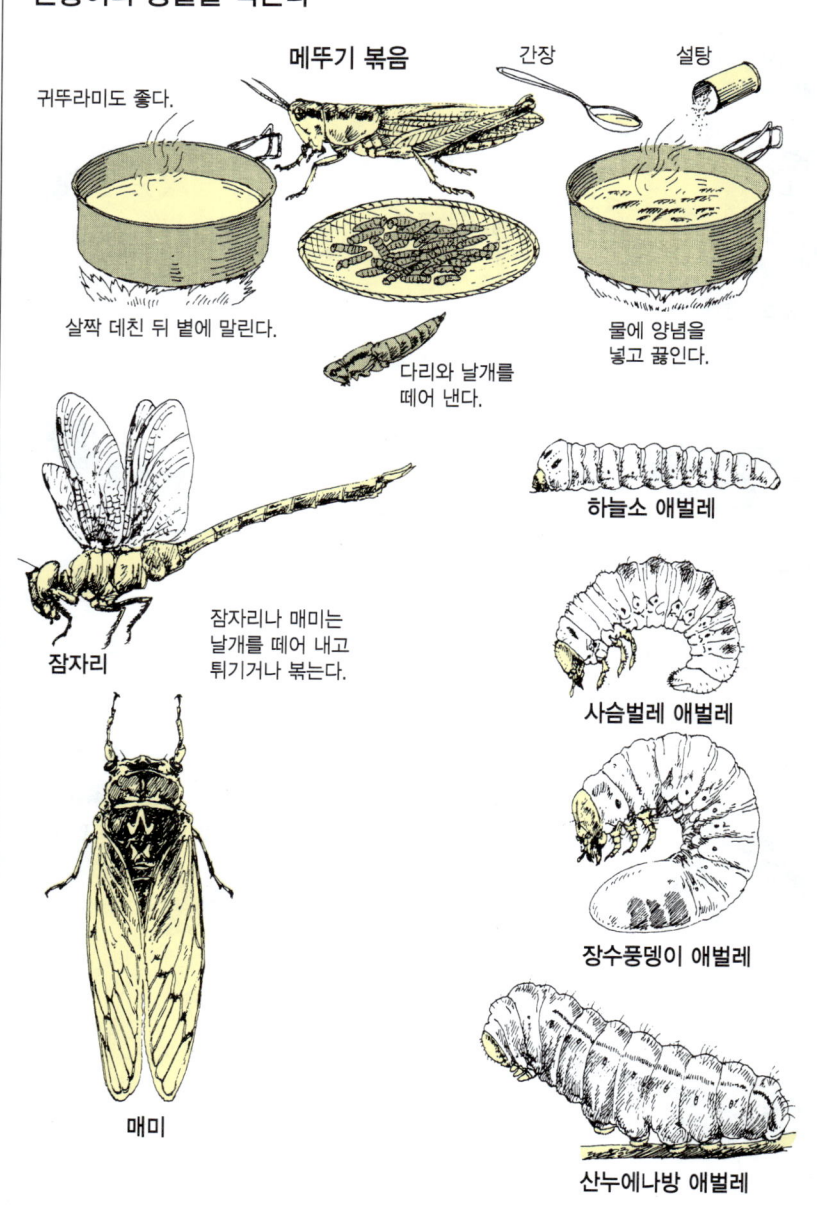

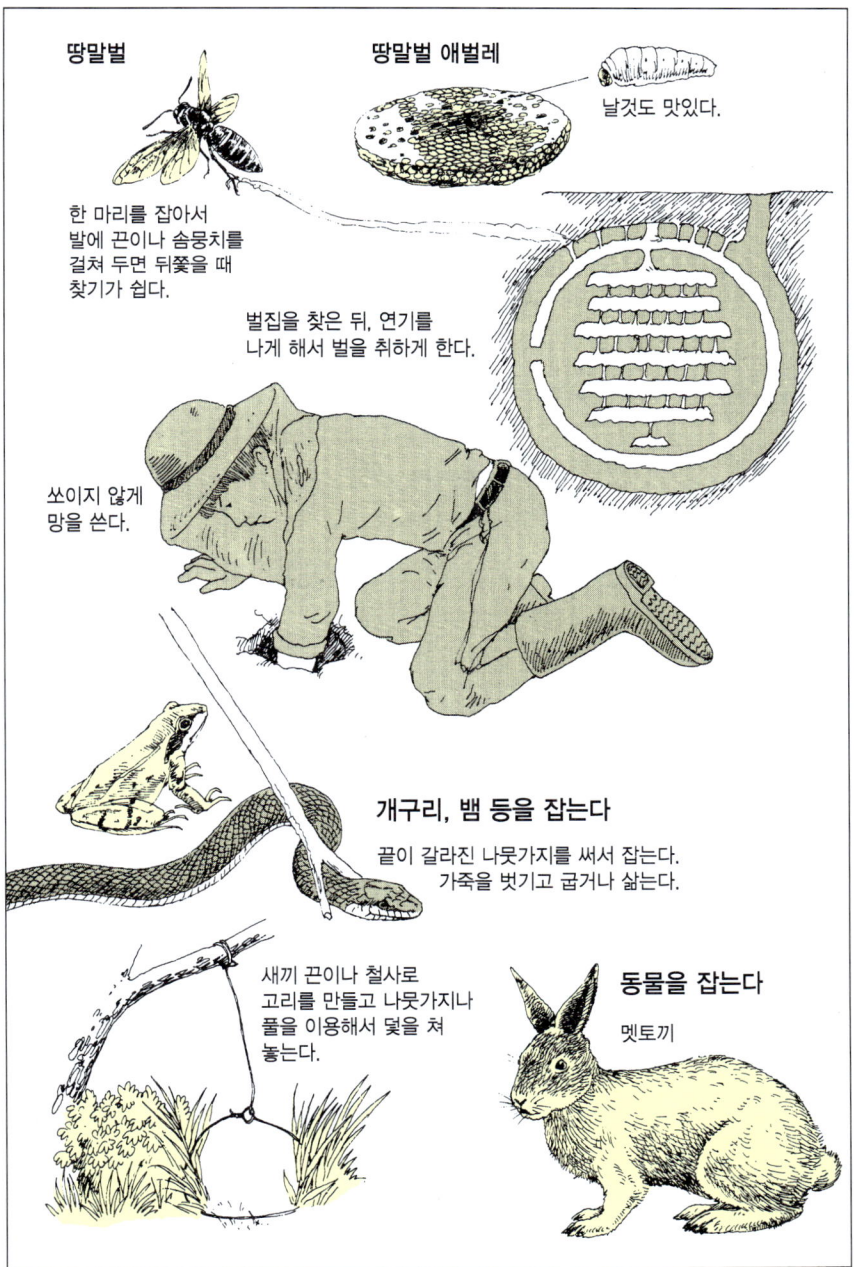

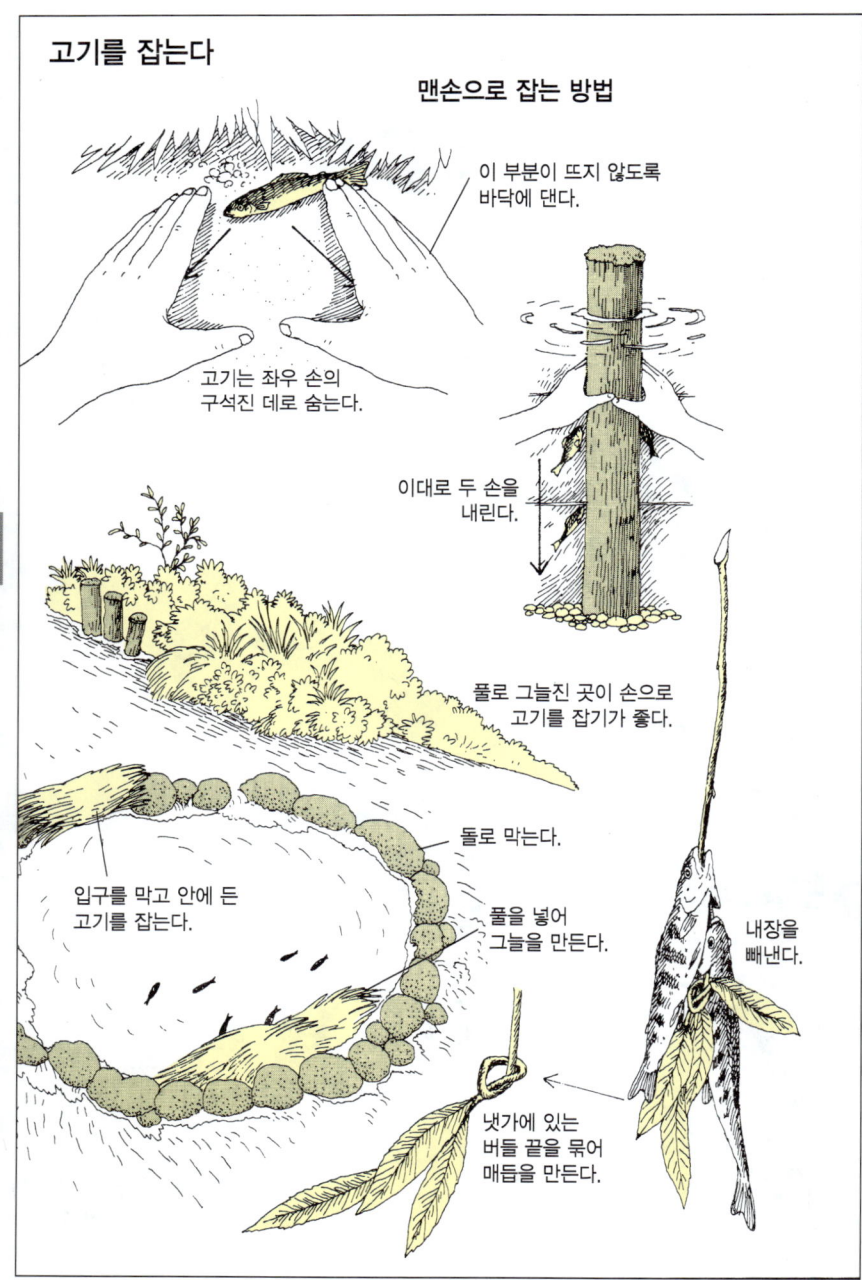

도구를 만들어 잡는 방법

끝은 단단히 묶는다.

갈대나 갯버들 가지를 끈으로 엮는다(178~181쪽 참조).

입구가 깔때기같이 되도록 갈대 끝을 접는다.

고기가 들어가면 나오지 못한다.

버들이나 갈대를 같이 묶은 단을 개울에 넣어 둔다. 피라미, 미꾸라지, 붕어, 뱀장어 등이 잡힌다.

대나무 통

먹이(지렁이나 개구리 살점)

작은 구멍

하룻밤 개울에 넣어 두면 뱀장어가 잡힌다.

천을 들어 올린다.

천막에서 사는 베두인족

우리에게 텐트는 야외에서 밤을 지내기 위한 임시 집입니다. 1~2주일 정도 텐트 생활을 하더라도 언젠가는 집으로 돌아갑니다. 그런데 텐트를 평생 동안 집으로 삼는 사람들이 있습니다. 베두인이라는 아라비아 반도에 사는 유목민이 바로 그 사람들입니다.

베두인족이 쓰는 텐트는 높이가 1~1.5m이고 길이는 10m나 되는데 양이나 염소 털로 짠 직물을 여러 장 이어서 만듭니다. 베두인족이 매일 하는 일은 양이나 염소, 낙타 등을 풀어 놓아 기르는 것입니다. 유목민인 이들은 얼핏 생각하면 늘 한가롭게 지내는 것 같지만 그렇지 않습니다. 동물들에게 먹일 풀을 찾아서 남자들은 며칠이고 텐트를 떠나서 돌아다녀야 합니다. 그동안 여자들은 천을 짜거나 치즈나 버터를 만드느라 언제나 바쁩니다. 그들의 주식은 낙타의 젖과 낙타 젖으로 만든 치즈, 그리고 야자열매 등입니다. 양의 젖은 지방이 많아서 버터를 만듭니다. 손님이 찾아오거나 경사로운 일이 있으면 쌀이나 양고기로 요리를 만듭니다.

1년 내내 기후가 건조한 지대에서는 여름에는 우물(지하수) 곁에서 텐트를 치고 지내고, 겨울에는 동네 사람들이 함께 모여 텐트를 걷고 풀이 많은 곳을 찾아 떠납니다. 이들에게는 이동하기 쉬운 텐트 생활이 바로 어려운 자연 환경 속에서 살기 위한 수단인 것입니다.

만들며 논다

나무 그릇 만들기

재료를 준비하자
수저, 젓가락, 접시 등을 만들어 봅니다. 자기가 만든 그릇으로 음식을 먹는 것도 무척 재미있는 일입니다. 이런 일은 오랫동안 추억으로 남습니다. 먼저 재료로 쓸 적당한 나무를 골라서 준비합니다. 만들기 좋은 재료라고 나무를 꺾거나 자르지는 않도록 합니다. 비바람에 꺾인 나뭇가지라든가 나무를 제대로 자라게 하려고 일부러 잘라 준 가지 등을 이용합니다. 재료는 너무 커도 깎기가 힘들고 지나치게 가늘거나 작아도 쓰기에 불편합니다. 재료의 크기가 적당해야 만들기가 쉽고 물건이 제대로 됩니다. 잘 드는 주머니칼만 있으면 우선 간단한 것은 만들 수 있습니다.

우묵하게 들어가게 하려면
나무를 깎을 때는 조금씩 모양을 생각하면서 깎아야 실수하지 않습니다. 지나치게 많이 깎으면 다시 고칠 수가 없어 결국 버리고 새로 시작해야 합니다. 수저나 접시 같은 우묵하게 패인 모양을 만들기란 쉽지 않습니다. 집에서라면 조각칼을 쓰면 쉽지만 야외에서는 불로 태우는 것이 가장 만들기 쉽습니다. 태우기가 어렵다면 파낼 데나 깎아낼 데를 칼로 잘게 갈라지게 한 뒤 태우면 힘이 덜 듭니다. 조각칼처럼 미끈하게 되지는 않아도 쓸 만하게는 만들 수 있습니다. 손수 그릇을 만들다 보면 마치 옛날로 되돌아간 것 같아 즐겁게 작업을 할 수 있습니다.

대나무가 똑바로 쪼개지는 성질을 이용해 보자
우리나라에도 대나무가 많이 자라는 고장이 있습니다. 대나무를 쪼갤 때는 칼날을 대나무 머리에 꽂은 다음 대나무째로 단단한 지면에 내려치면 칼로 벤 듯이 곧바로 쪼개집니다. 대나무로 물건을 만들 때는 이런 대나무의 성질을 살려서 다양한 그릇이나 물건을 만들 수 있습니다.

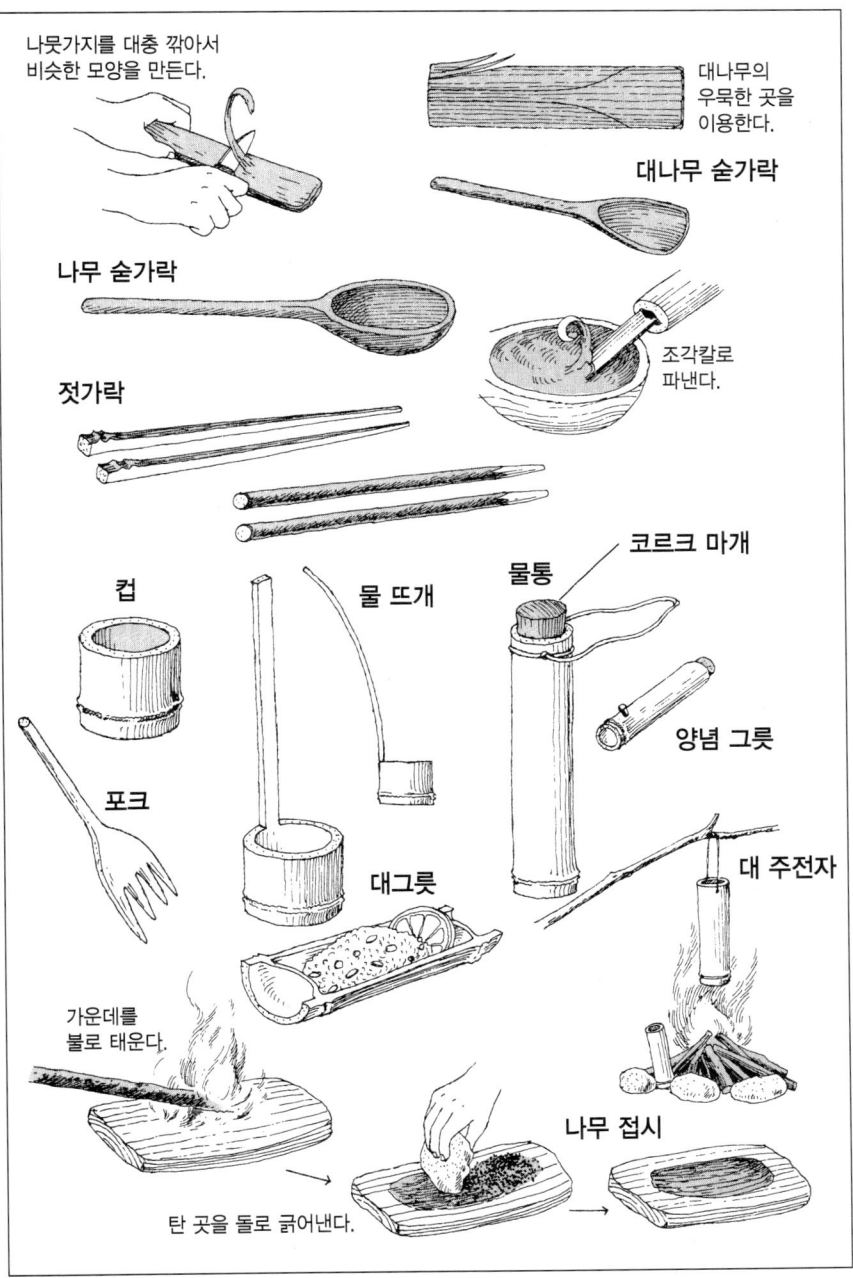

의자 · 탁자 만들기

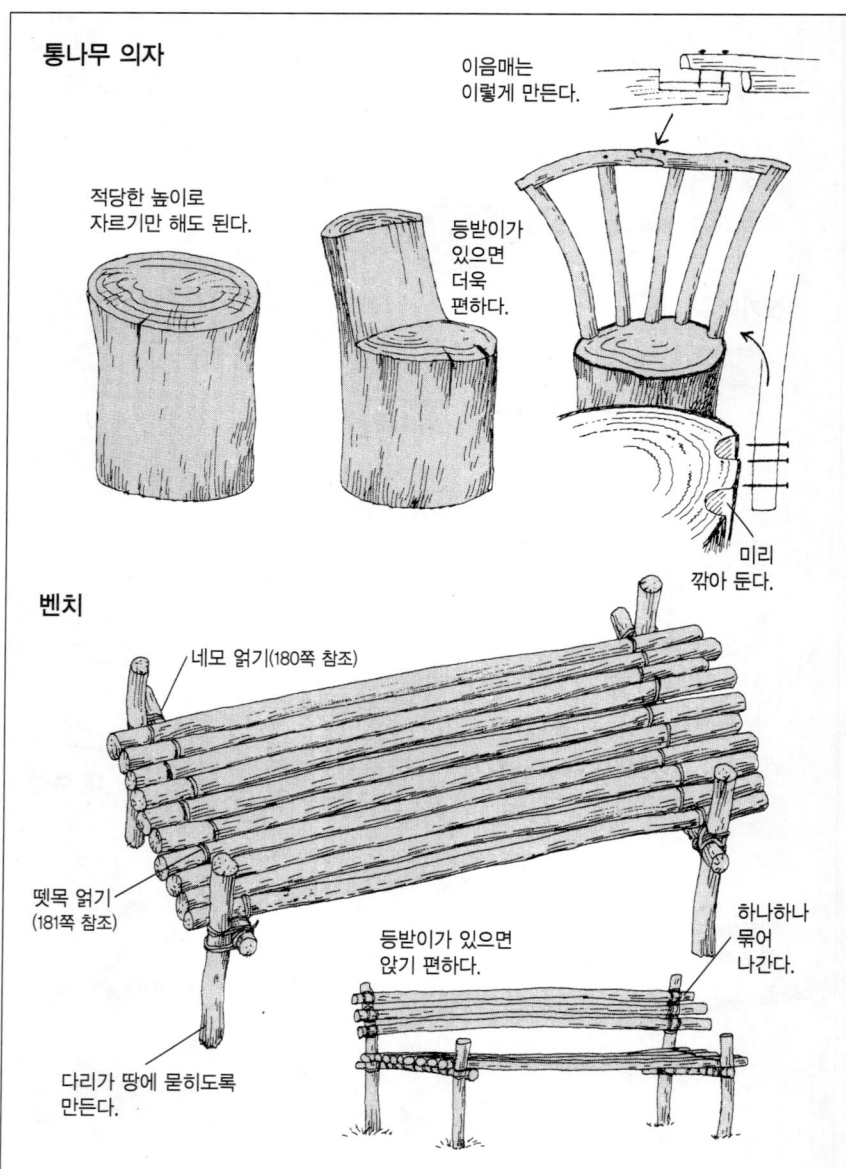

야영이 오래 계속될 때는 의자나 탁자가 있으면 편리합니다. 모두 함께 통나무나 나무토막 등으로 만들어 봅니다.

탁자

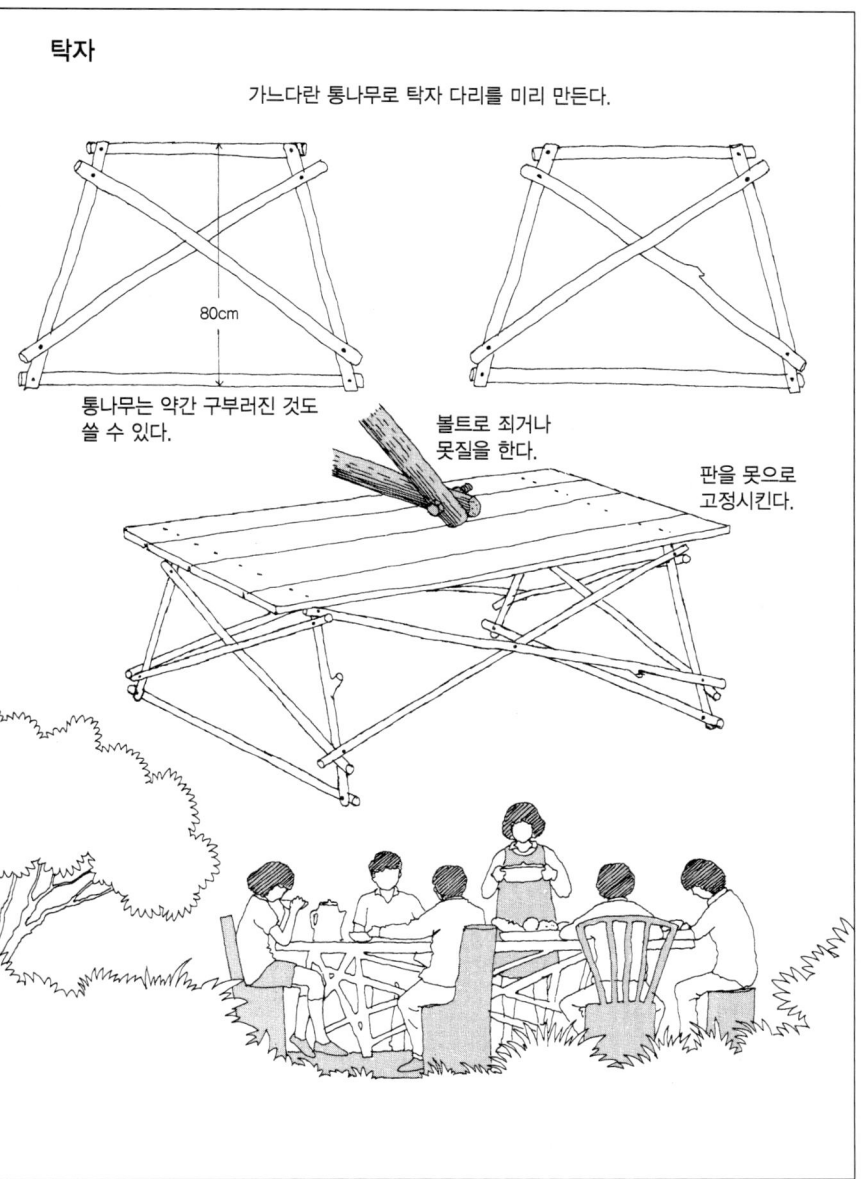

가느다란 통나무로 탁자 다리를 미리 만든다.

80cm

통나무는 약간 구부러진 것도 쓸 수 있다.

볼트로 죄거나 못질을 한다.

판을 못으로 고정시킨다.

지게 만들기

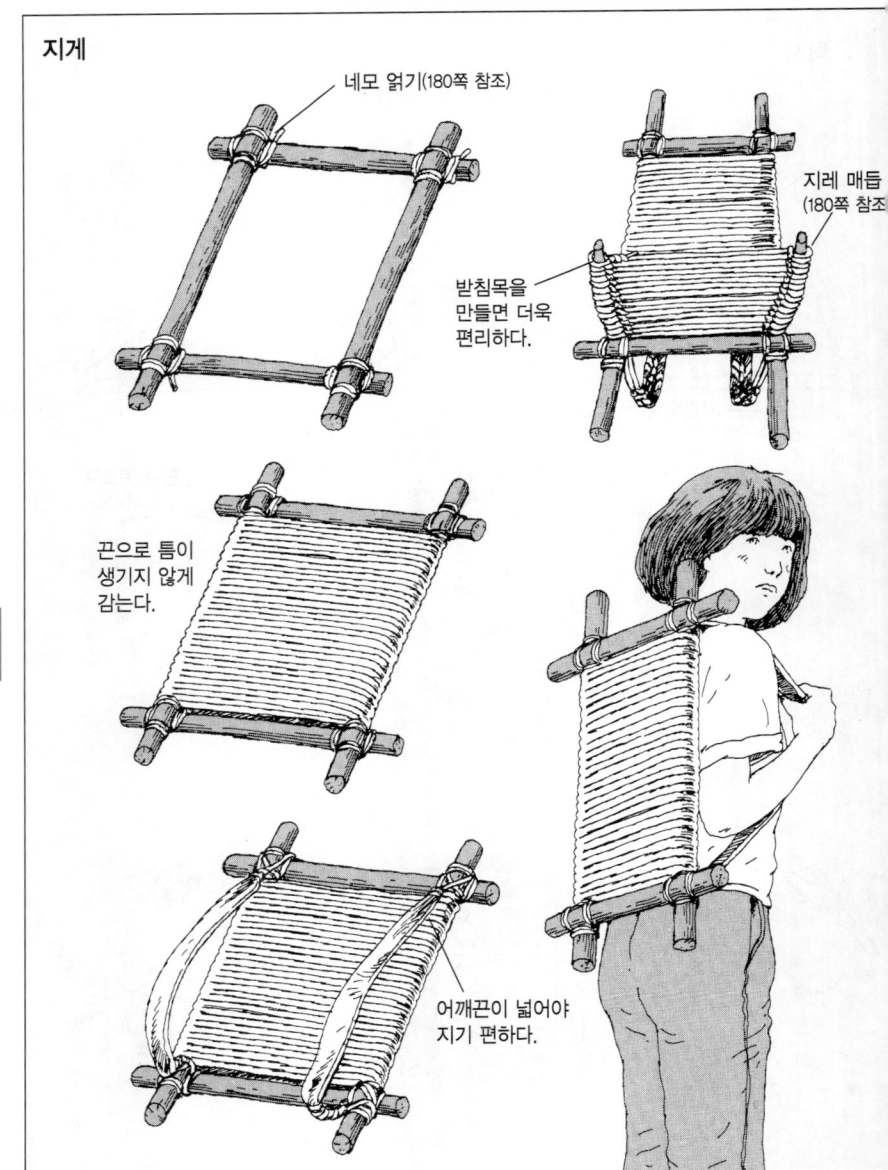

너무 길거나 커서 배낭에 들어가지 않는 짐을 운반할 수 있도록 자기 몸에 맞는 지게를 만들어 봅니다.

등나무 지게

등나무나 굽은 나뭇가지를 이용해서 지게를 만들 수 있다.

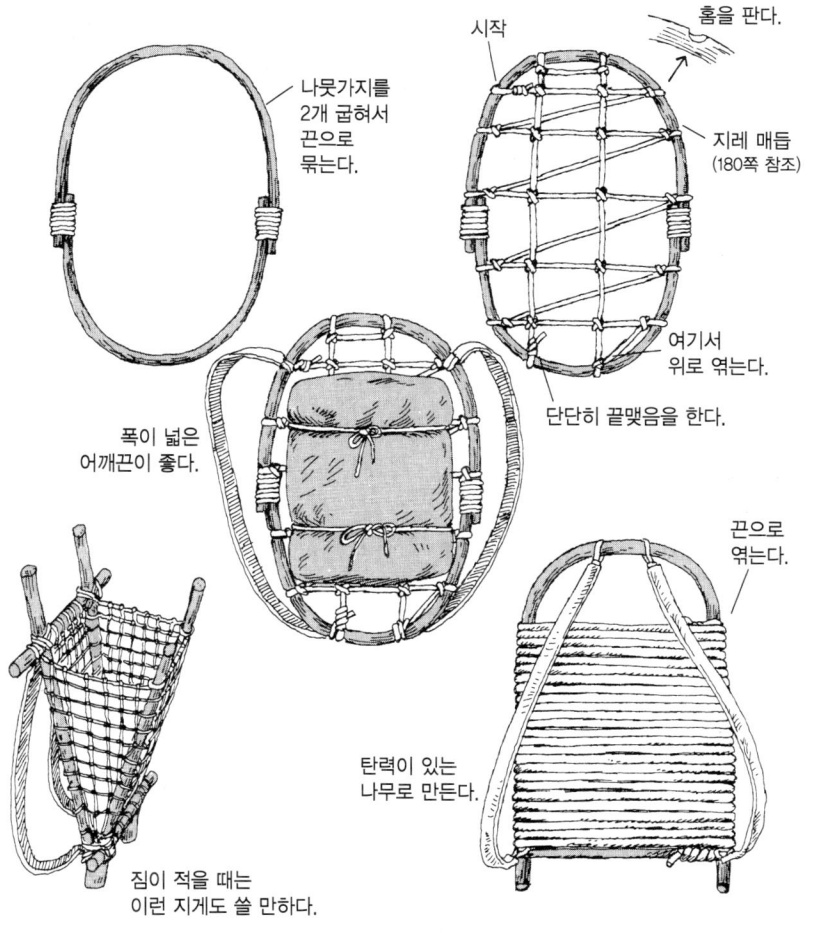

해먹 치기

인디오들은 해먹을 즐겨 쓴다

남아메리카의 아마존 강가에서 사는 인디오들은 해먹을 즐겨 씁니다. 땅을 기어 다니는 짐승이나 벌레를 피할 수 있으며, 땅 위에서 자는 것보다 훨씬 시원하기 때문입니다. 모기가 많으면 해먹 위에 모기장을 칩니다. 인디오가 사는 집에는 식구마다 자기 해먹을 치고 있어서 그것을 세어 보면 가족 수를 알 수 있습니다. 손님이 자게 되면 손님 것을 더 칩니다. 그리고 해먹에 누워서 흔들거리며 이야기꽃을 피웁니다. 해먹에 누우면 떨어질 것 같다고 생각하기 쉬운데 실제 올라가 보면 그토록 편안하고 기분 좋은 것이 또 없습니다. 잠이 저절로 옵니다.

매달 나무가 있으면 텐트보다 쾌적하다

해먹은 보통 두꺼운 천으로 만들거나 가는 로프를 엮어서 만드는데 두꺼운 천으로 만들기가 더 쉽습니다. 해먹을 매다는 줄은 사람 무게를 버티어 낼 만큼 튼튼해야 합니다. 로프를 큰 나뭇가지에 단단히 묶습니다. 얼마큼 늘어뜨려야 알맞은지는 매달아 보면서 조절합니다. 여름에 야외로 나갈 때 해먹을 매달만한 곳이 있으면 천막 대신 가져가는 것도 재미있습니다. 해먹 위에는 비를 맞지 않도록 비닐 시트를 치면 아주 좋습니다.

해먹에서 잘 때의 요령

해먹에 올라탈 때는 먼저 엉덩이를 올려놓고 앉은 다음 다리를 올립니다. 그리고 대각선이 되도록 몸을 눕히고 잡니다. 이렇게 하면 몸이 펴지고 몸의 어느 부분도 무리한 부담이 가지 않습니다. 서늘하면 담요를 몸에 감습니다.

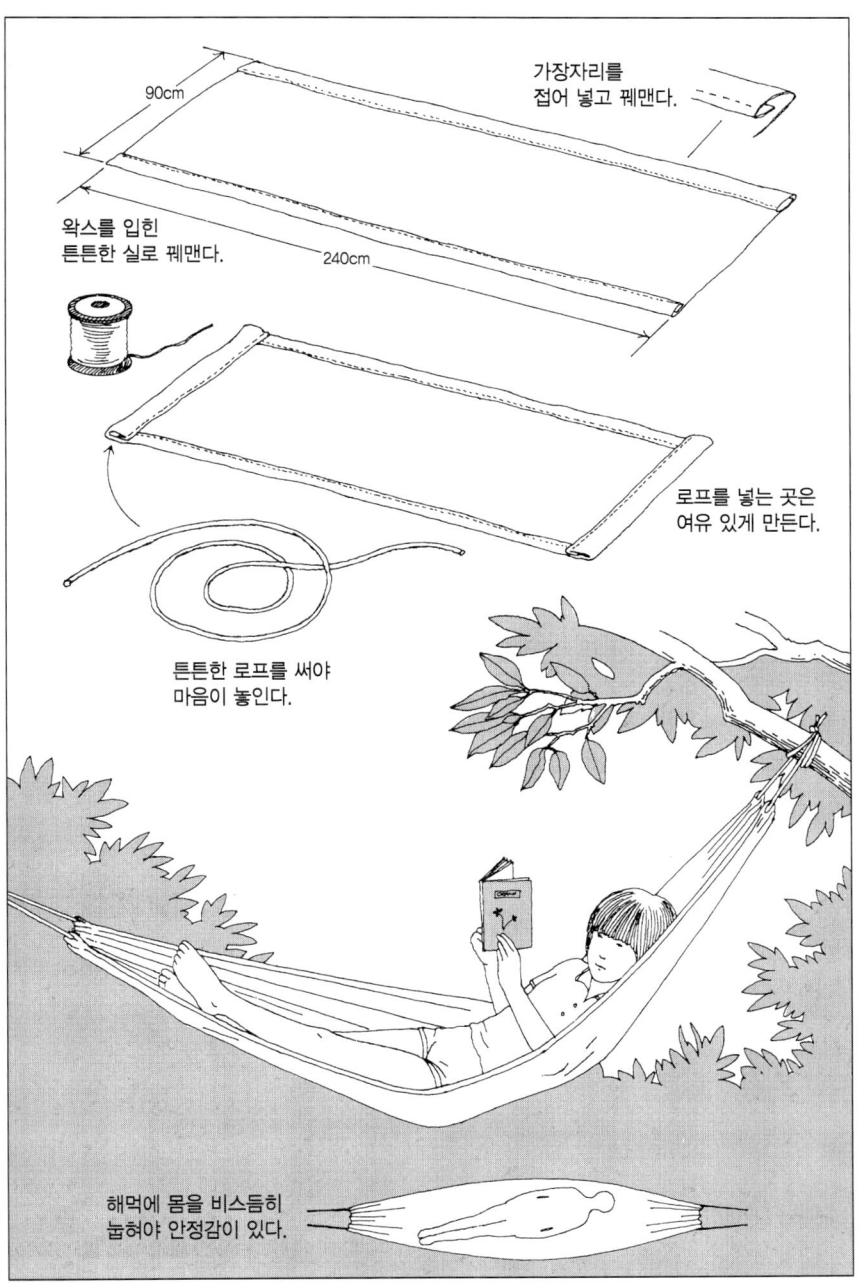

가죽신 만들기

신기 쉽고 편한 가죽신

인디언들이 즐겨 신는 것에 가죽신(모카신)이 있습니다. 가운데를 반으로 접은 가죽에 큼직하게 발의 본을 떠서 자른 뒤, 가장자리를 꿰매면 신발이 됩니다. 이 가죽신은 발을 꼭 죄지도 않으며, 편하고 질겨서 오래 신을 수 있습니다. 가죽신을 만들려면 부드러운 가죽과 잘 드는 가위, 초를 입힌 굵은 실과 바늘이 있어야 합니다. 가죽은 인조 가죽이라도 좋습니다. 실과 바늘을 살 때에는 쓰임새를 이야기하고 삽니다. 보통의 실과 바늘로는 제대로 가죽신을 만들 수가 없는데, 바느질한 자리로 물이 새어들기 때문입니다.

본을 정확하게 뜨자

발을 대고 본을 뜰 때는 정확히 해야 신발이 제대로 만들어집니다. 지나치게 크거나 작으면 아무 쓸모가 없습니다. 처음부터 가죽에 대고 본을 뜨지 말고 우선 종이 위에 발을 대고 힘을 준 다음 다른 사람한테 줄을 그어 달라고 하면 정확합니다. 오른발과 왼발을 따로따로 뜬 다음, 그 종이를 가죽 뒷면에 대고 203쪽 그림처럼 오려 냅니다. 헝겊과 달라서 가죽 바느질은 힘이 듭니다. 한 바늘씩 천천히 꿰맵니다. 특히 뒤축 부분은 가죽이 겹치므로 꼼꼼하게 손질해야 합니다. 뒤축이 만들기가 제일 어렵지만 차근차근 해 봅니다.

장식을 달아 보자

다 된 신발에 예쁜 장식을 달아 봅니다. 테이프를 붙이거나, 구슬에 실을 꿰서 둘러 봅니다. 가죽을 가느다랗게 오려서 줄을 만들어 발목 둘레에 뚫은 구멍에 꿰면 볼품도 있고 신었을 때 발이 가뿐합니다. 이 신을 신고 돌밭 같은 곳을 다닐 수는 없지만 풀밭을 뛰어다니기에는 아주 좋습니다. 바닥을 통해서 느껴지는 대지의 감촉이 오래오래 기억될 것입니다.

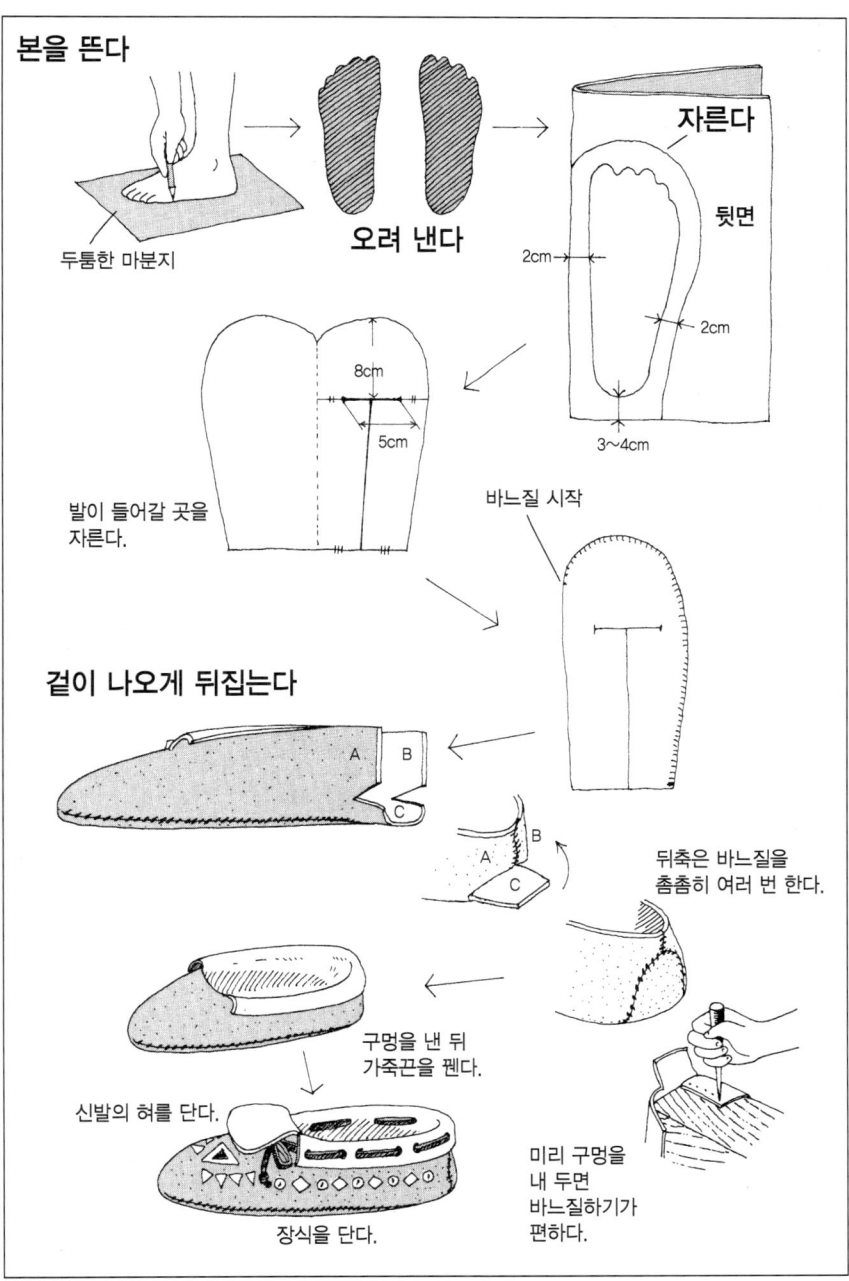

목공예품 만들기

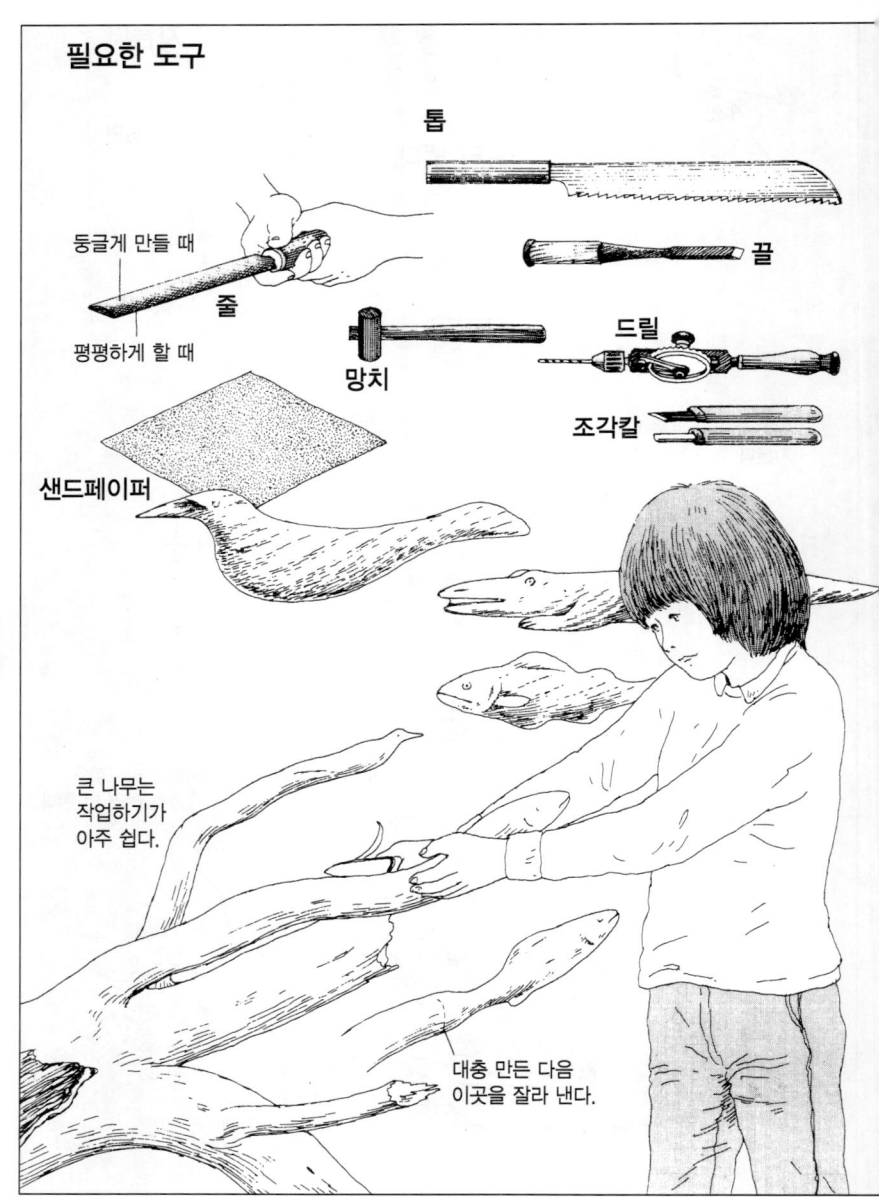

바닷가나 강가를 걷다 보면 가끔 큰 나무가 널려 있습니다.
이런 나무로 목공예품을 만들어 봅니다.

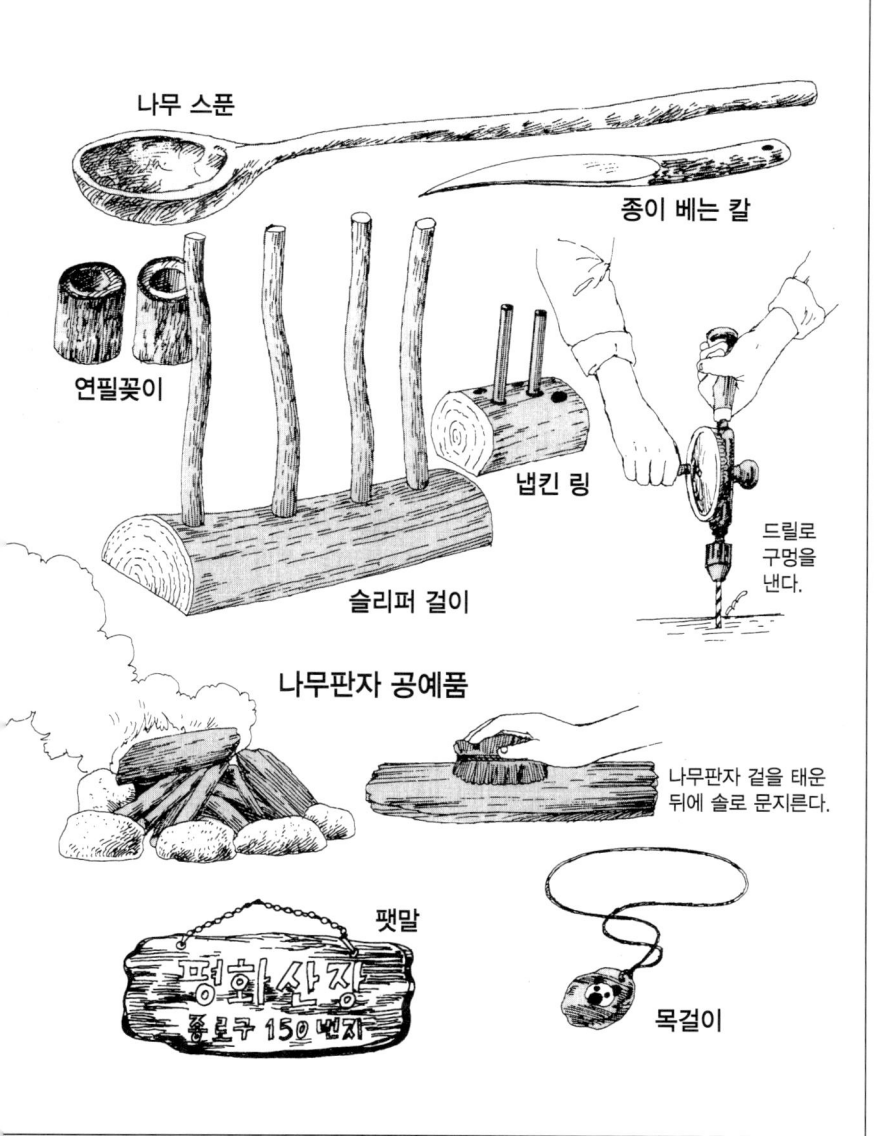

피리와 북 만들기

야외에서는 모두가 음악가
야외에서는 자기도 모르게 콧노래가 나옵니다. 휘파람을 불고 싶을 때도 있습니다. 자연과 마주 보고 있으면 몸에서 절로 노래가 흘러나옵니다. 친구들과 함께 소리 내어 노래해 보세요. 좀 서툴러도 좋습니다. 또 피리를 불거나 북을 두들겨 봅니다. 집에서는 소리 내기가 미안하지만 밖에서는 아무 거리낌이 없습니다. 몸이 근질거려 참지 못하겠다면 신나게 춤도 춰 보세요.

소리 나는 것이면 무엇이나 악기
가지고 있는 물건 가운데 소리 나는 것을 찾아봅니다. 냄비, 그릇 뚜껑, 빈 깡통까지 모두 두들기면 소리가 납니다. 나무토막 두들기는 소리는 둔하지만 그런대로 멋이 있습니다. 주위에 있는 물건을 써서 악기를 만들어 보세요. 모두 자기가 만든 악기를 하나씩 들고 함께 음악회를 여는 것도 재미있는 일입니다. 멜로디가 없으면 누구 한 사람이 노래를 부릅니다. 그리고 나머지 사람들은 저마다 리듬을 맞춥니다. 이럴 때는 틀리지 않는 것보다 흥이 더 중요합니다. 좀 틀려도 괜찮습니다. 즐거우면 그만이니까요.

풀피리는 자연의 악기
잎을 돌돌 말아서 가는 부분을 살짝 좁혀서 물고 불어 봅니다. 한 가지 풀만 쓰지 말고 이것저것 시험 삼아 만들어 봅니다. 대나무 잎이나 갈대 등 긴 잎은 여러 장을 이어 둘둘 말면 커다란 나팔 피리가 됩니다. 빈 풀 줄기를 끝이 비스듬히 되도록 자른 다음, 오른쪽 그림처럼 **빳빳**한 잎을 사이에 꽂으면 훌륭한 피리가 됩니다. 잎을 꽂을 때 가운데가 갈라지면 소리가 나지 않습니다. 조심해서 끼웁니다.

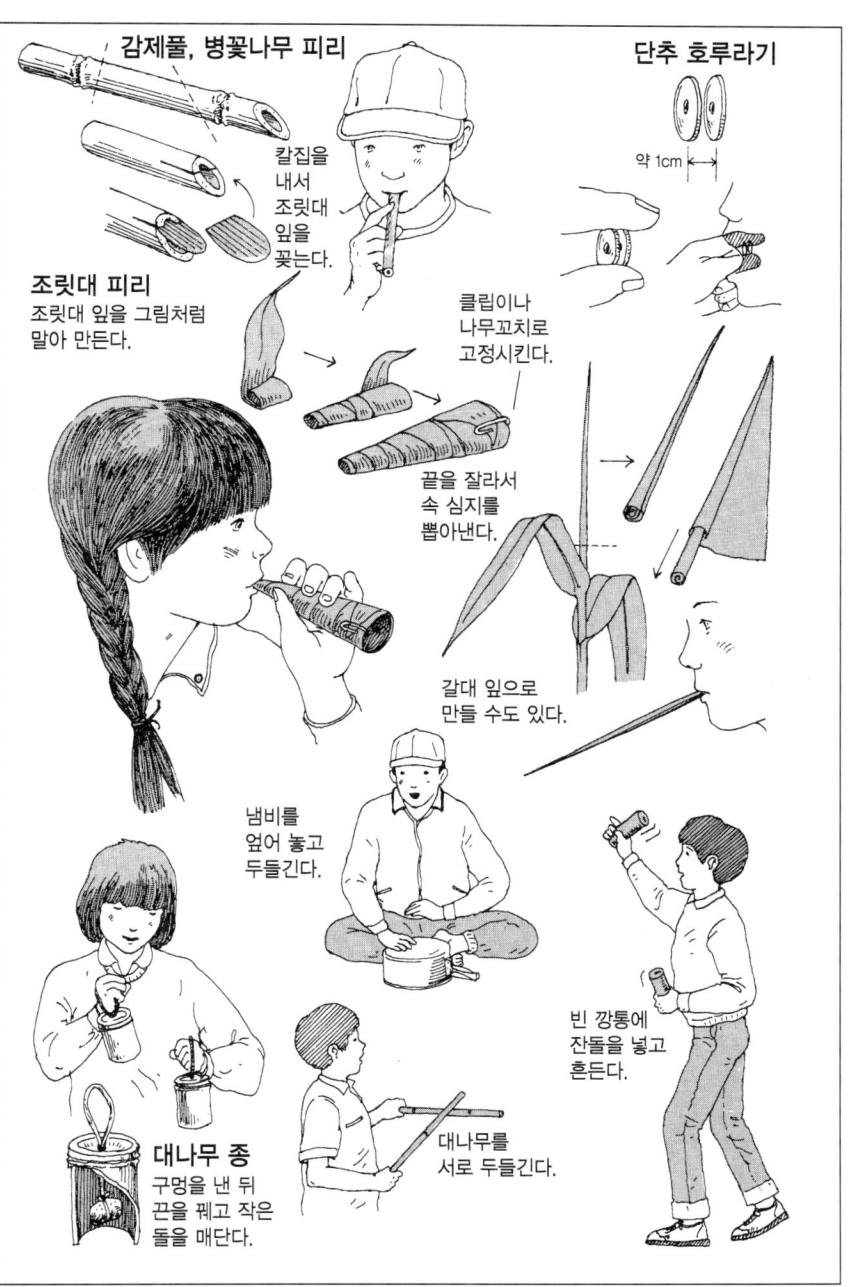

자연색 물감 들이기

자기만의 티셔츠를 만들자
산에서 나무 열매나 풀을 만지다가 손에 물이 들어 본 경험을 누구나 한 번 했을 것입니다. 옷이나 손에 물이 들면 좀처럼 쉽게 지워지지 않습니다. 이것을 이용해서 티셔츠나 손수건에 물을 들여 보면 어떨까요? 요즘에는 거의 모든 옷감에 화학 염료를 써서 물을 들이지만 옛날에는 풀이나 나무 열매 등을 써서 염색했습니다. 《파브르 곤충기》로 유명한 파브르도 열매로 물감을 만드는 연구를 했습니다. 물감이 아닌 초목이나 열매즙을 쓰면 노란색이나 갈색도 부드럽고 독특한 색감이 나옵니다. 새 티셔츠에 물을 들이려면 염색을 시작하기 전에 한 번 빨아서 풀기를 빼야 합니다. 그리고 털이나 명주 등 동물성 옷감이면 문제가 없지만 면일 때는 물을 섞어 묽게 한 우유를 써야 합니다. 단백질이 섞여 있어야 물감이 고루 배기 때문입니다.

백반을 푼 물에 담그면 탈색을 막는다
봄이면 쑥, 초여름이면 등나무 잎, 가을이면 밤송이나 치자나무 등이 쉽게 구할 수 있는 염료들입니다. 치자 열매는 말린 뒤에 쓰면 더욱 밝은 노란색을 얻을 수 있습니다. 물감 들이는 방법은 209쪽의 그림 순서대로 하는데, 티셔츠를 물감에 담가 삶은 뒤 백반 물에 담그면 물감이 빠지지 않습니다. 이 작업을 '매염'이라고 부르는데 이때 백반이 매염제가 됩니다. 이 매염을 하지 않으면 예쁘게 물이 든 것 같아도 나중에 빨면 물감이 빠지고 얼룩이 져서 헛수고한 것밖에 안 됩니다. 백반은 일단 더운 물에서 녹인 뒤에 사용할 물에 풀어 놓습니다.

글씨나 무늬를 넣으려면
염색용 크레용을 쓰면 가장 간단합니다. 밑에 신문지를 깔고 티셔츠 사이에는 포장지나 신문지를 끼운 뒤 크레용으로 그립니다. 그런 다음 천을 대고 다리미질을 합니다.

하늘 위로 날리자

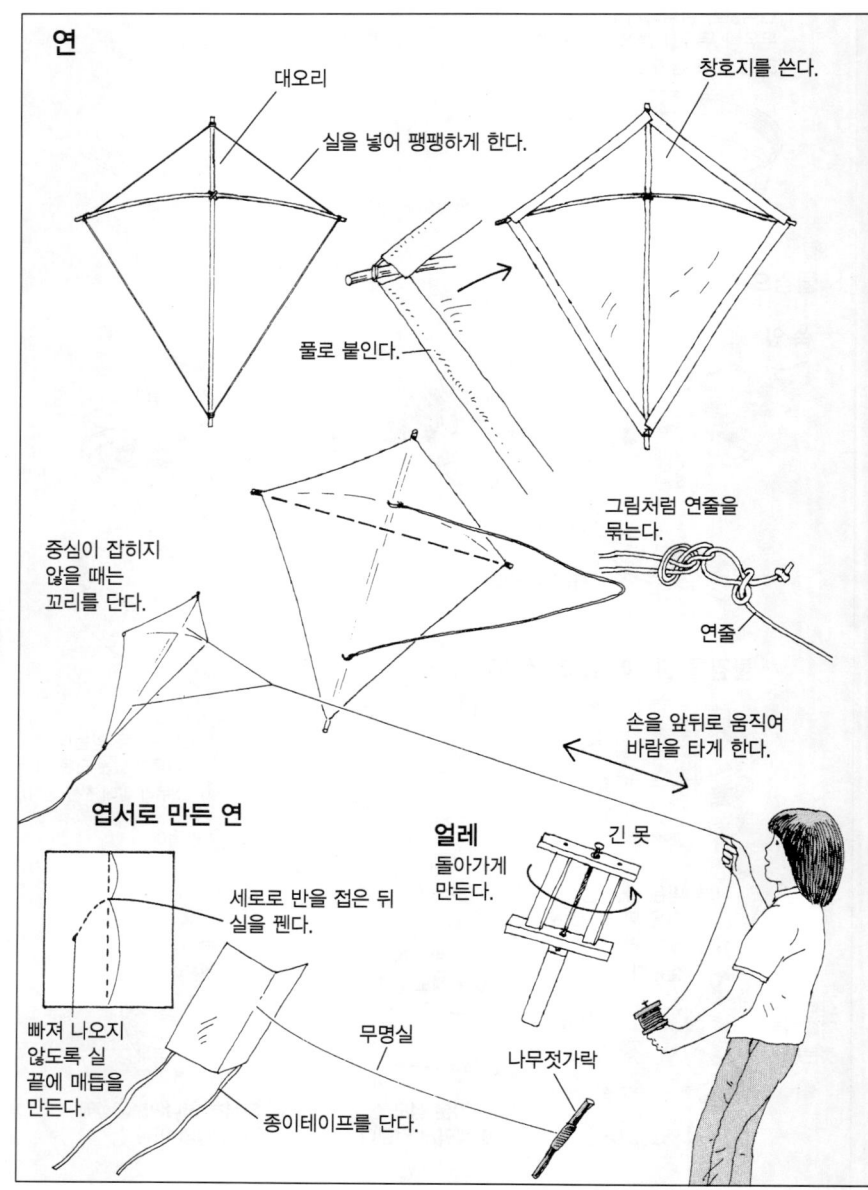

하늘을 향해 힘껏 던져 봅니다. 부메랑(오스트레일리아 원주민의 무기)은 처음에는 엉뚱한 곳으로 날아가므로 사람이 없는 곳에서 던집니다.

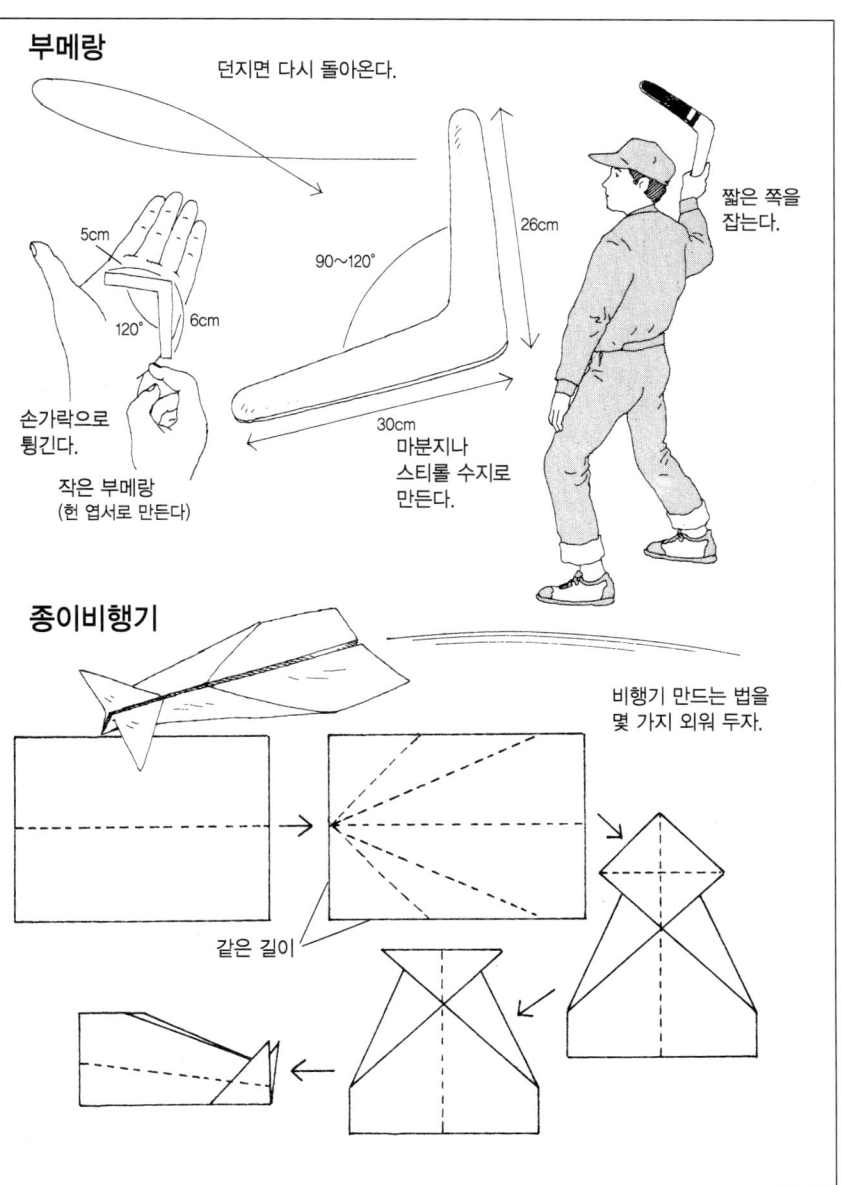

화초 놀이 1

꽃으로 꽃반지, 꽃목걸이 등을 만들어 동화 나라의 공주님이 되어 봅니다. 나무의 가시나 잎을 가지고도 재미있는 것을 만들 수 있습니다.

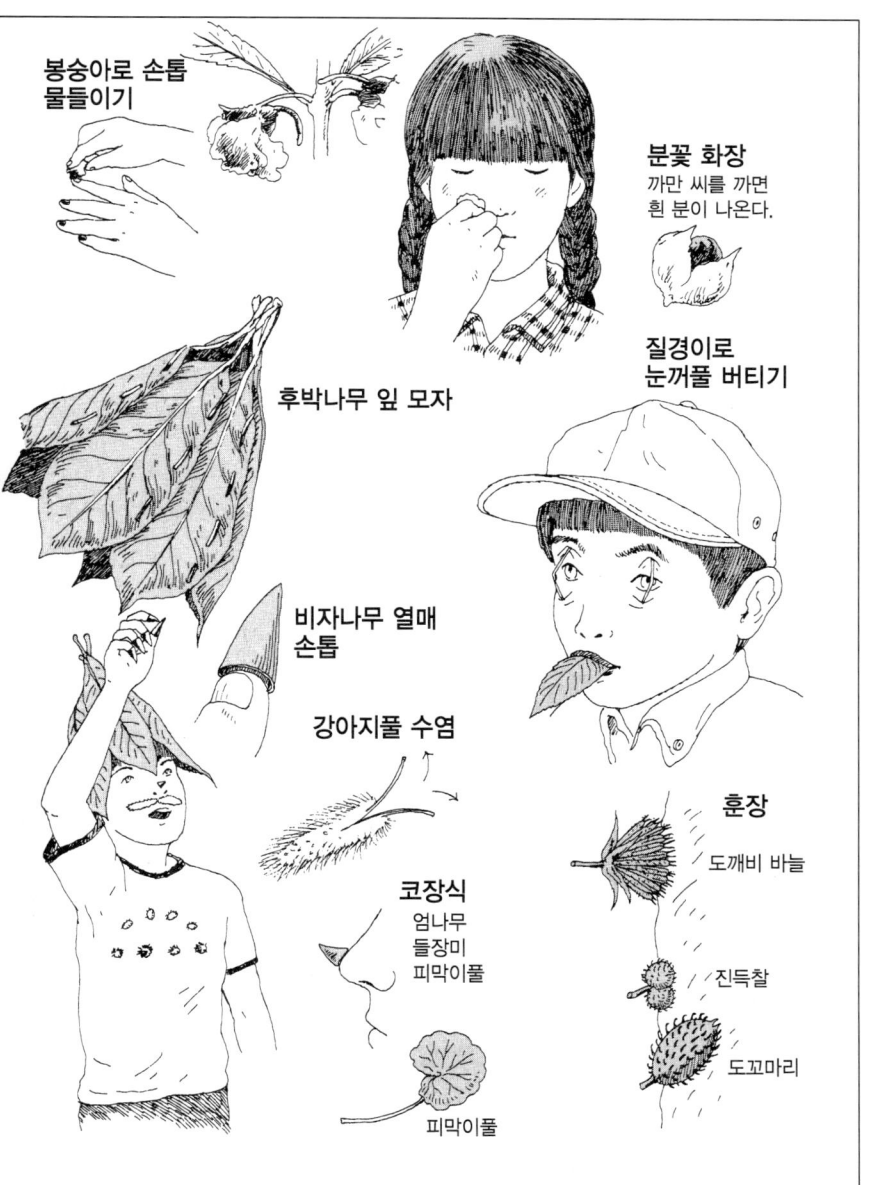

화초 놀이 2

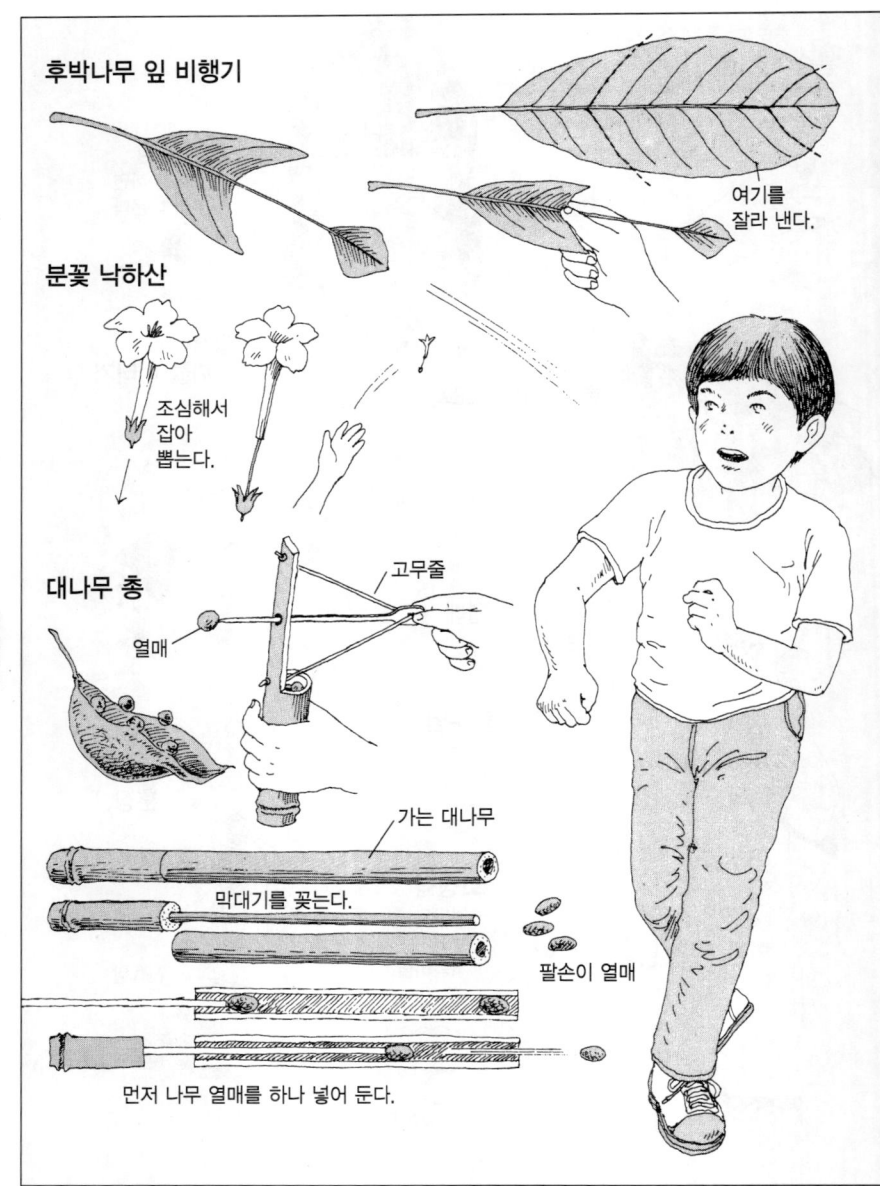

누가 멀리 보내나, 누가 힘이 센가, 누가 더 빠른가. 정정당당하게 솜씨를 겨뤄 봅니다.

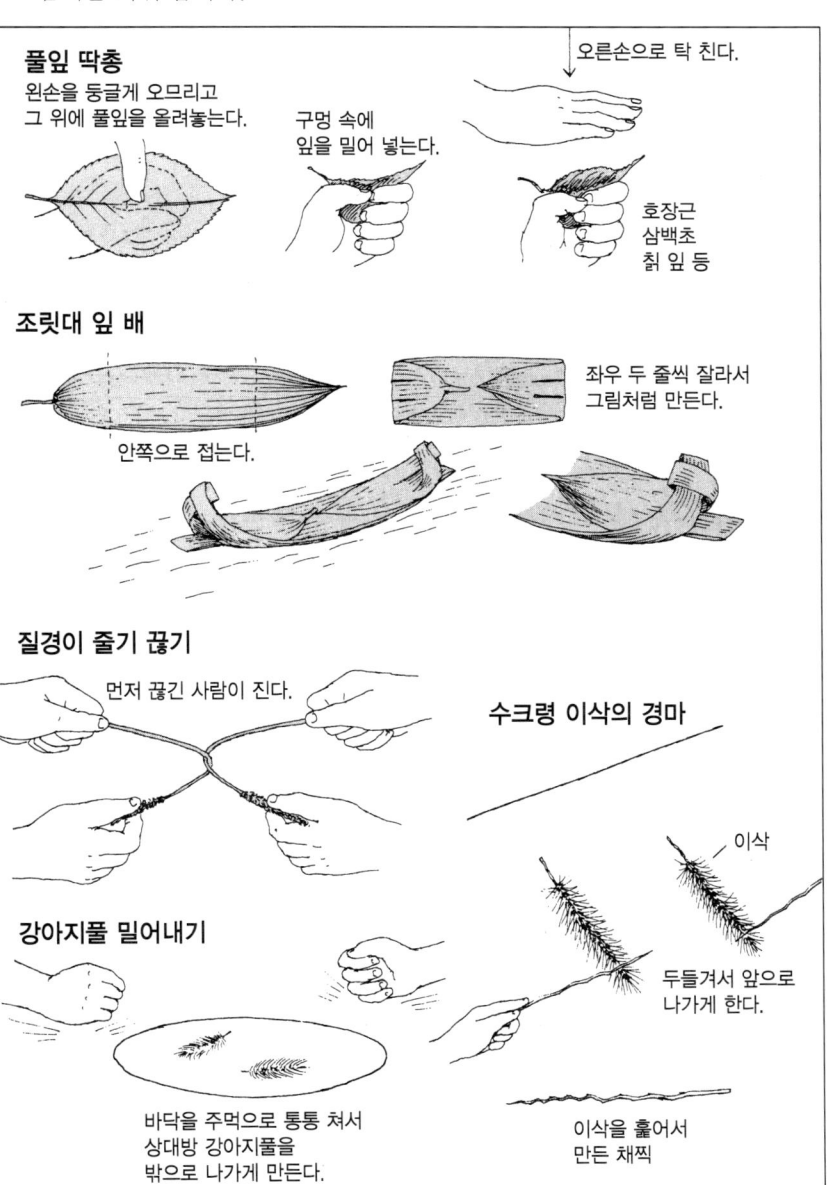

눈 오는 날의 놀이

귀를 가릴 수 있는 털모자, 장갑, 장화 등을 꼭 준비합니다. 즐겁게 놀고 난 뒤 바로 집에 가서 땀에 젖은 옷을 마른 옷으로 갈아입습니다.

날씨 좋은 날의 놀이

오리엔티어링은 정해진 지점을 지도와 나침반을 가지고 찾아가는 스포츠입니다. 나침반 없이 해도 재미있습니다.

오리엔티어링 게임

① 리더는 20~30분 이내에 걸어갈 수 있는 거리에 크레용을 감춰 두고 그 부근의 그림 지도를 만든다.

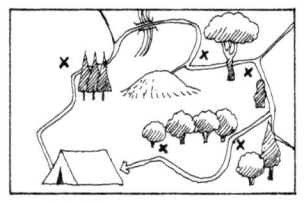

크레용이 없을 때는 나뭇가지나 돌 따위를 이용해 지면에 숫자를 쓴다. 찾는 사람은 찾아낸 숫자를 차례로 자기 지도에 써 넣은 다음 그 숫자를 모두 더하기 한 결과를 보고한다. 제일 뒷사람은 지면에 적힌 숫자를 지우며 가는 것을 잊지 않도록 한다.

길에서는 보이지 않도록 나뭇가지나 밑동, 바위 뒤 등에 크레용을 감춘다.

그림 신호(289쪽 참조)를 이용해도 된다.

길을 잃었을 때는 원위치로 돌아간다.

② 그림 지도를 여럿이 옮겨 그린다. 5분 간격을 두고 한 사람씩 떠난다. 크레용을 찾으면 자기 지도에 색칠을 한다. 몇 분 만에 돌아오는가를 서로 경쟁한다.

비 오는 날을 즐기는 방법

망가진 물건 고치고 장비 손질하기
비는 오다가 멎게 마련입니다. 날씨가 나빠서 기분을 망쳤다고 생각하면 더 속이 상합니다. 텐트 안에서 할 수 있는 일이 없는지 찾아봅니다. 입고 있는 옷이나 장비를 살펴봐서 고쳐 두는 일이 제일 시간을 잘 보내는 방법인데 그러려면 평소에 실이나 바늘 등 간단한 수선 도구를 가지고 다녀야 합니다.

비 오는 날의 놀이
이야기를 잘 하는 친구가 함께 있으면 비 오는 날이 오히려 즐겁습니다. 다른 사람들에게 재미있게 이야기해 주려면 평소에 책을 많이 읽어야 하는 것은 더 말할 필요도 없습니다. 아래의 목록을 참고로 해서 비 오는 날을 재미있게 보낼 수 있는 놀이를 생각해 봅니다.

① 종이비행기 만들기
② 연 만들기
③ 팔씨름이나 손가락씨름
④ '귀신 이야기' 시합
⑤ 실뜨기 놀이
⑥ 이야기 이어 만들기
　(차례로 앞 사람의 이야기를 받아서 다음 이야기를
　만들어 갑니다)
⑦ 노래자랑이나 노래 짓기 시합
⑧ 윷놀이
⑨ 나무 장난감 만들기
⑩ 비 올 때의 식물이나 곤충 관찰

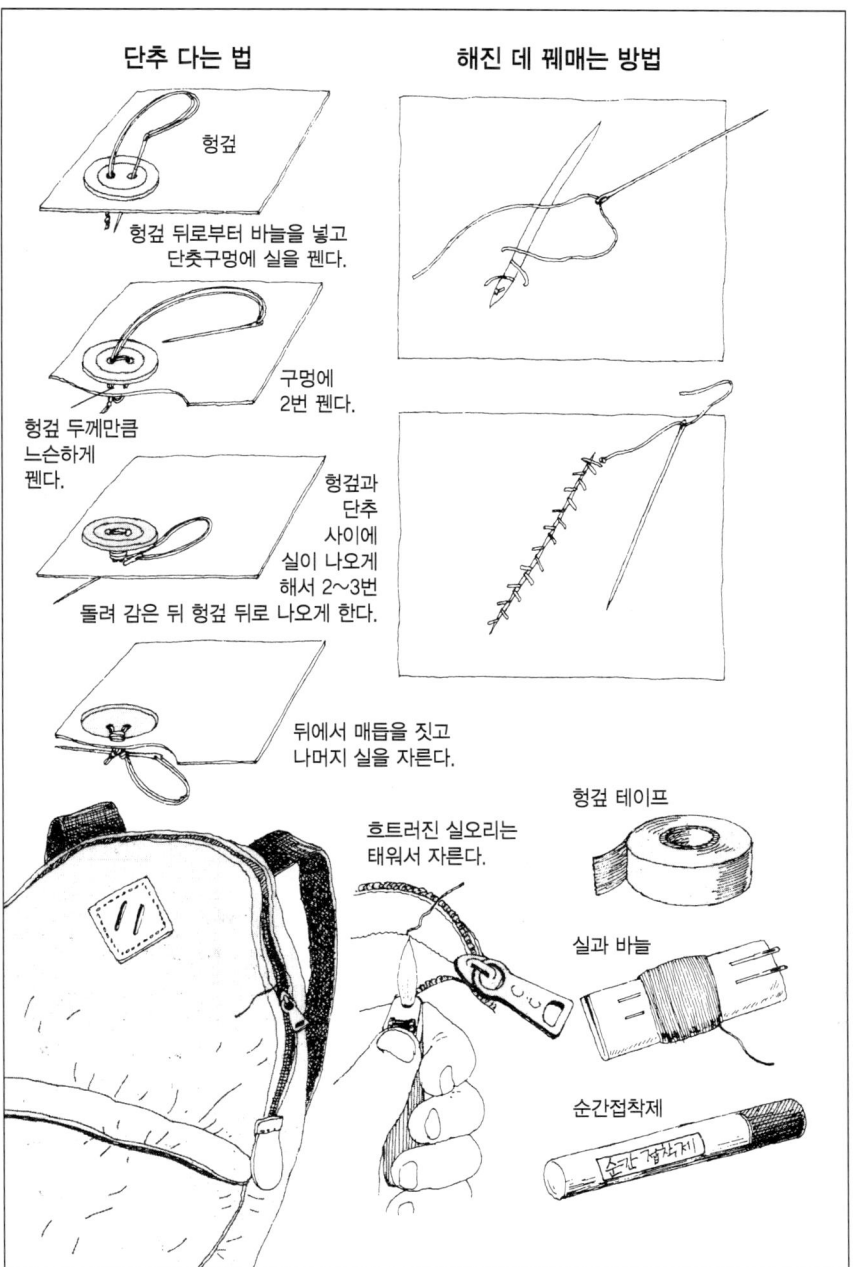

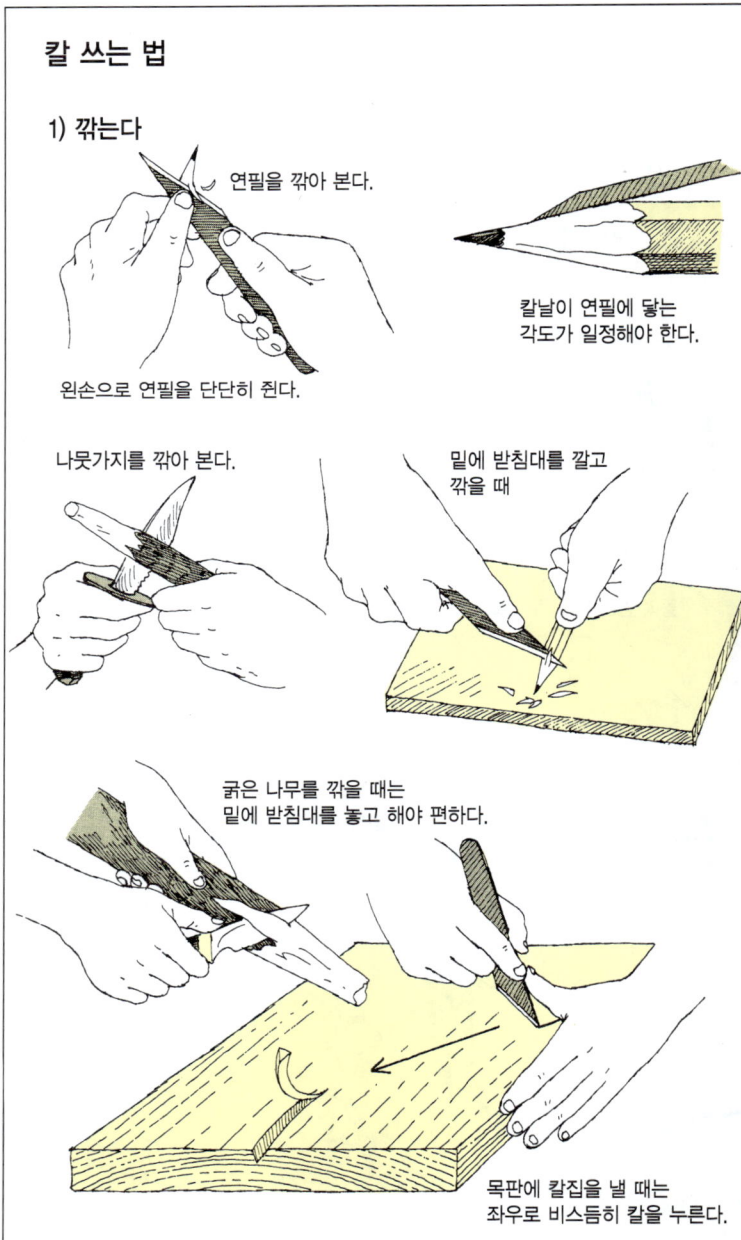

2) 벗긴다

오른손 엄지손가락으로 껍질을 누르며
칼을 몸 앞쪽으로 당기는 식으로 자른다.

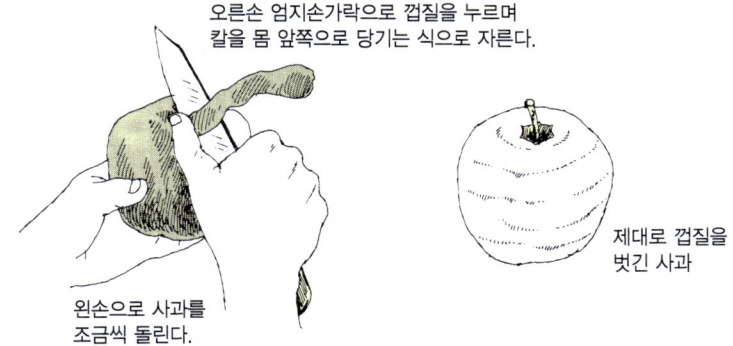

왼손으로 사과를
조금씩 돌린다.

제대로 껍질을
벗긴 사과

야외에서 쓰는 칼들

서바이벌 나이프

접을 수 있는 손칼

헌팅 나이프

과일칼

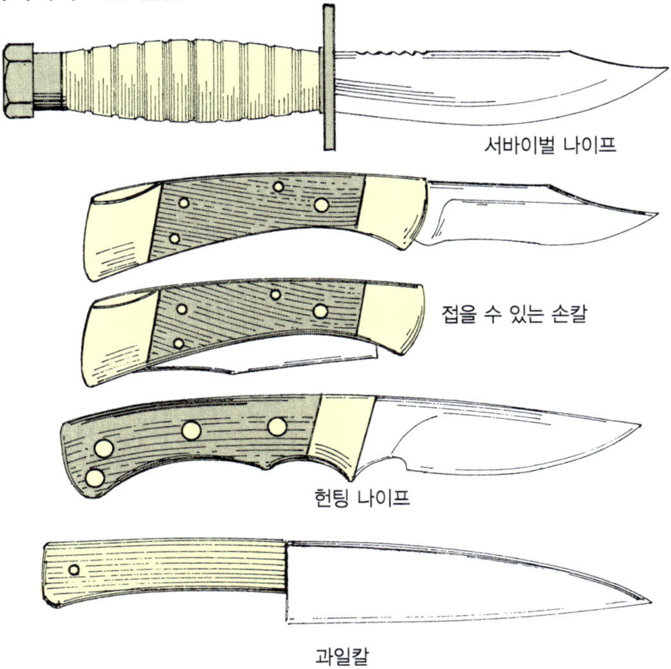

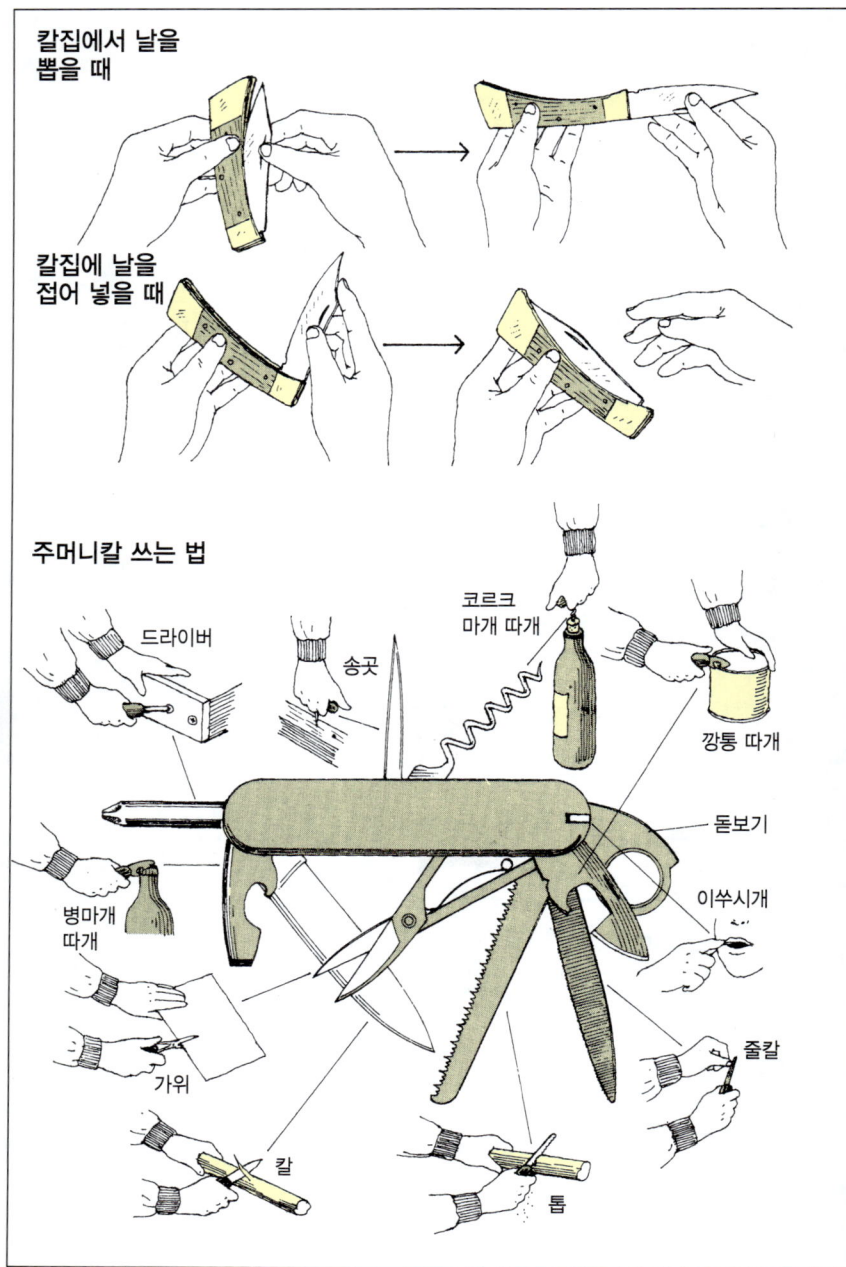

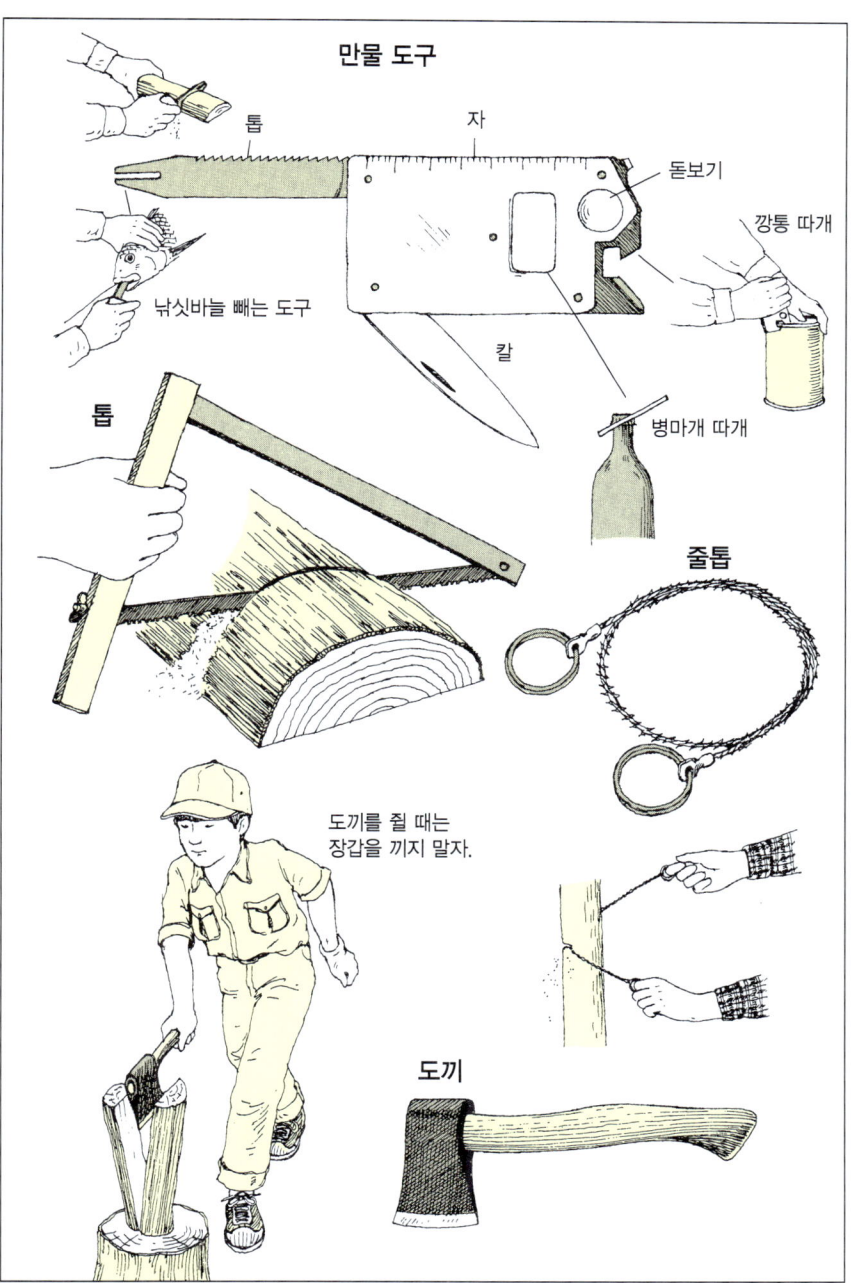

칼 가는 법

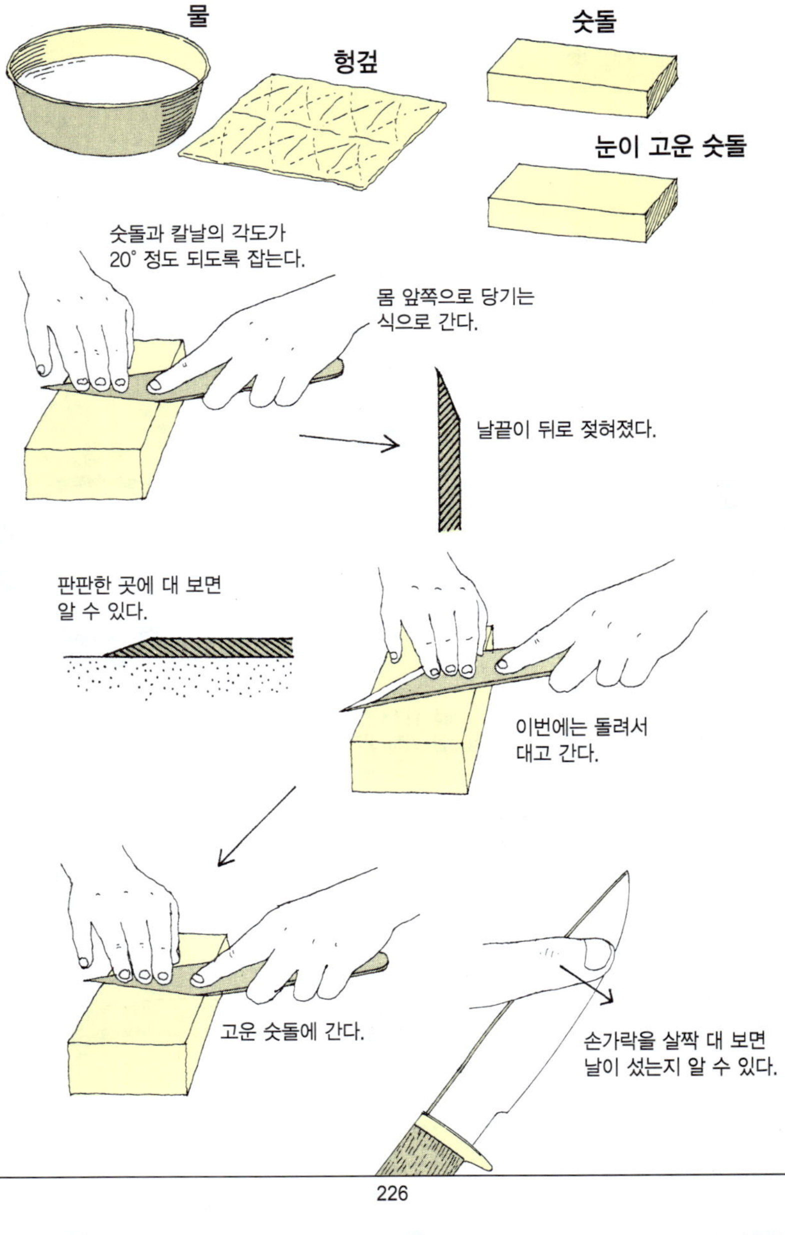

물
헝겊
숫돌
눈이 고운 숫돌

숫돌과 칼날의 각도가 20° 정도 되도록 잡는다.

몸 앞쪽으로 당기는 식으로 간다.

날끝이 뒤로 젖혀졌다.

판판한 곳에 대 보면 알 수 있다.

이번에는 돌려서 대고 간다.

고운 숫돌에 간다.

손가락을 살짝 대 보면 날이 섰는지 알 수 있다.

* 동식물을 만난다 *

있으면 편리한 관찰 도구

활동하기 좋은 옷차림으로 관찰한다

야외에 나갈 때의 옷차림에 대해서는 이미 앞에서 이야기했습니다. 여기서는 특히 동물과 식물을 관찰하는 데 필요한 내용만 간추렸습니다. 옷은 우선 가는 곳을 생각하고 필요한 것만 가져가도록 합니다. 야외에서 생물들을 만나는 일은 참 즐겁습니다. 날아가는 새나 곤충, 처음 보는 꽃이 우리를 반기고 다람쥐가 눈앞을 가로질러 달아나기도 할 것입니다. 어떤 생물이든 그들 나름대로 긴장하고 사람이 가까이 가면 불안해하고 두려워합니다. 우리는 즐겁다고 말하지만 그 짐승이나 벌레로서는 죽느냐 사느냐의 문제가 될 수도 있습니다. 되도록 그들을 놀라게 해서는 안 됩니다. 그래서 자연을 관찰할 때는 주위와 비슷한 색의 옷을 입는 것이 좋습니다.

식물이나 곤충 채집은 꼭 필요한 것만 한다

관찰하는 데는 우리 몸의 감각 기관인 눈, 귀, 코, 피부, 혀 등을 활용합니다. 이러한 우리 몸의 감각 기관은 쓰면 쓸수록 발달하지만 쓰지 않으면 날로 그 힘이 둔해집니다. 아프리카의 부시맨들이 수 km나 떨어진 곳에서 다가오는 짐승들의 발자국 소리를 알아내거나, 아마존에 사는 인디오들이 활을 쏴서 흐린 강물 속에서 노는 물고기를 백발백중으로 잡는 것은 모두 이들의 감각이 크게 발달했기 때문입니다. 자연을 관찰하기 위해서는 처음부터 도구의 힘을 빌리지 않는 것이 좋습니다. 자기 몸을 써서 관찰하는 훈련을 쌓아야 합니다. 처음에는 스케치를 꼭 해 봅니다. 그림을 그려 보면 자기가 이제까지 얼마나 대상을 건성으로 보아 왔는지를 깨닫게 됩니다. 그 이름을 모르더라도 스케치한 것을 참고로 해서 집에 돌아온 다음 알아볼 수가 있습니다. 이 때문에 식물이나 곤충 도감이 꼭 필요합니다. 그렇지만 식물이나 곤충 채집도 꼭 필요한 것만 합니다. 식물, 곤충 따위는 얼마든지 있다고 생각하기 쉽지만, 너도나도 이런 식으로 마구 채집한다면 어떻게 될까요? 늘 자연 보호를 생각해야 합니다.

나무를 정해 놓고 관찰하자

나무가 주위의 환경을 만든다

가까운 숲 속에 가서 떡갈나무 등을 봅니다. 이들 나무는 가을이 되어도 잎이 떨어지지 않기 때문에 죽죽 뻗은 나뭇가지에는 잎들이 가득히 붙어 있으며 그래서 그 나무 밑은 약간 어두컴컴합니다. 주위에는 낮은 나무들이 드문드문 자라나고 있고 나무 밑동이 축축한 곳에는 고사리나 이끼 등이 돋아 있을 것입니다. 이런 곳에서는 나비도 별로 눈에 띄지 않습니다. 이번에는 잡목 숲으로 가 봅니다. 주위에 갖가지 키 작은 나무들이 자라고 있습니다. 나비와 딱정벌레 종류도 많습니다. 이처럼 나무는 그 종류와 크기, 가지가 뻗은 상태 등에 따라서 개성이 있고 그 주변 환경을 저마다 특성 있게 만듭니다. 곤충들은 본능적으로 자기가 좋아하는 환경에 자기의 활동 무대를 만듭니다.

한 나무에 대해 기록한다

자연 환경 속에서 나무가 맡은 역할은 매우 큽니다. 그러므로 나무를 자르는 것은 곧 그 주위의 환경을 아주 바꾸는 것과 마찬가지 결과를 낳습니다. 곤충은 당장 갈 데가 없어지고 그 곤충을 먹고 살던 새들도 다른 데로 자리를 옮겨야 합니다. 나무가 크게 자라기 위해서는 적어도 20~30년 정도의 긴 세월이 필요합니다. 그동안은 전과 같은 환경을 다시 찾으려고 해도 찾을 수 없게 됩니다. 야생하는 생물에게 나무는 우리들의 집과 같은 구실을 합니다. 그러므로 나무를 자른다는 것은 그 주위에 있는 생물들의 집을 빼앗는 것과 같습니다. 나무에 대해서 잘 알려면 무엇보다도 그 나무에 대한 여러 가지 일들을 자세히 관찰해서 적어 보는 것이 제일 좋습니다. 따라서 ① 나무 이름 ② 자라고 있는 곳 ③ 높이와 크기(대체로 본 크기) ④ 나무 모양의 특징 ⑤ 잎 모양과 색깔 ⑥ 나무껍질의 특징 ⑦ 가지의 굵기 ⑧ 나무의 나이 등 나무에 대한 내용을 스케치와 함께 노트나 카드에 적어 둡니다. 이렇게 적은 것 외에 실물 표본을 따로 붙여 두면 더욱 참고가 됩니다. 이런 기록이 자연 관찰의 기초가 됩니다.

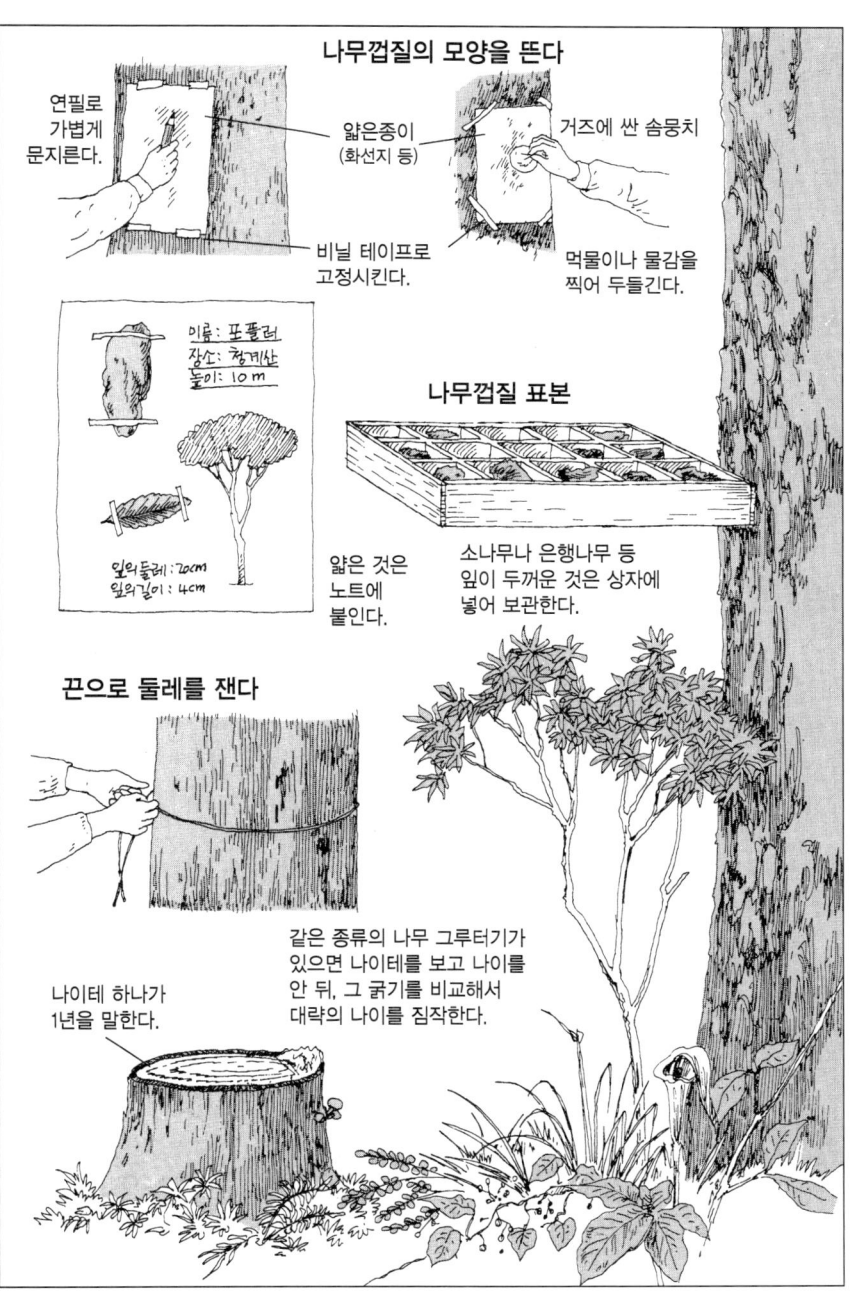

가까운 교외로 나가자

땅 위, 풀 사이, 잎의 뒷면, 꽃 주위 등을 살펴서 곤충을 찾아냅니다.
어떤 종류의 곤충이 있나요? 알이나 애벌레도 있는지 살펴봅니다.

가까운 곳의 나무 관찰

단짝 나무를 하나 정하고 기록을 해 나가자

자연 관찰을 해 보면 새로운 장소에서 처음 보는 생물을 만났을 때도 즐겁지만 자기가 평소 잘 알고 있다고 생각하던 생물이 계절이나 시간에 따라 새로운 모습을 보여 줄 때가 더욱 놀랍고 신기합니다. 학교에서 친구를 만나면 '무슨 좋은 일 있었어?' 하고 인사하듯이 자연에 대해서도 다정하게 대하거나 주의해서 살피지 않으면 이러한 새 발견은 기대할 수 없습니다. 자주 갈 수 있는 숲이나 산에 단짝 나무를 정하고 사귀도록 합니다. 적어도 한 달에 한 번은 그 친구를 만나서 스케치를 합니다. 지난번과 잎이 어떻게 달라졌는지, 나무를 찾아오는 곤충이 바뀌지는 않았는지, 어떤 새가 오는지 등을 관찰합니다. 그리고 나무가 제일 싱싱하게 자라는 봄철, 즉 4~5월에는 한 주에 한 번 정도 가서 돋아나는 새 잎의 귀여운 모습을 기록합니다.

잎이나 꽃이 하루 중 어떻게 달라지는가

동물은 밤에 자는데 식물들도 밤에 잘까요? 잔다면 어떻게 잘까요? 밤에도 낮에 핀 꽃이 그대로 있을까요? 밤에 피는 꽃은 없을까요? 이런 것들이 궁금해질 때가 있을 것입니다. 이럴 때 단짝 나무가 있어야 가서 볼 수가 있습니다. 밤이면 잎을 오므리는 식물로는 자귀나무가 있습니다. 그런데 식물 가운데는 밤뿐 아니라 낮에도 자세히 보면 양달과 응달에서 벌어진 잎의 모양이 다르다는 것을 알게 됩니다. 칡이나 토끼풀이 그렇습니다. 햇빛이나 기온의 변화에 식물은 아주 민감합니다. 식물은 자기 힘으로 움직이지 못한다는 생각이 얼마나 잘못된 생각인가를 새삼 깨닫게 될 것입니다. 풀과 꽃이 하루에 어떻게 그 모양을 바꾸는가를 스케치해 봅니다. 아침에서 밤까지 언제 꽃이 피고 지는지 관찰하고 적어 둡니다. 한 나무가 1년을 두고 어떤 식으로 달라지는가를 기록해 두면 역시 계절 따라 바뀌는 모습을 알 수 있는 귀중한 자료가 됩니다. 다만 제일 중요한 것은 계속해서 꾸준히 하는 것입니다. 그러려면 가까이에 단짝 나무가 있어야 합니다.

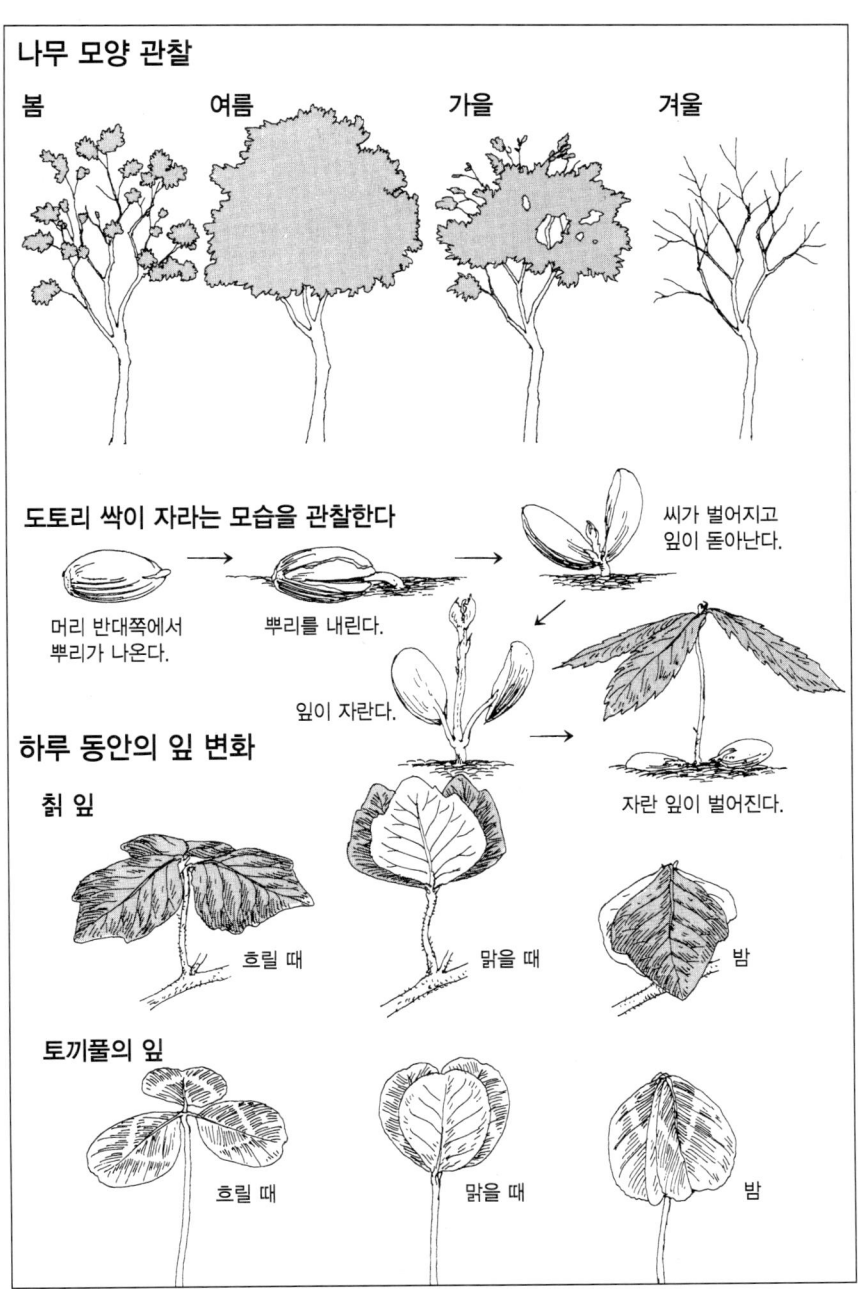

겨울철 관찰 요령

겨울철에는 나무 모양이 드러나 보입니다. 잎에 가려 볼 수 없었던 새집과 곤충들이 겨울을 지내는 모습을 관찰합니다.

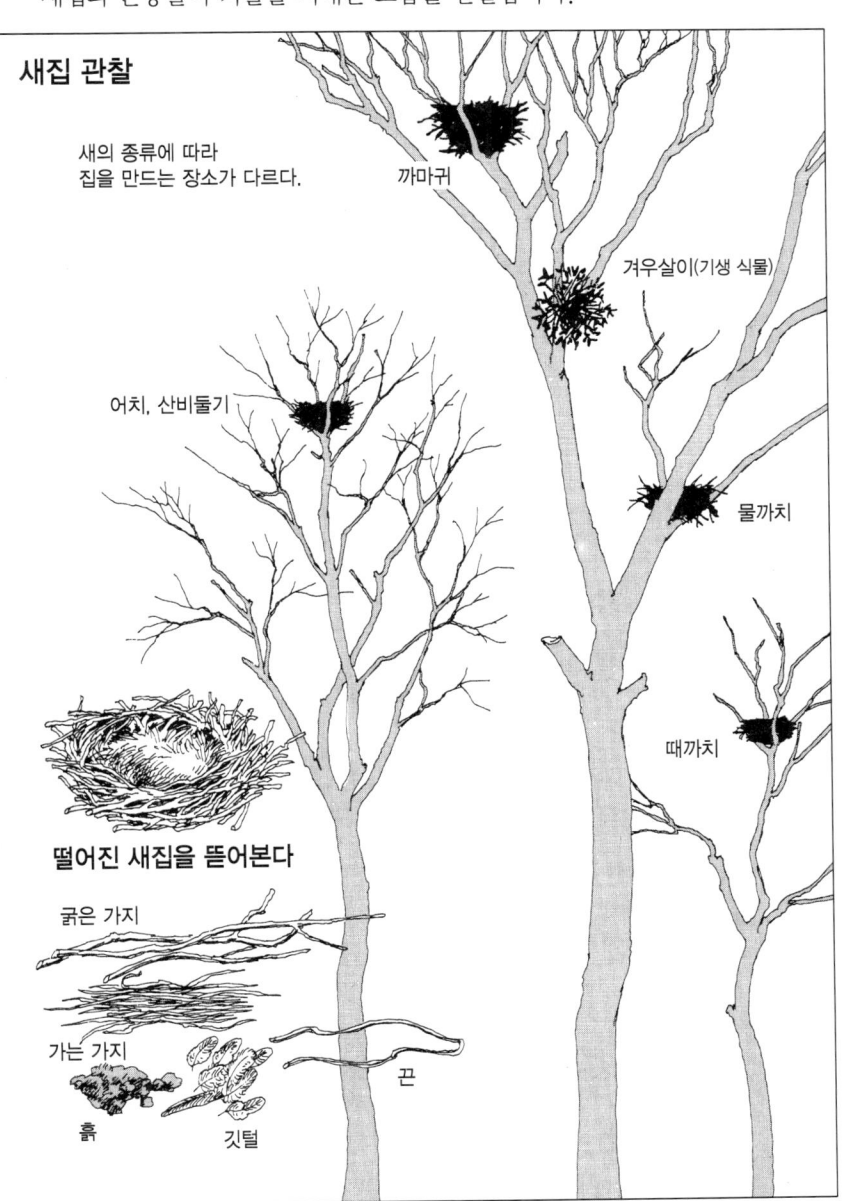

새집 관찰

새의 종류에 따라 집을 만드는 장소가 다르다.

까마귀

겨우살이(기생 식물)

어치, 산비둘기

물까치

때까치

떨어진 새집을 뜯어본다

굵은 가지

가는 가지

흙

깃털

끈

겨울에 볼 수 있는 새

겨울에는 새 모습을 잘 볼 수 있습니다. 나뭇잎이 없어서 가리지 않으며 또 먹을 것이 없으므로 사람이 사는 집 가까이 다가옵니다.

가까이에서 들새를 보려면

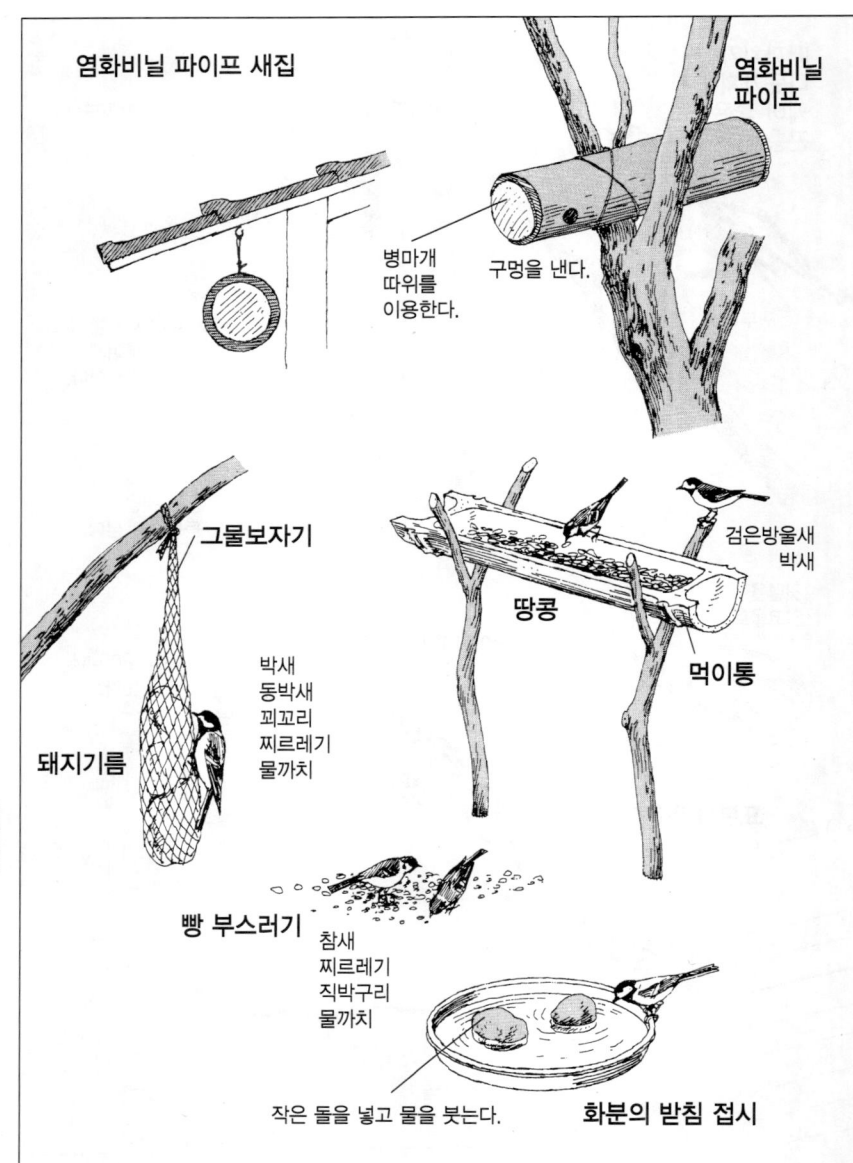

먹이, 물, 새집 등을 준비해서 새를 가까이 오게 하면 들에 나가지 않고도 새의 특징이나 나는 방법을 관찰할 수 있습니다.

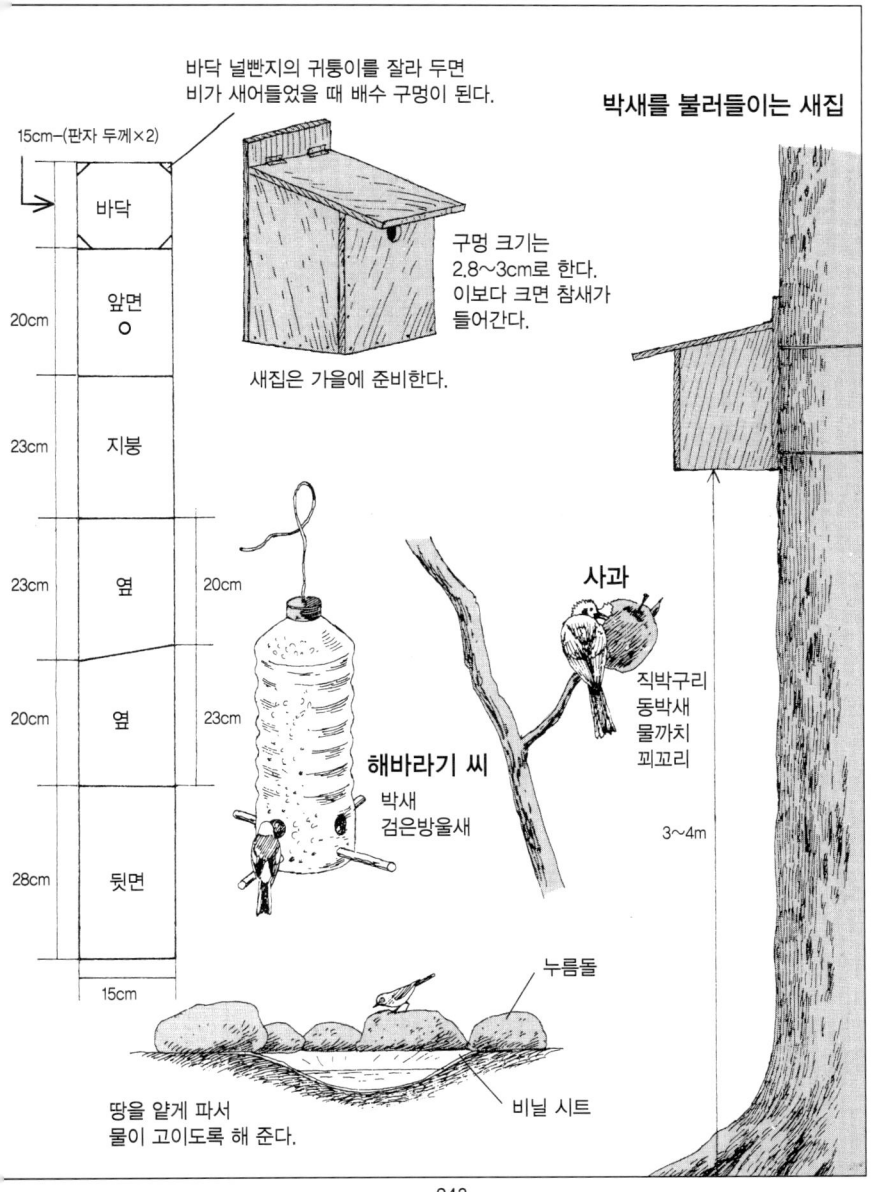

비 올 때 걸어 보자

비를 피하는 생물들

비가 오면 사람들은 우산을 쓰거나 비가 떨어지지 않는 곳으로 피합니다. 다른 생물들은 이럴 때 어떻게 할까요? 새들은, 곤충들은 어떨까요? 비옷을 입고 장화를 신고 밖에 나가 봅니다. 처마 밑이나 나뭇가지 사이에 새들이 몸을 움츠리고 앉아 있지는 않는지요? 그런데 비를 피하고 있는 새도 있고, 전선 위에 꼼짝도 않고 앉아 있는 새도 있습니다. 또 어떤 새는 비가 오기를 기다렸다는 듯이 목욕을 하고 있습니다. 나뭇잎을 살그머니 뒤집어 보세요. 그곳에서 비를 피하고 있는 곤충들이 가끔 있을 겁니다. 거미줄이 있으면 거미가 어디에 숨었는지 찾아봅니다.

비를 반기는 생물들

모든 생물이 비를 피하는 것은 아닙니다. 비가 오기를 기다려 밖으로 나가는 생물도 많습니다. 달팽이, 개구리, 거머리 등이 그렇습니다. 처음 본 장소를 기억해 두고 다음에는 어디로 가는지 계속 뒤쫓아 봅니다.

비가 그친 후에 관찰하기 좋다

비가 한창 내리고 있을 때보다 금방 그친 뒤가 생물들을 관찰하기에 좋습니다. 빗속에서 움직이던 생물들이 어떻게 움직이는지, 나뭇잎 뒤에서 나타나는 것은 어떤 곤충들인지를 관찰합니다. 비를 맞아 먼지 등이 씻기고 나뭇잎과 가지들에 생기가 돌아 아름답게 보입니다. 비 온 뒤의 거미줄이 볼 만합니다. 끊어질 듯 가느다란 줄에 진주 목걸이의 알처럼 매달린 물방울이 햇빛을 받아 반짝이는 모습을 보고 감탄하지 않는 사람이 있을까요? 그런데 같은 거미집이라도 자세히 보면 거미에 따라 그 집 모양이 다릅니다. 거미집 표본을 그림으로 떠 둡니다.

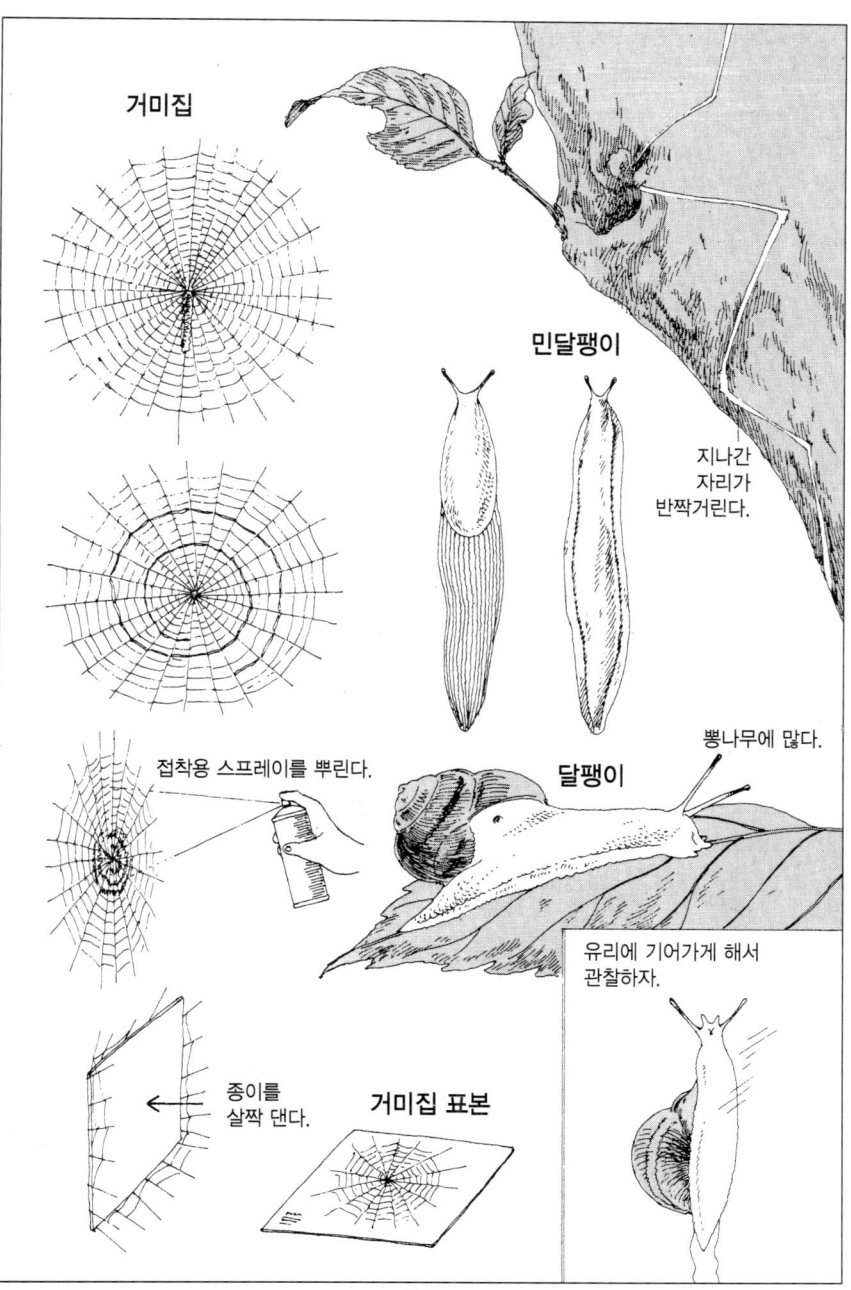

숲 속에 들어가 보자

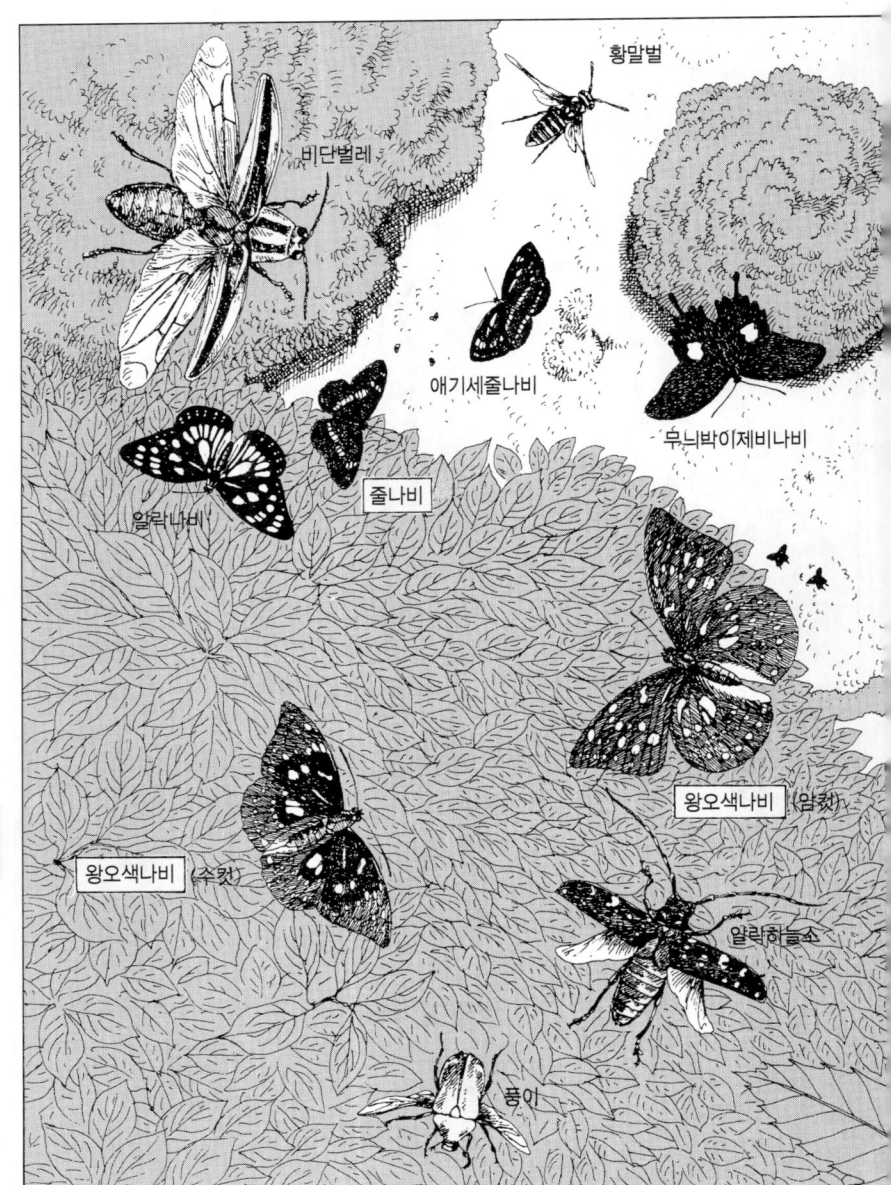

곤충은 그 종류를 아는 것뿐만 아니라 사는 환경을 아는 것이 중요합니다. 볕이 닿는 곳인지, 그늘진 곳인지 등을 함께 기록해 둡니다.

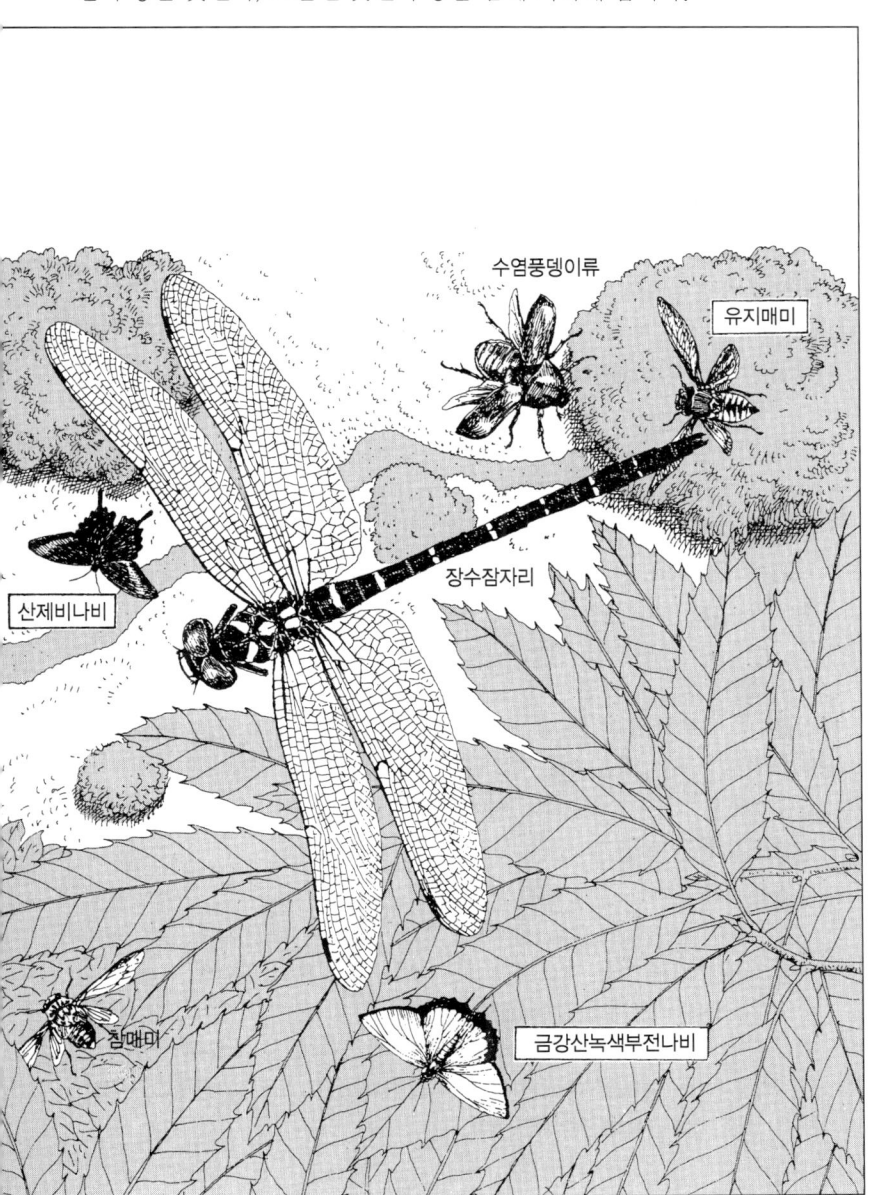

낙엽을 모으자

가을이 되면 왜 잎이 떨어질까

그것은 다가올 추운 겨울을 넘기기 위해서입니다. 잎은 뿌리에서 빨아올리는 물과 공기 안에 있는 이산화탄소, 그리고 태양 에너지의 힘으로 포도당을 만듭니다. 그런데 겨울에는 차갑고 건조한 흙으로부터 뿌리가 수분을 빨아올리기가 쉽지 않습니다. 더욱이 잎에 해가 닿는 시간이 짧아지므로 잎 속에서 이뤄져야 할 광합성 작용이 둔해집니다. 가지에서 잎으로 수분이 이동하기도 어려워지고 또 잎에서는 수분이 자꾸 증발해서 항상 모자라게 됩니다. 그래서 잎을 아예 떨어뜨려 나무 전체의 생명을 유지하는 것입니다.

상록수도 잎이 떨어진다

'상록수'는 언제나 푸르고 겨울에도 잎이 떨어지지 않는 것이라고 우리는 알고 있습니다. 맞는 말이기도 합니다. 그런데 상록수는 낙엽수처럼 가을에 잎이 반드시 떨어지는 것은 아니지만 한평생 처음의 잎을 간직하고 있다는 이야기는 아닙니다. 상록수도 오래된 잎은 떨어집니다. 다만 잎이 넓은 상록수는 겨울이 되면 잎이 두꺼워지고 표면에 방수층(큐티클 층)이 생겨서 수분 증발을 막습니다. 바늘같이 뾰족한 잎을 가진 상록수(소나무 따위)는 잎의 표면적을 작게 만들고 양초 같은 물질로 표면을 씌움으로써 적은 수분으로도 생명을 유지할 수 있습니다.

잎으로 표본을 만들자

낙엽을 주워 봅니다. 낙엽수나 상록수의 잎은 모양, 두께, 잎맥(잎에 분포하는 수분이나 양분의 통로) 등 생긴 모습이 저마다 다릅니다. 잎을 탁자 위에 올려놓고 종이를 대고 연필로 그 위를 문지르면 잎맥의 모습을 뜰 수가 있습니다. 잎에 물감을 칠할 때는 될 수 있는 대로 실제 색깔에 가까운 색을 고르면 좋습니다. 물감은 진하게 풀어야 잎 모양이 뚜렷합니다. 이렇게 뜬 것이나 책갈피에 넣어 말린 잎으로 노트를 만들고 이름, 채집 장소, 날짜 등을 써 넣습니다.

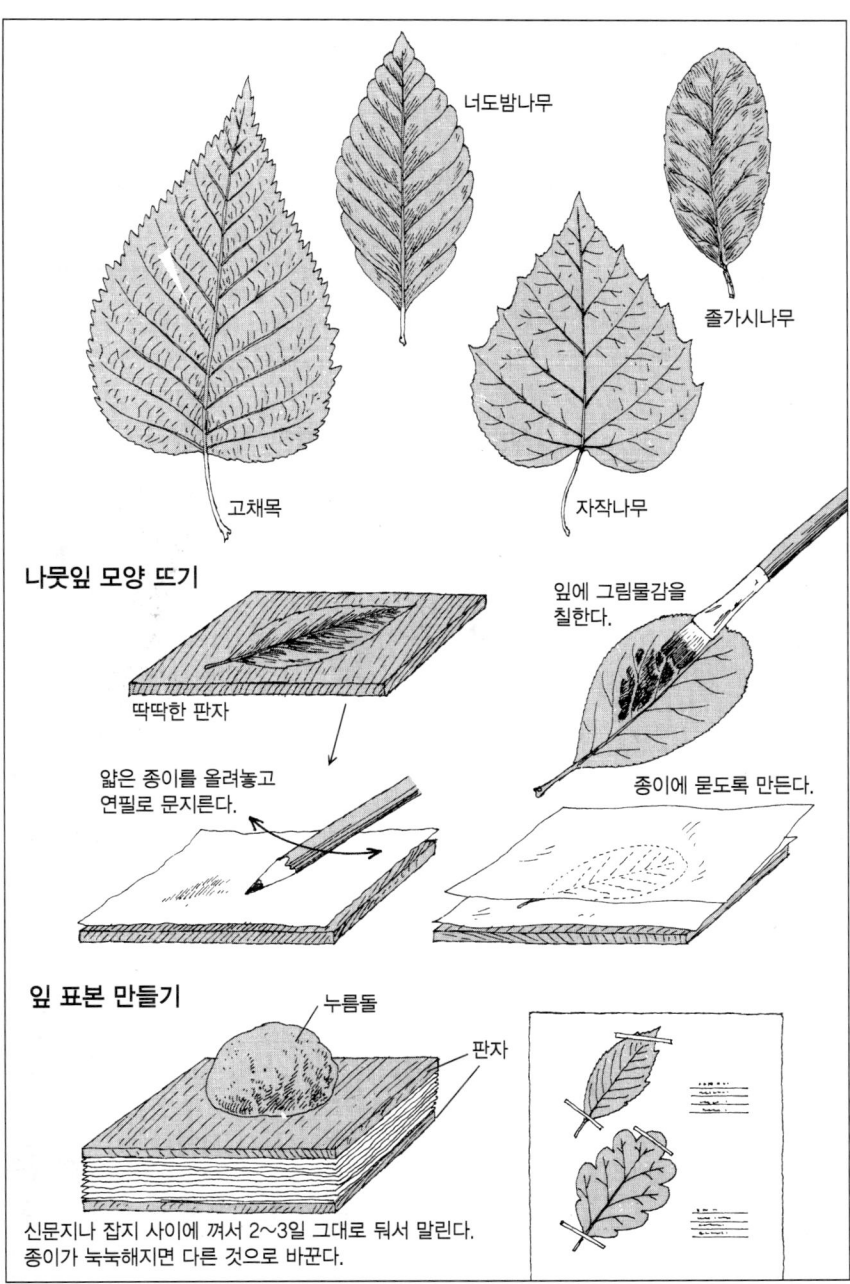

나무 열매를 찾아보자

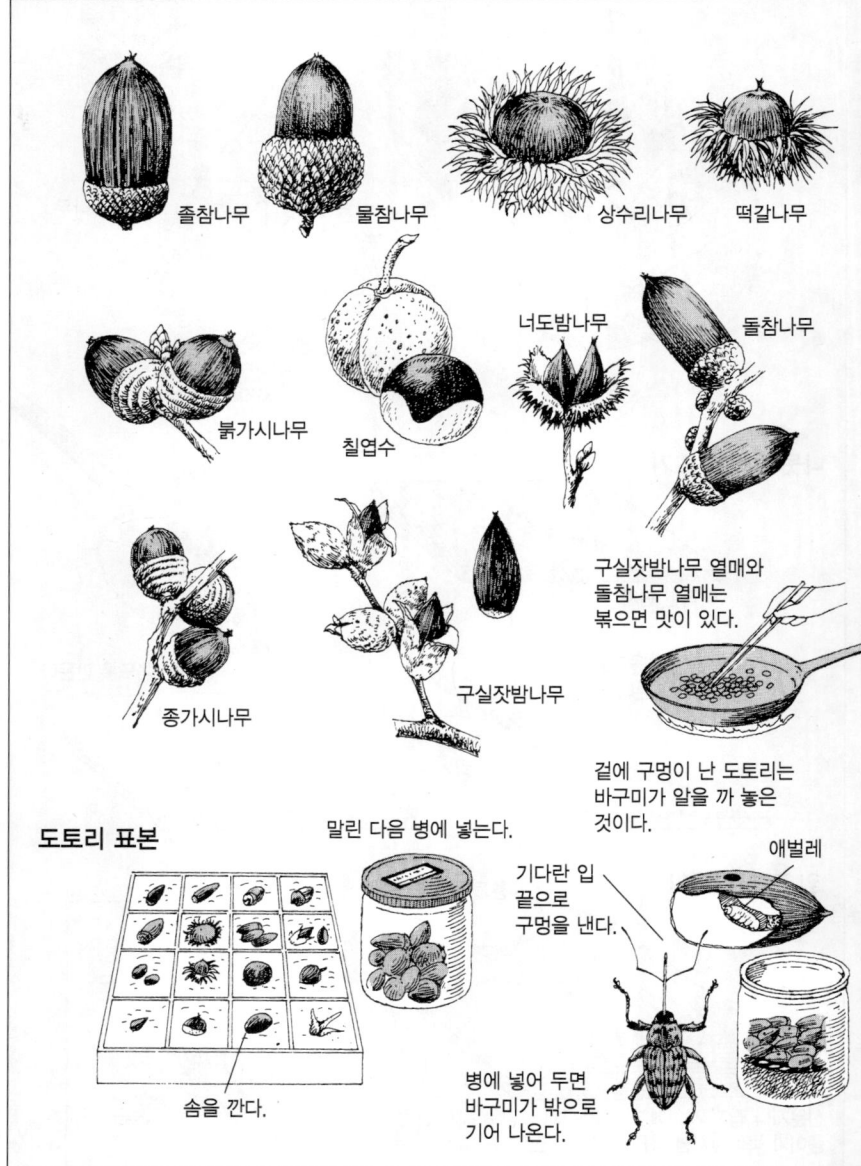

숲 속에서 도토리나 솔방울 등 나무 열매를 찾아봅니다. 종류에 따라 열매 모양이 다릅니다. 스케치를 하거나 표본을 만들어 봅니다.

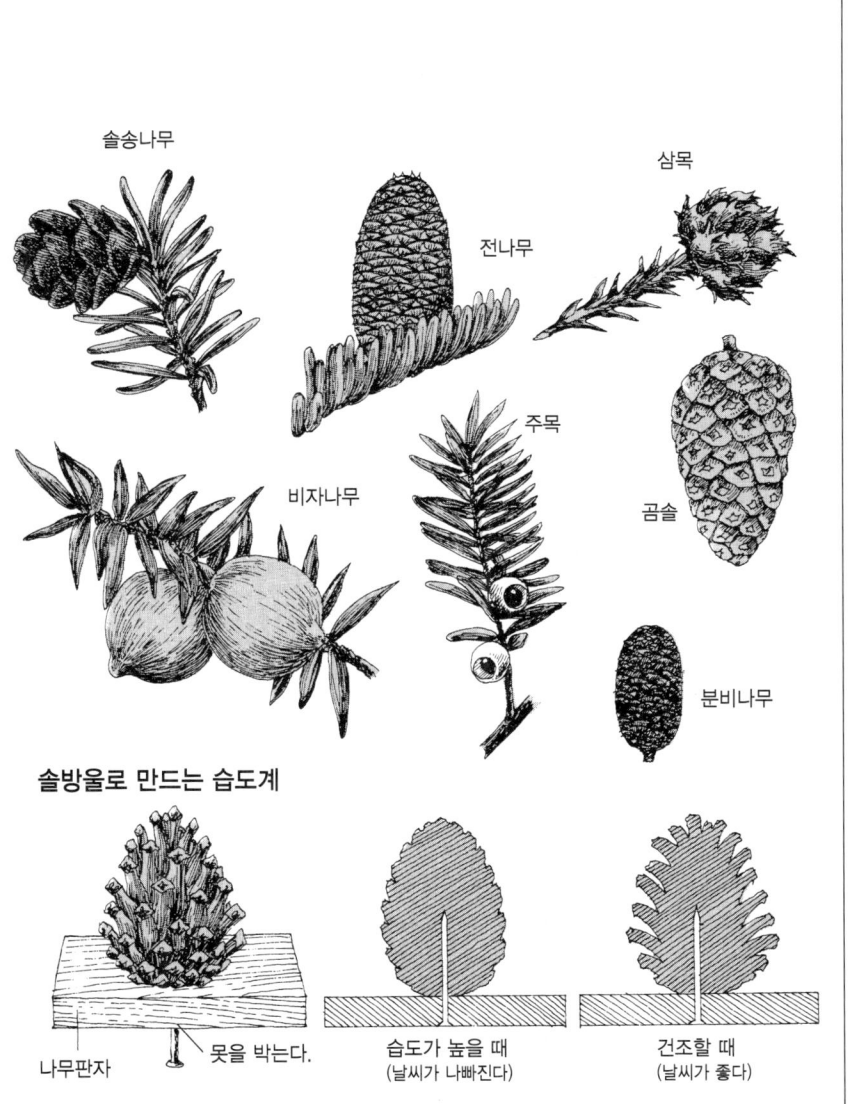

곤충들의 집

이상하게 생긴 나뭇잎을 찾자

먼저 눈높이에 있는 잎들을 자세히 보며 걸어갑니다. 다음은 그보다 조금 위쪽을 보며 같은 장소를 걸어옵니다. 찢긴 것 같은 잎, 혹이 달린 잎, 흰 줄이 그어진 잎 등 보통 잎과 다른 잎이 혹시 있나 찾아봅니다. 이들은 곤충이 자기 새끼(애벌레)를 위해서 만든 집입니다. 잎 속에 알을 낳고 밖으로부터 오는 적의 눈을 속이기 위한 것인데, 나중에 새끼가 알에서 깨어나 애벌레가 되면 잎을 먹고 자랍니다. 식물 입장에서는 괴롭겠지만 봄부터 여름까지 수많은 곤충들이 이처럼 잎을 자기 집으로 삼고 태어납니다.

곤충의 자극으로 혹이 생긴다

흰색으로 선을 그은 것 같은 부분은 나방 애벌레가 먹은 자리입니다. 자세히 보면 선의 굵기가 달라지는데 애벌레가 조금씩 커 간 증거입니다. 혹을 만드는 것은 소나무왕진딧물, 밤나무왕진딧물 등입니다. 곤충이 잎맥이나 싹에 알을 낳으면 알이 부화되면서 식물의 조직이 자극을 받아 이상한 모습으로 일그러지거나 부풀어 오르는데, 이것을 '벌레혹'이라고 부릅니다. 벌레혹을 하나 따서 세로로 잘라 보면 애벌레나 번데기가 나옵니다. 그대로 두어 여름이 되면 날개가 생기고 어른벌레가 됩니다.

봄에서 초여름까지 거위벌레를 관찰하자

나뭇잎을 집으로 삼고 사는 곤충 가운데 가장 훌륭한 건축가가 거위벌레입니다. 새 잎이 커 가는 5~6월, 연한 잎 가운데를 고르게 자르고 밑부분을 돌돌 맙니다. 그리고 그 속에 알을 낳고 완전 포장을 합니다. 마지막에 말아 놓은 잎 부분마저 잘라서 바닥으로 떨어뜨립니다. 잎에 싸인 알은 다른 낙엽에 섞여 안전하게 자라서 어른벌레가 됩니다. 상수리나무나 졸참나무 잎을 자세히 살펴봅니다.

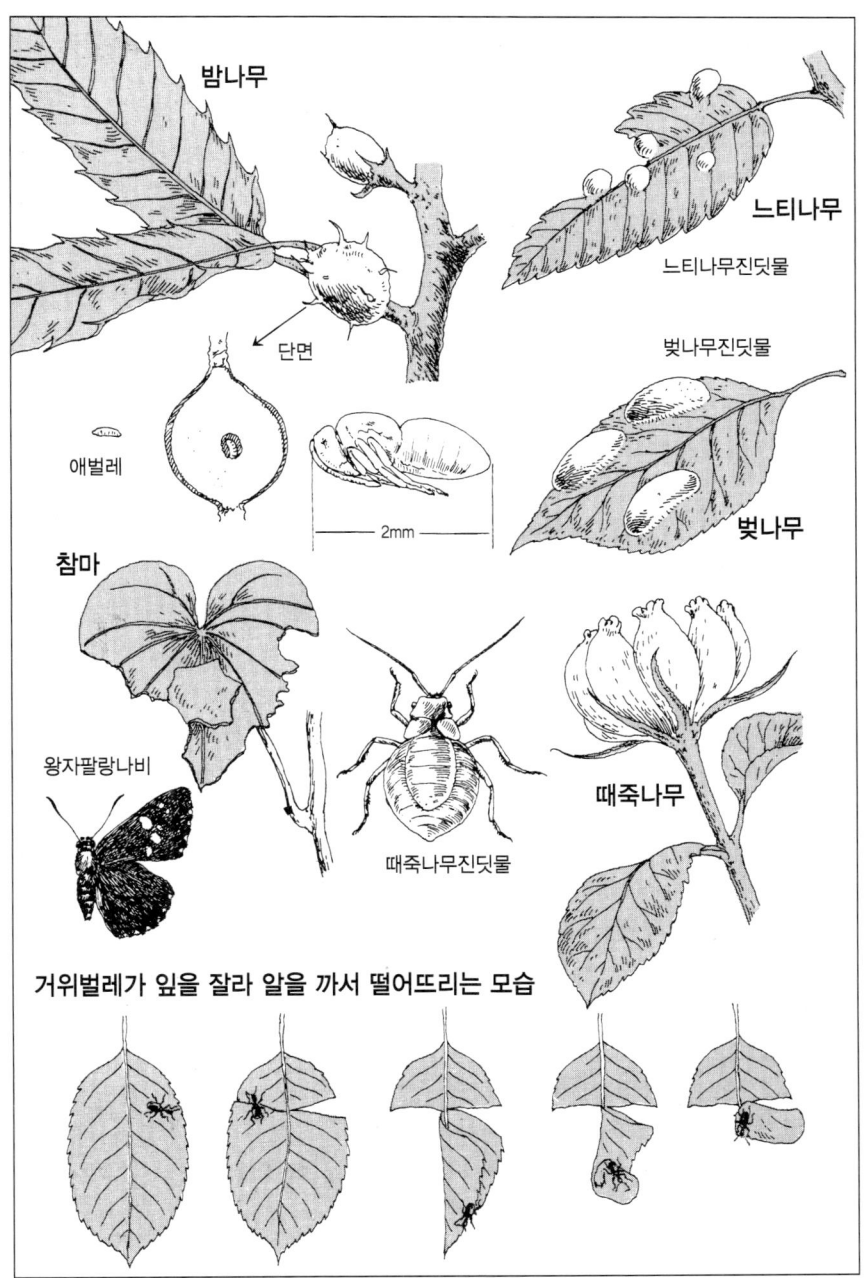

버섯을 찾아보자

버섯은 숲 속에서 일하는 청소부 아저씨

땅 위에는 낙엽도 쌓이고 동물의 시체나 그 밖에 여러 가지 것이 많이 있습니다. 만일 이런 것들이 그대로 언제까지나 쌓여 있게 된다면 지구는 아마 쓰레기장처럼 되어 발 디딜 데가 없을 것입니다. 그러나 이런 것들은 땅속에 사는 미생물이나 곰팡이, 버섯 종류에 의해서 분해되어 흙으로 돌아갑니다. 버섯은 이를테면 숲 속의 쓰레기를 치우는 청소부 아저씨입니다. 우리가 흔히 보는 버섯은 식물로 치면 과실 부분, 즉 번식해 나가기 위한 포자를 한 아름 안고 있는 부분이며, 뿌리는 분해 작용을 맡으며 가는 실오라기 모양으로 땅속에 퍼져 있습니다.

나무에 따라 자라는 버섯이 다르다

버섯은 흙 위, 낙엽 위, 나무 그루터기, 쓰러진 나무 등에서 자랍니다. 그 종류 또한 무척 많으며 이름이 알려진 것만도 1,500가지나 있습니다. 버섯 도감을 들고 산을 돌아다닌다 해도 보이는 버섯마다 이름을 알아내기가 쉽지 않습니다. 그러나 그 버섯이 어떤 나무에 나 있는가를 보면 이름을 찾을 수 있는 범위가 좁혀집니다. 예를 들어 큰우산버섯은 낙엽송 숲에서 흔히 볼 수 있는데, 소나무(육송)나 해송(바닷가에 잘 자람) 숲에서는 볼 수가 없습니다. 버섯에 대해서 알려면 버섯이 나 있는 나무를 먼저 조사하는 것도 하나의 방법입니다.

먹기 전에 먼저 관찰하자

버섯의 종류를 정확히 가려내기는 정말 어렵습니다. 도감에 나오는 사진이나 그림은 가려내는 데 대충 참고가 되고 기준으로 삼을 수 있을 뿐입니다. 그림과 겉모습이 비슷하다는 것만으로 분명하다고 단정 짓고 따서 먹으면 안 됩니다. 버섯에 대해서 잘 아는 사람과 함께 다니면서 만져 보고, 냄새도 맡는 등 식별하는 요령을 배워야 합니다. 그림에서 볼 수 있는 버섯들은 비교적 낮은 산에서 나는 것입니다. 가을에 가까운 산에 가서 버섯을 찾아봅니다.

동물의 발자국을 찾아보자

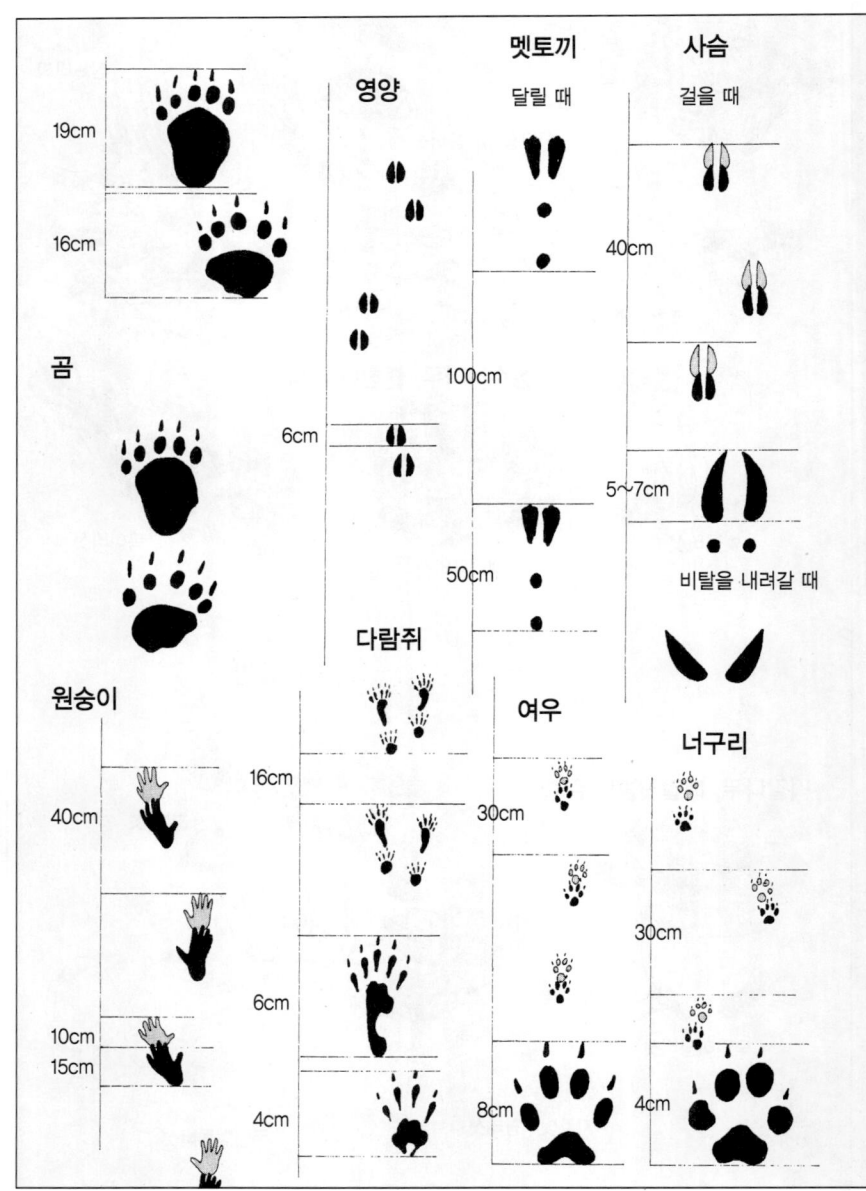

개펄이나 개울가, 논 부근에서 새 발자국을 볼 수 있으며 크기를 재고 스케치도 합니다. 눈 위에 나타난 동물의 발자국을 관찰합니다.

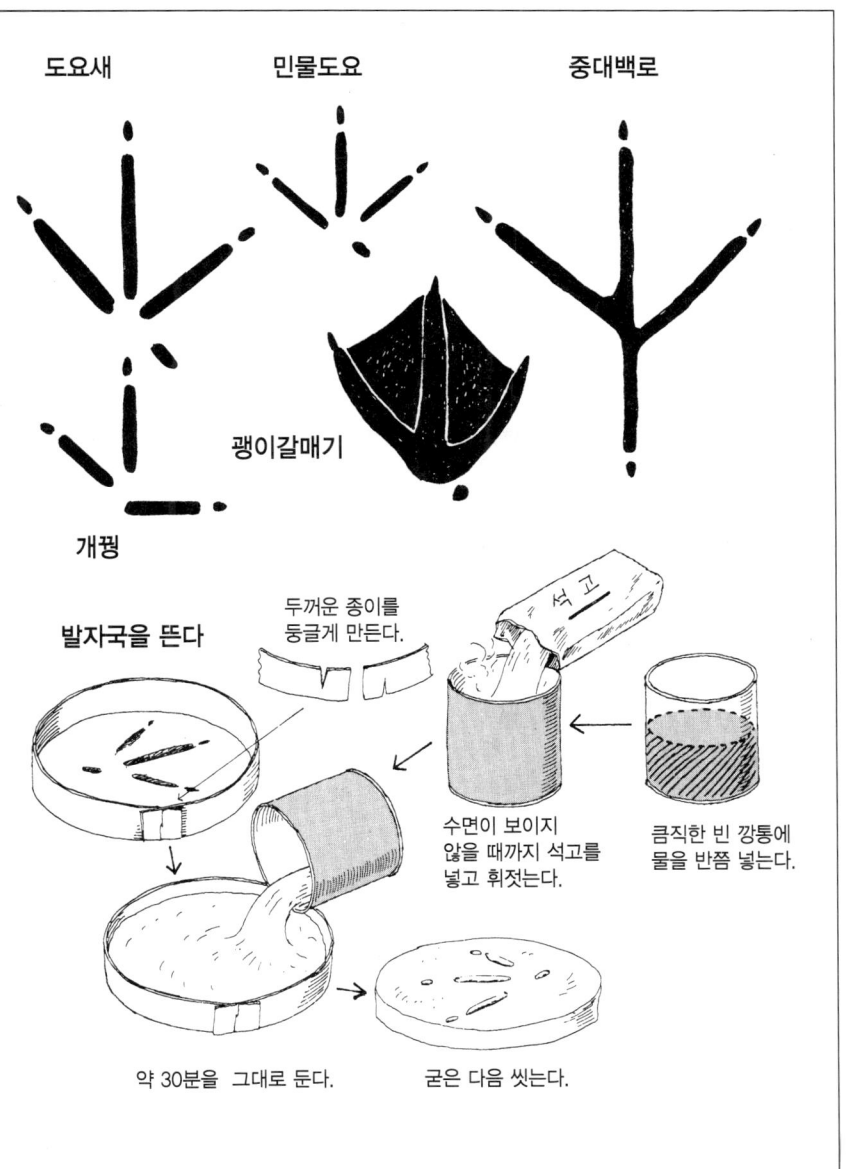

동물의 배설물과 음식 찌꺼기

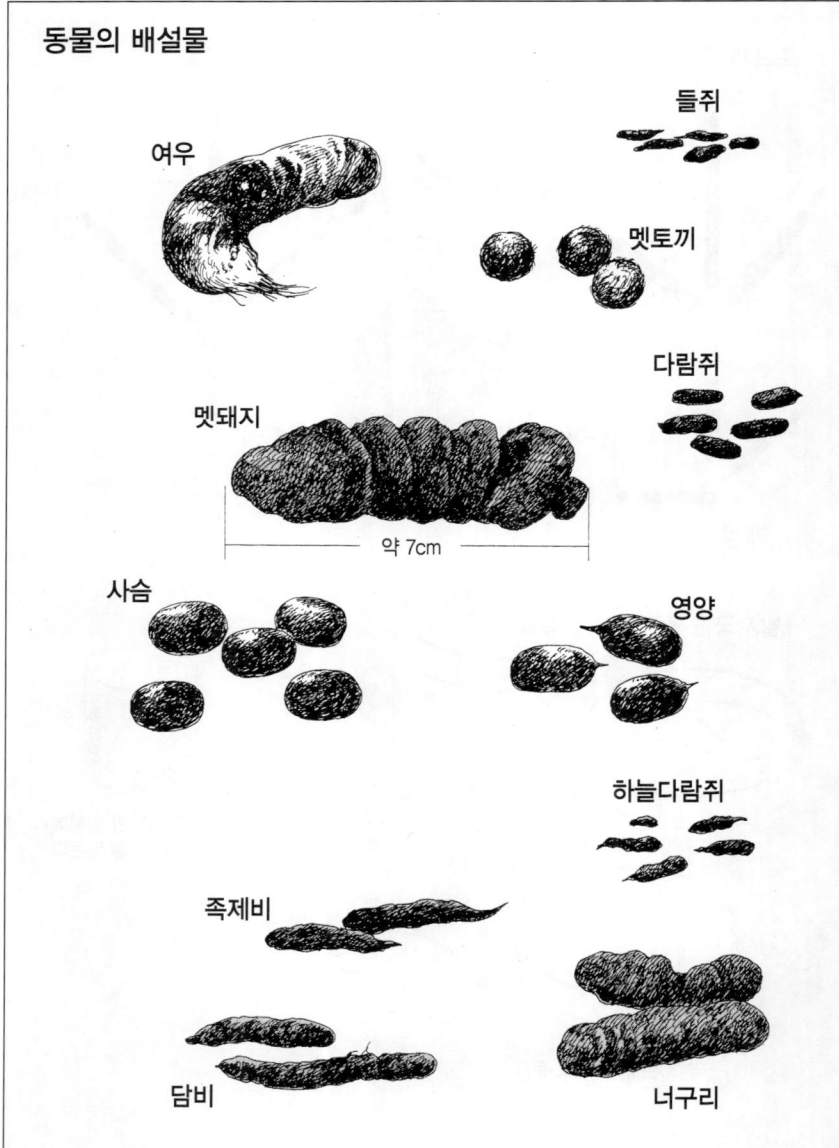

야생 동물은 밤에 돌아다니므로 만나기가 쉽지 않습니다.
그러나 동물들의 배설물을 찾으면 그들의 행동을 알 수가 있습니다.

배설물로 먹은 것을 알아낸다

숲 속에서 볼 수 있는 새

새를 보면 우선 크기와 색깔, 멈추었을 때의 모습을 잘 살핍니다. 대충 스케치를 해 두면 돌아와서 새 이름을 알아볼 때 도움이 됩니다.

높은 산에서 볼 수 있는 새와 식물

높이 2,500m 이상인 산에는 작은 나무들이 많고 특이한 고산 식물도 있습니다. 여름에는 새가 많지만 겨울에는 대부분 따뜻한 곳으로 갑니다.

물가에서 볼 수 있는 새

계절에 따라 종류가 다른 새들이 보입니다. 오리는 겨울에 날아오는 철새입니다. 수컷은 울긋불긋하고 암컷은 수수한 색을 갖고 있습니다.

바닷가에서 볼 수 있는 새

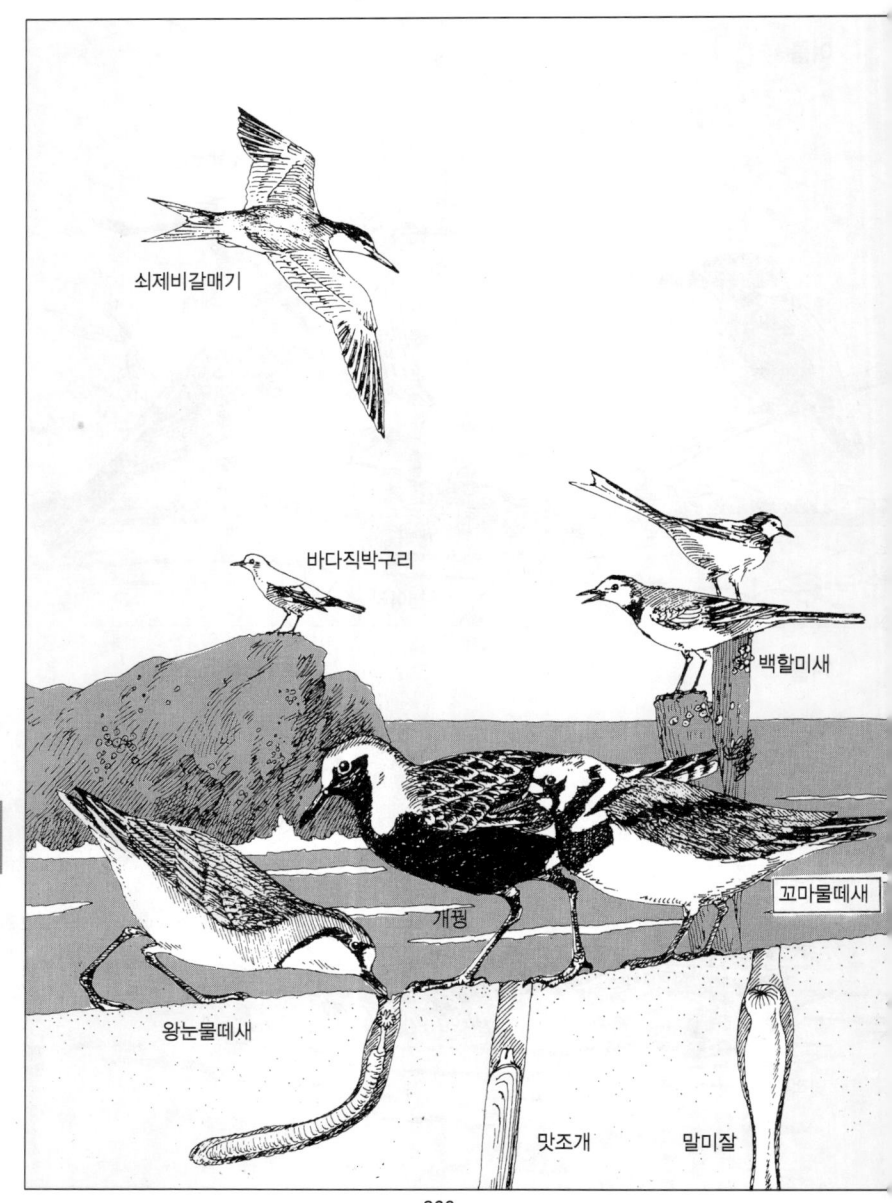

개펄에 사는 조개, 갯지렁이, 게들을 노려 새들이 찾아옵니다.
도요새와 물떼새는 철새인데 4~6월과 8~10월에 볼 수 있습니다.

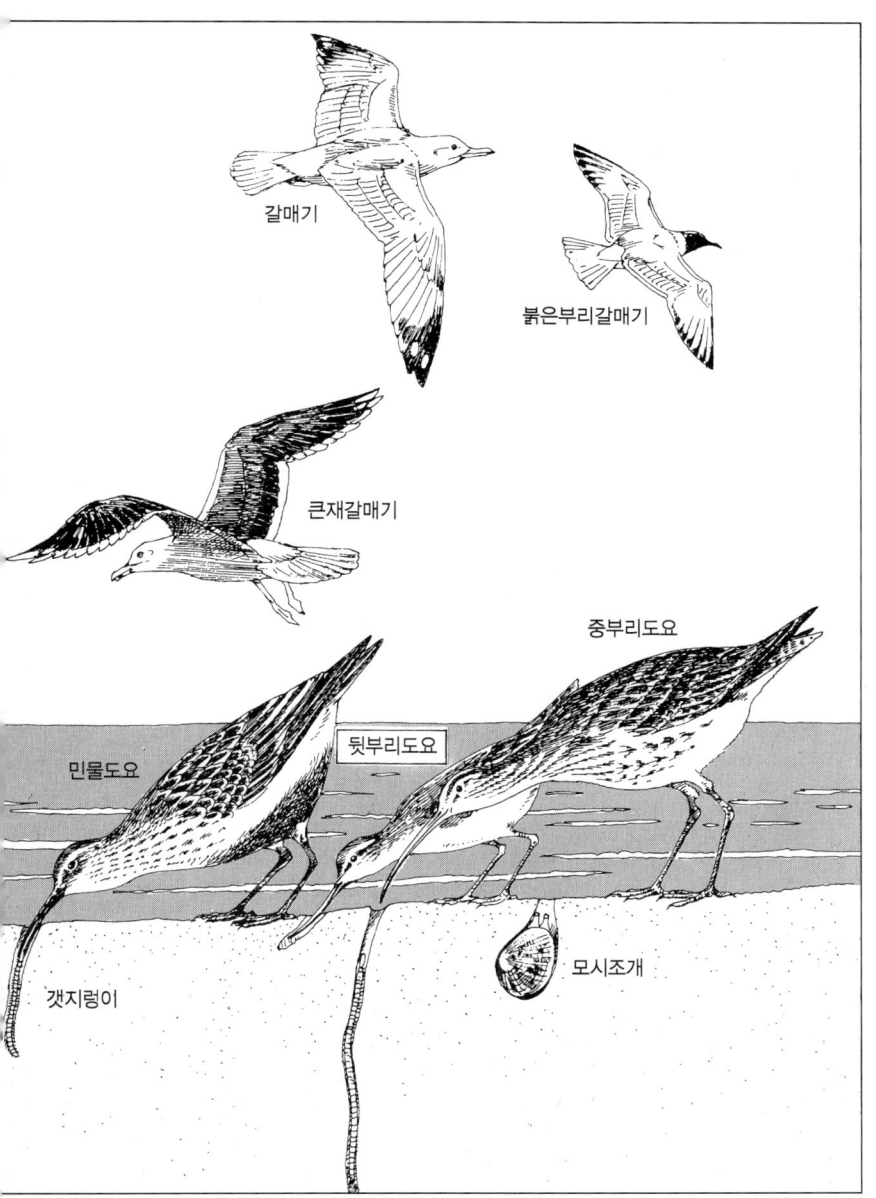

바닷가에서

썰물 때 바닷가는 훌륭한 수족관
바다에는 흔히 볼 수 없는 진기한 생물이 많이 있습니다. 물속에 들어갈 수 있다면 이런 것들을 볼 수 있어 재미있습니다. 스노클(물속에서 호흡을 하기 위한 파이프), 물갈퀴, 스쿠버 등의 장비를 갖추고 하는 스쿠버 다이빙을 배워 두면 이럴 때 참 유익합니다. 꼭 스쿠버 다이빙이 아니라도 썰물 때, 바닷가를 걸어 보면 물이 빠지지 않는 구덩이가 여기저기 있고 그 안에 바다로 들어가지 못한 생물들이 갇혀 있습니다. 이를테면 자연이 만들어 낸 수족관인 셈입니다.

관찰 준비
썰물이 될 때 바다에 생긴 물구덩이에 들어가 물 안을 들여다봅니다. 바위 모서리나 바위에 달라붙은 조개껍데기 따위에 발을 베이지 않도록 신발을 꼭 신어야 합니다. 또 손에는 면장갑을 껴야 안전합니다. 햇볕을 쬐는 대낮이면 모자도 잊지 않아야 합니다. 바닷가에서는 시간이 빨리 지나갑니다. 왜냐하면 관찰할 것이 많고 재미나서 시간 가는 줄을 모르기 때문입니다. 269쪽의 그림처럼 상자 물안경을 만들어 물속을 들여다보면 물속이 잘 보입니다. 안경 몸체는 빈 깡통이나 단단한 종이 상자를 이용합니다.

관찰 요령
작은 고기는 날쌥니다. 그렇지만 온 데 간 데 없다가도 조금만 기다리면 다시 나타납니다. 바위틈을 주의해서 봅니다. 움직일 수 있다면 바위를 살짝 들어 봅니다. 게를 잡을 때는 집게발에 물리지 않게 조심합니다. 등을 꼭 잡으면 게는 꼼짝도 못합니다. 말미잘이나 군소가 있으면 어떻게 움직이는지 건드려 봅니다. 이것들이 뿜어내는 보라색 액체는 해치려는 적을 놀라게 하는 물감일 뿐 독은 들어 있지 않습니다. 관찰하는 데 정신이 팔려 밀물이 되는 것을 모르다가 허둥댈 수 있으니 조심해야 합니다. 그리고 물이 빠지기 시작한 지 2~3시간 지난 뒤가 관찰하기 가장 좋습니다.

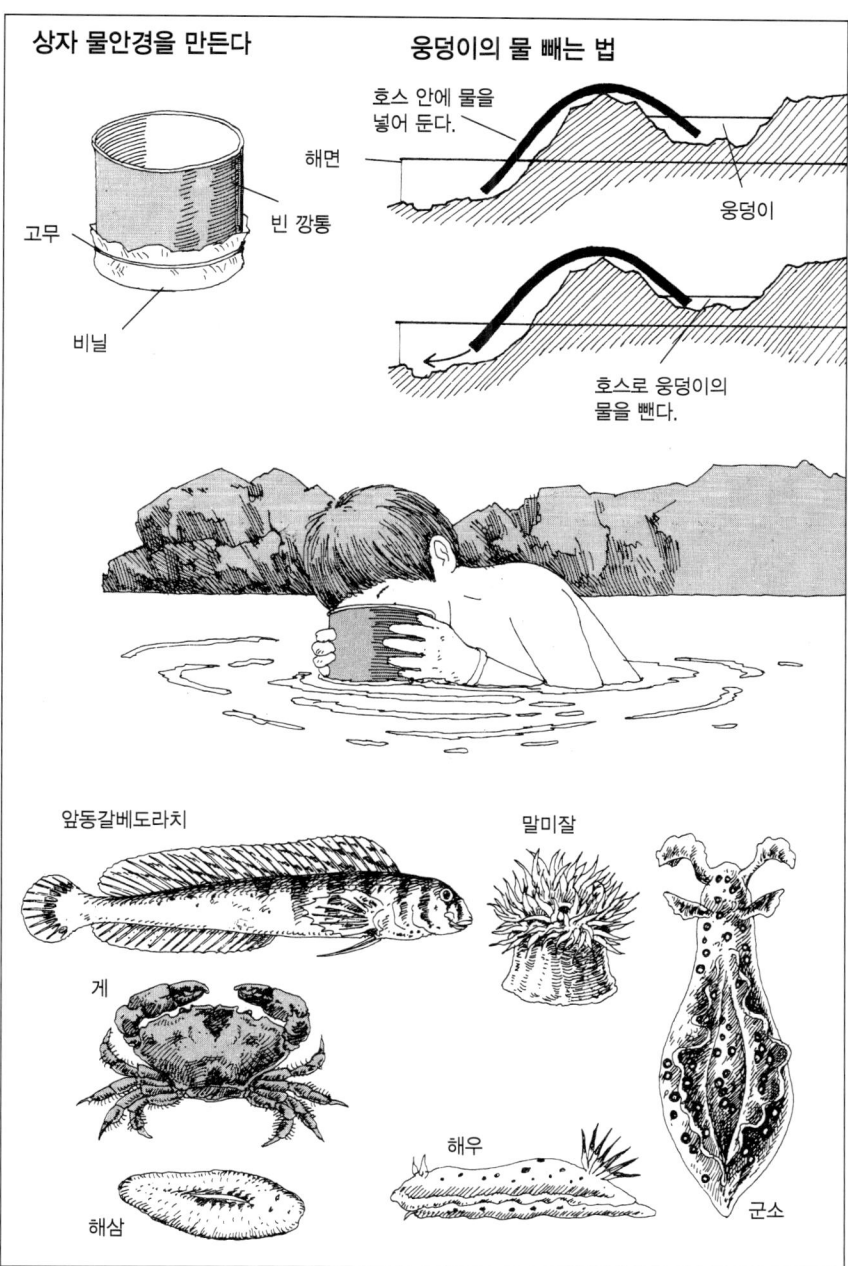

관찰한 것을 기록해 두자

주머니에 넣고 다닐 노트

야외에서 관찰한 내용들은 노트에 적습니다. 그때그때 적지 않으면 시간이 지난 뒤에 제대로 생각나지 않습니다. 아무리 작은 일이라도 또 대수롭지 않게 느껴지더라도 빠뜨리지 말고 꼬박꼬박 적어 둡니다. 노트 크기는 주머니에 들어갈 만한 것이 편리합니다. 연필은 HB에서 2B 사이의 것이 좋고 여분으로 2~3자루를 더 준비합니다. 볼펜도 괜찮습니다. 다만 메모를 하려고 할 때 바로 꺼내서 쓸 수 있어야 합니다. 식물은 그렇지 않지만 곤충이나 새는 가만히 있지 않기 때문에 빨리 스케치하거나 특징을 적어야 합니다.

노트에 적을 사항

날짜, 장소, 날씨는 꼭 적어야 합니다. 함께 간 친구 이름을 적어 두면 나중에 생각나지 않는 일들을 물어 볼 수가 있습니다. 보거나 느낀 것 등 무엇이나 그때그때 적어 둡니다. 먹은 음식, 도중에 일어난 일까지 관찰한 대상 이외의 일들도 적어 두면 어떤 일을 생각해 내는 데 크게 도움이 됩니다.

궁금한 것을 풀어 나가는 즐거움

의문이 생기는 내용들도 노트에 꼭 적어 둡니다. 새, 곤충, 식물 뭐든지 이름을 알 수 없는 것이면 스케치해 둡니다. 그릴 시간이 모자라면 인상에 남는 부분만 그립니다. 그리고 집에 돌아와서 찾아봅니다. 야외에서는 노트 한 면에만 적고 더 적을 것이 있으면 그 다음 장에 기록합니다. 뒷면은 집에 와서 또는 나중에 알게 된 일들을 추가해서 기록하는 데 사용합니다.

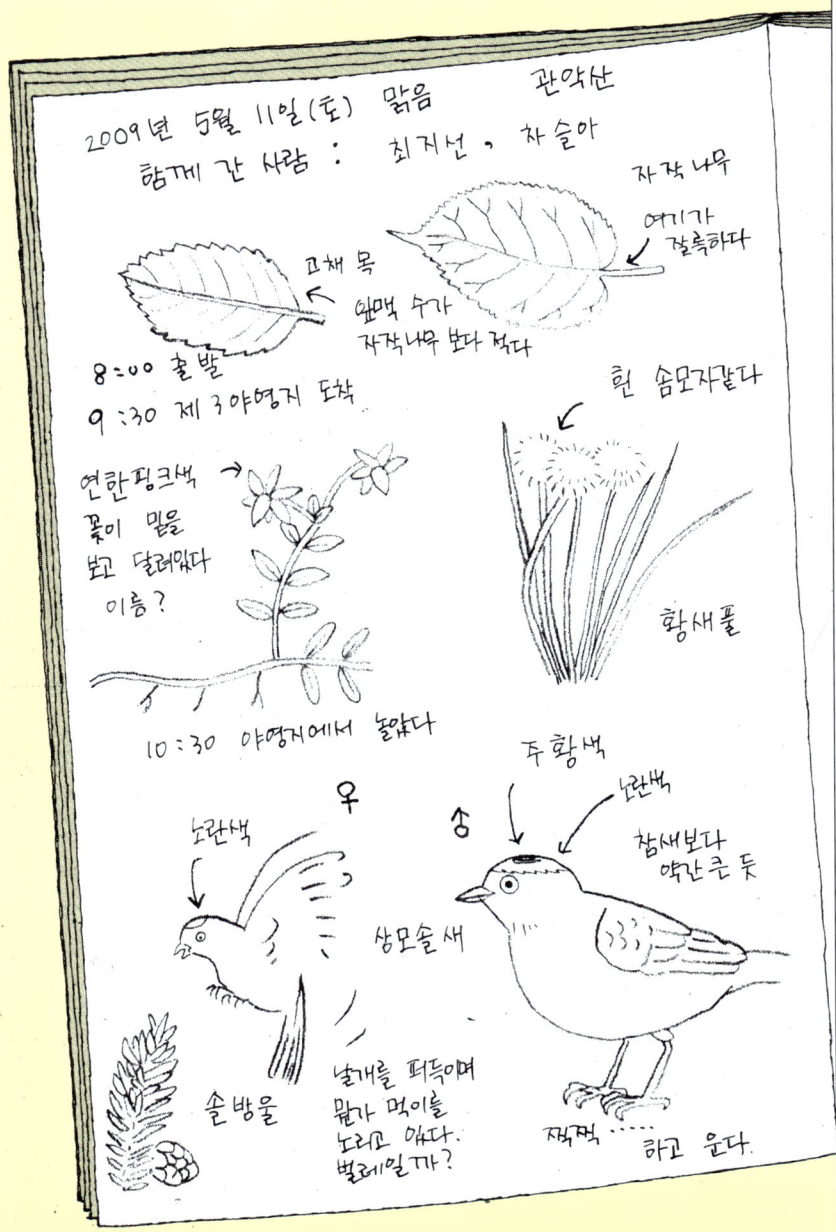

낚시를 하자 1

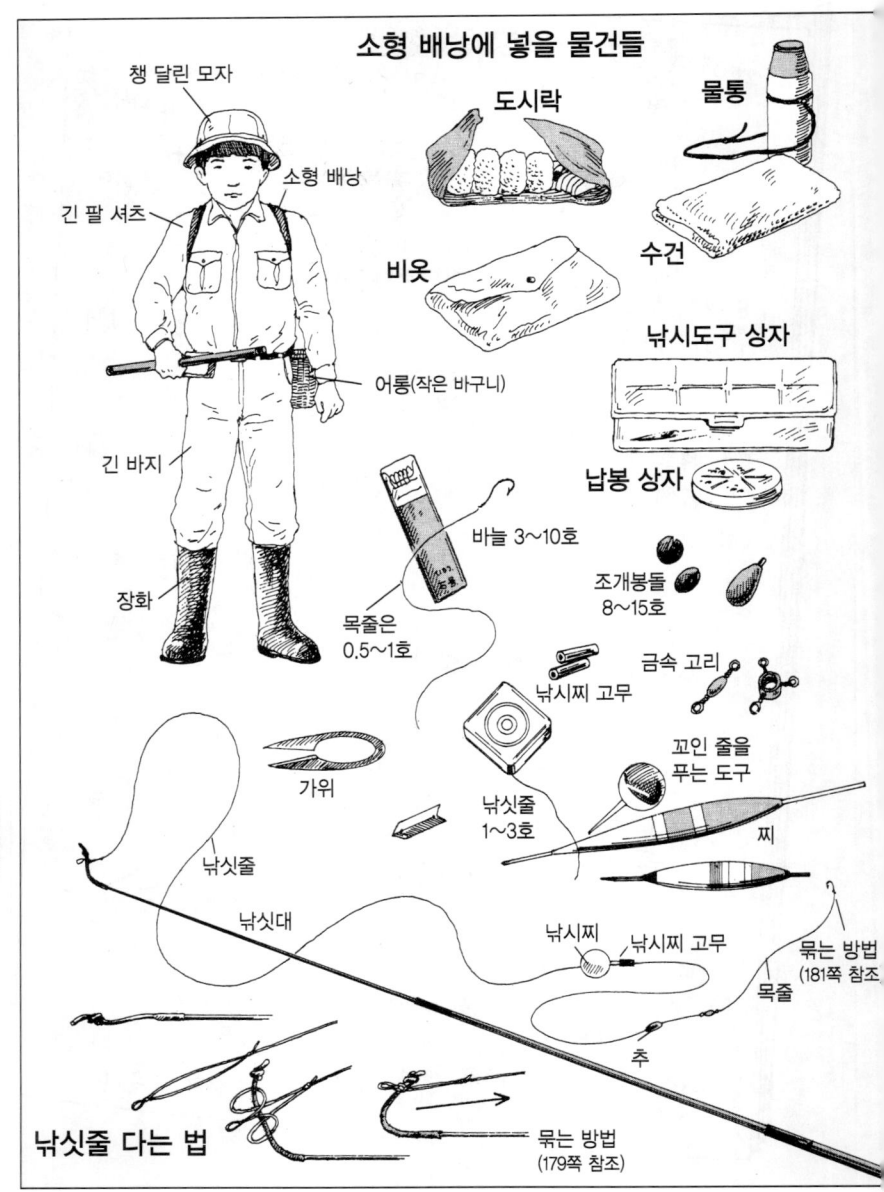

민물낚시부터 해 봅니다. 낚시에서 제일 중요한 것은 고기를 아는 일입니다. 어떤 고기가 어디에 있는지 알아보고 떠납니다.

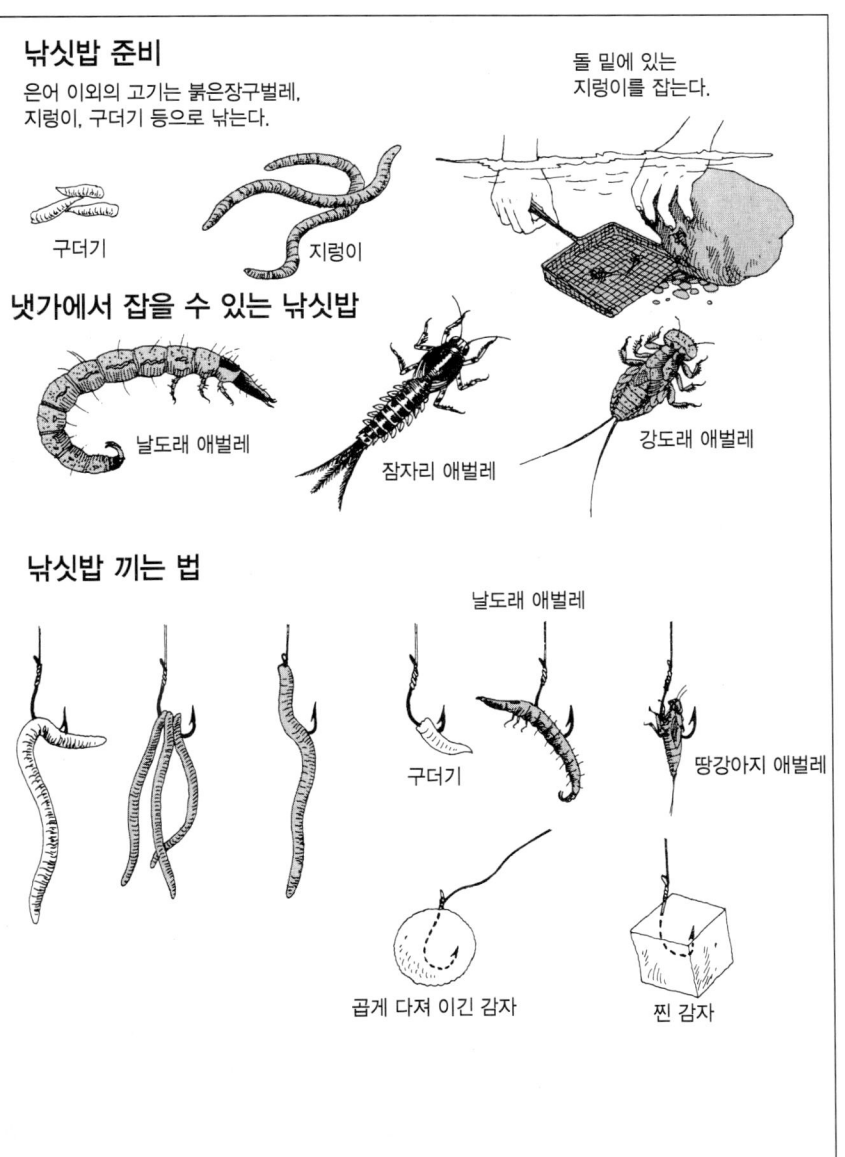

낚시를 하자 2

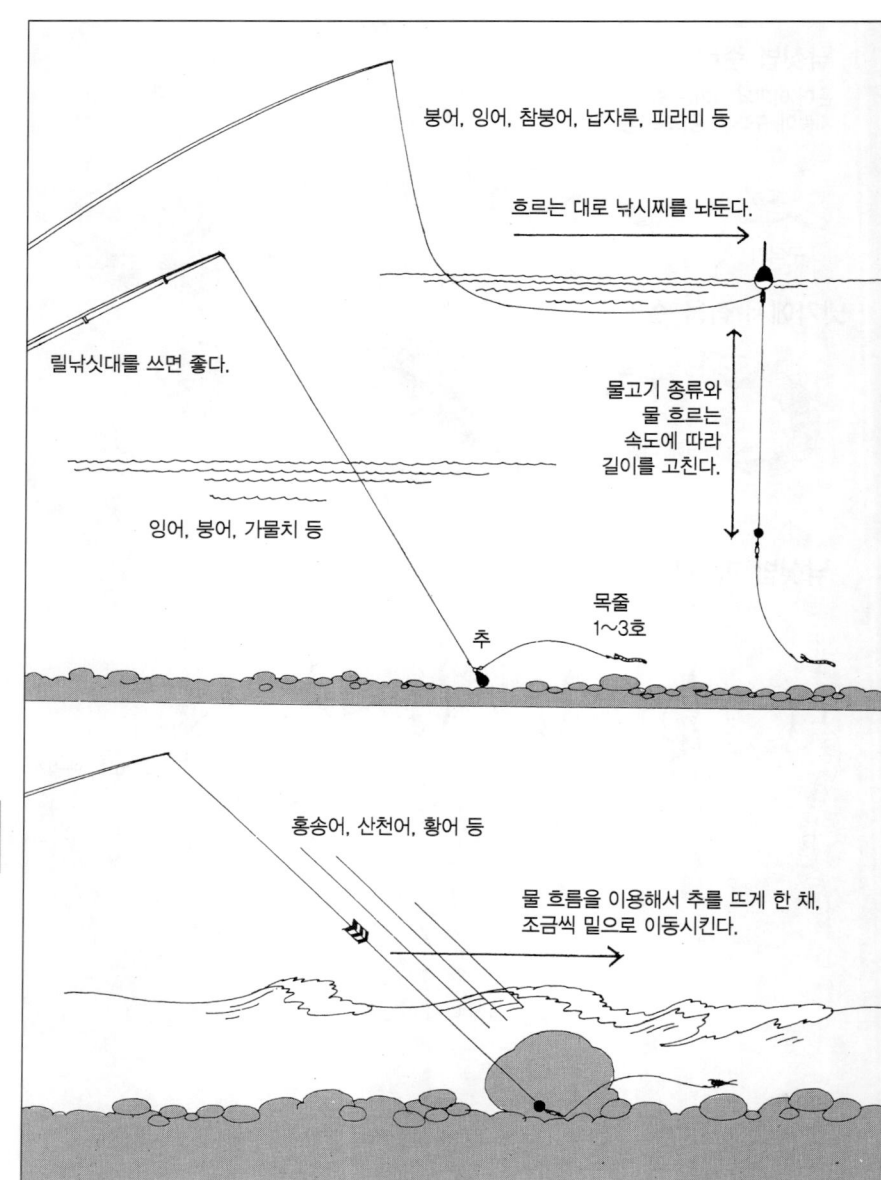

낚시를 잘 하려면 물고기가 있는 곳을 아는 것이 중요합니다.

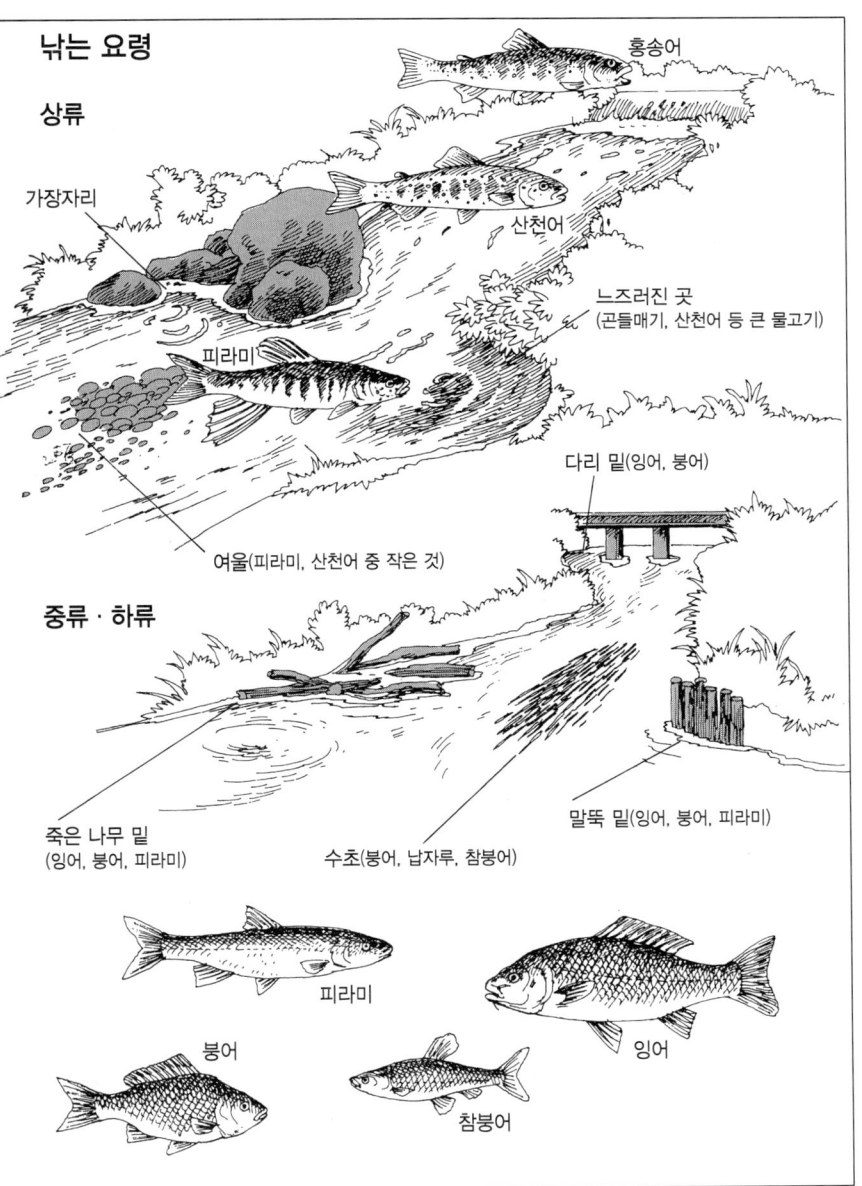

주의해야 할 독초와 독버섯

먹을 수 있을 듯 보이는 독초

투구꽃
뿌리에 지독한 독이 있다. 잎이 두툼하고 윤기가 있다. 먹으면 죽기도 한다.

젓가락나물
꽃이 피기 전 모습이 미나리와 닮았다. 먹으면 구역질이 난다. 잎에 잔털이 나 있다.

미나리아재비
먹으면 목구멍과 위장에 염증을 일으킨다. 씹으면 혀가 짜릿하다.

이것은 독초가 아니다

쌍둥이바람꽃
투구꽃보다 잎이 넓고 윤기가 없다. 먹을 수 있다.

미나리
논이나 밭두렁에 난다. 잎에 털 같은 것이 없으며 독미나리와 모양이 닮았다. 먹을 수 있다.

이질풀
꽃이 피기 전의 미나리아재비와 비슷하다. 줄기에 잔털이 나 있다.

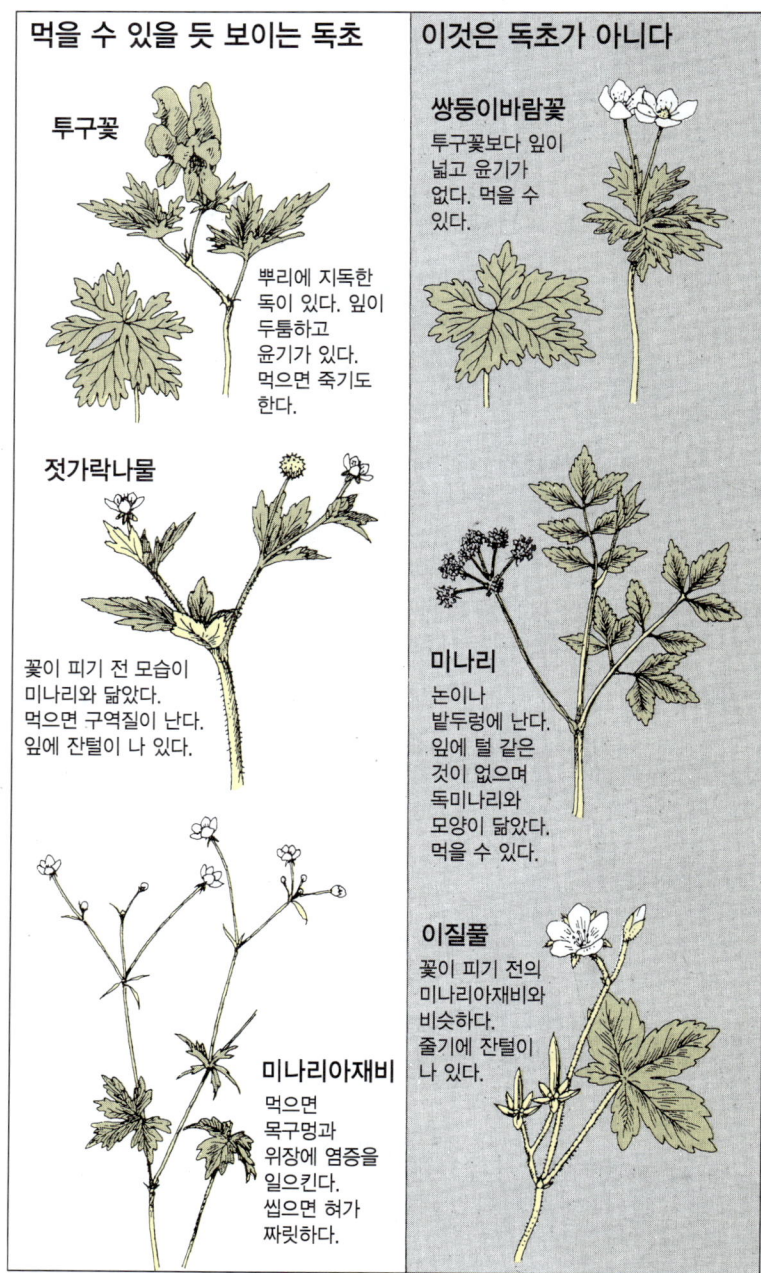

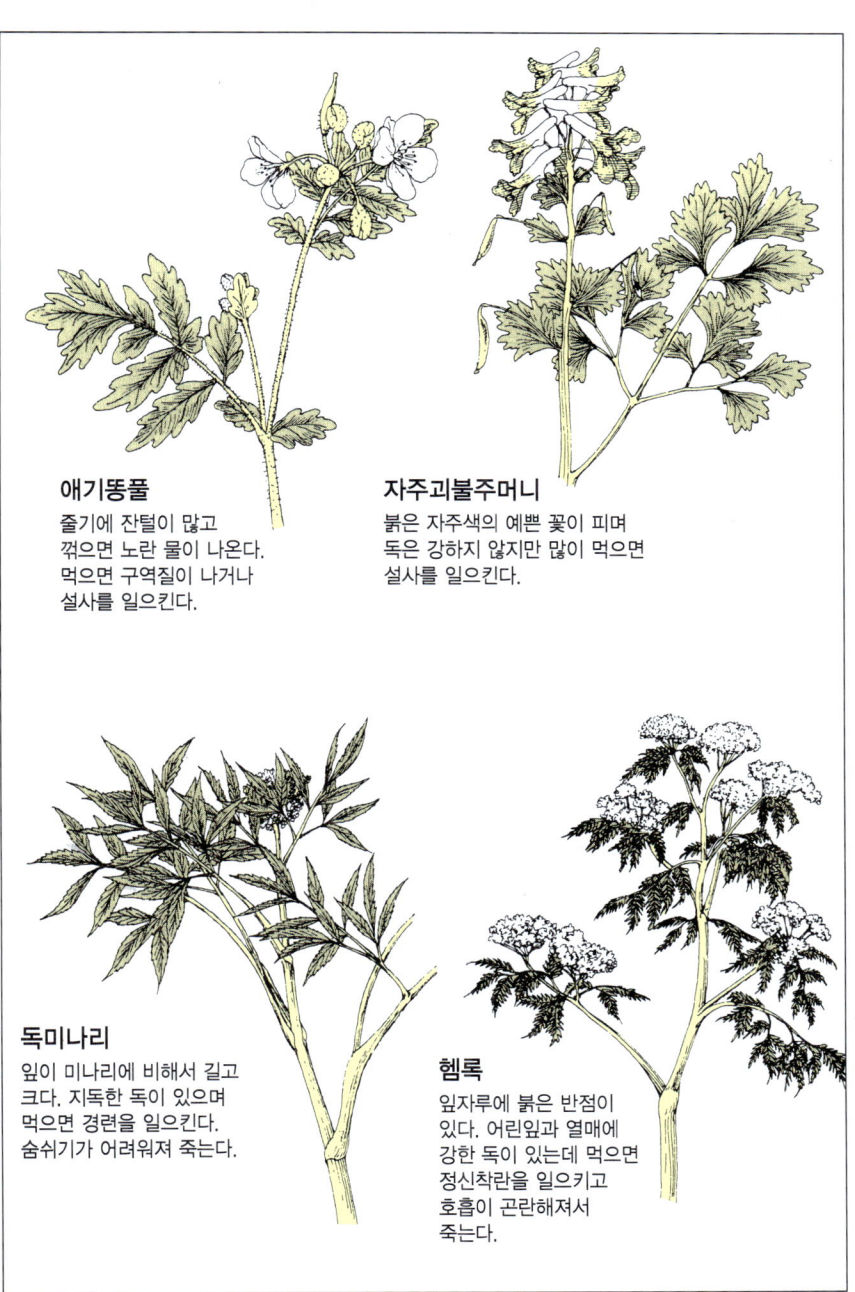

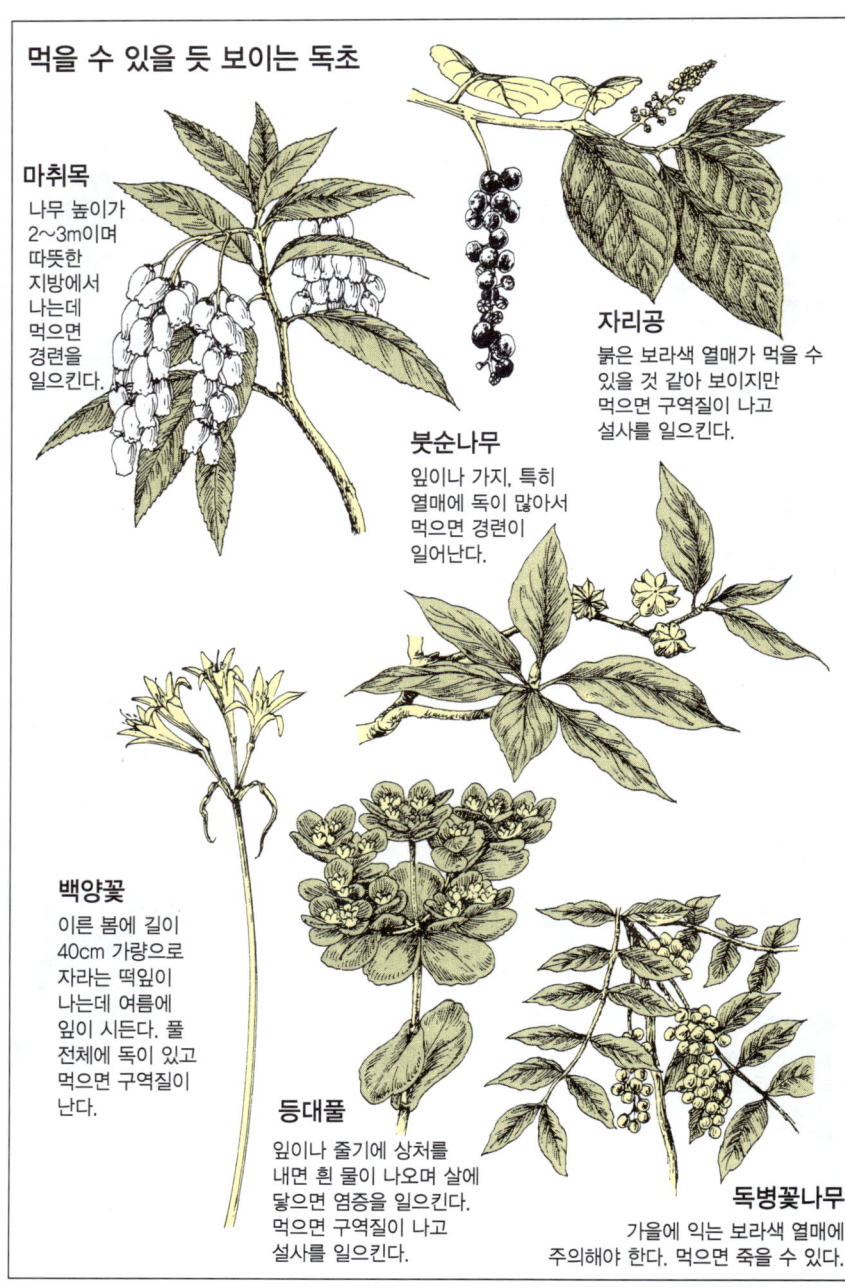

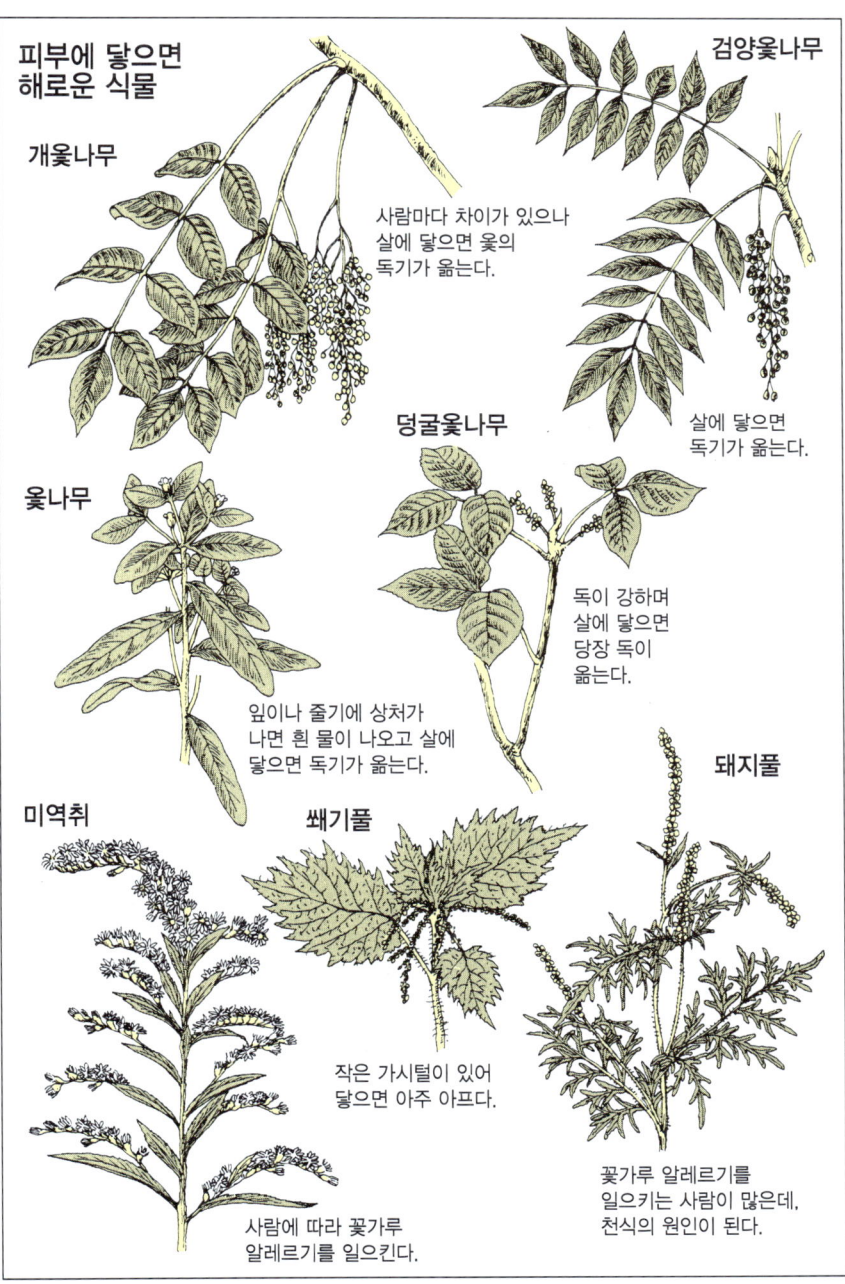

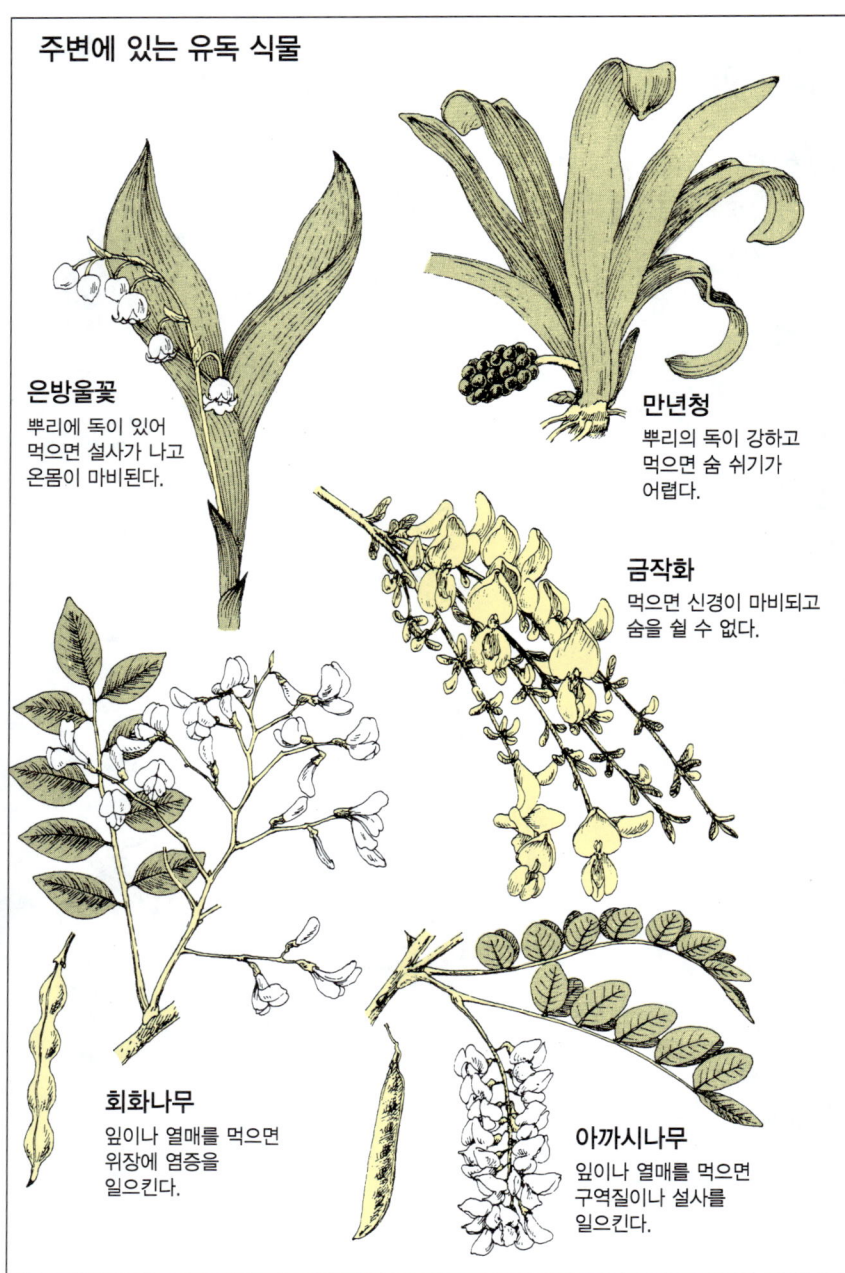

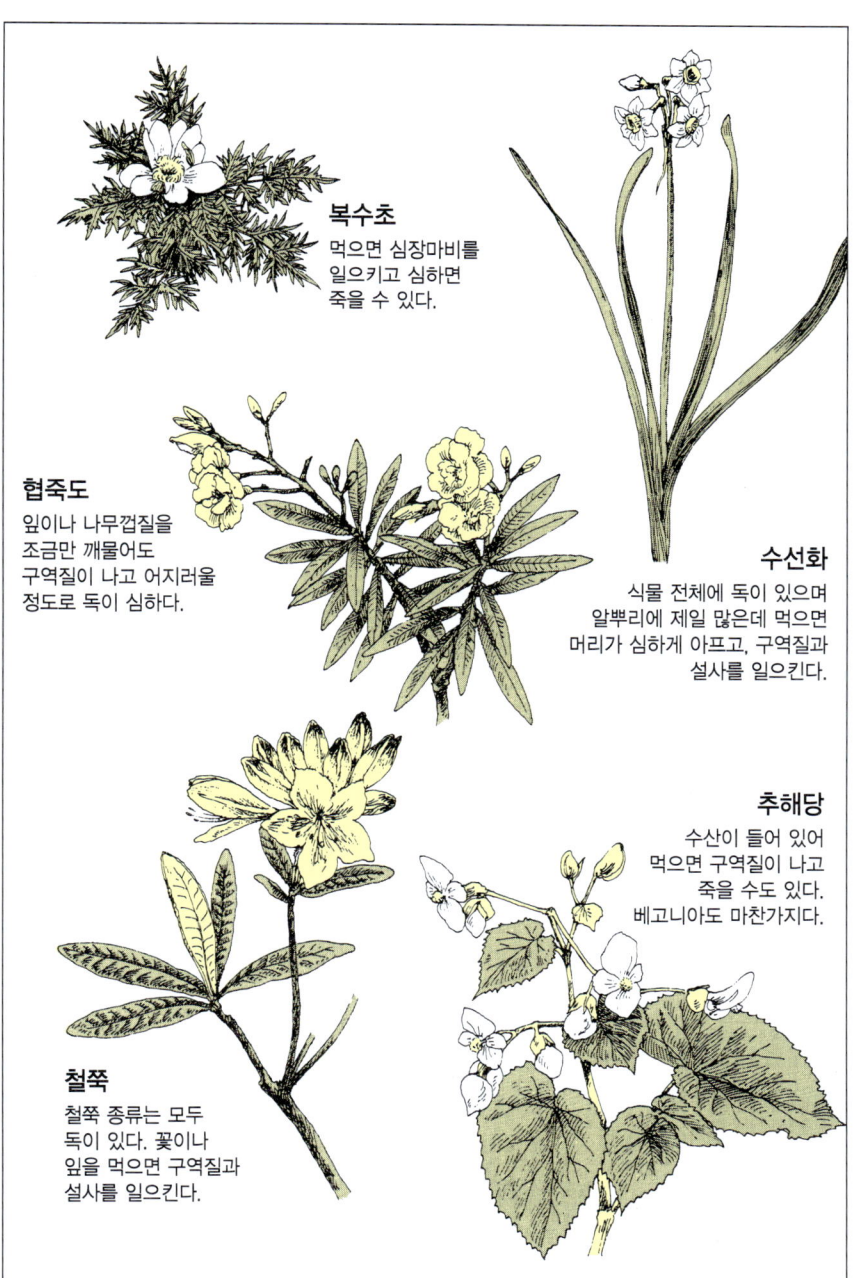

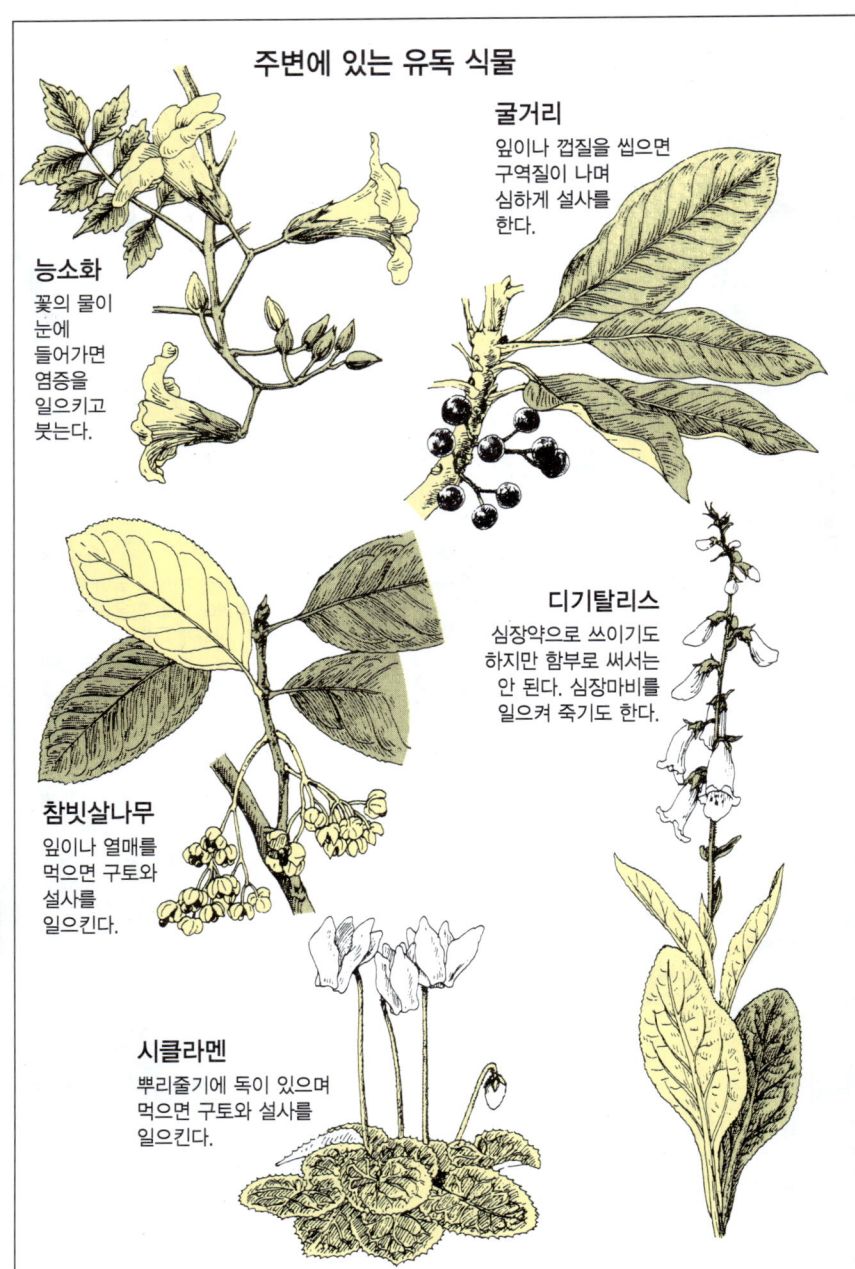

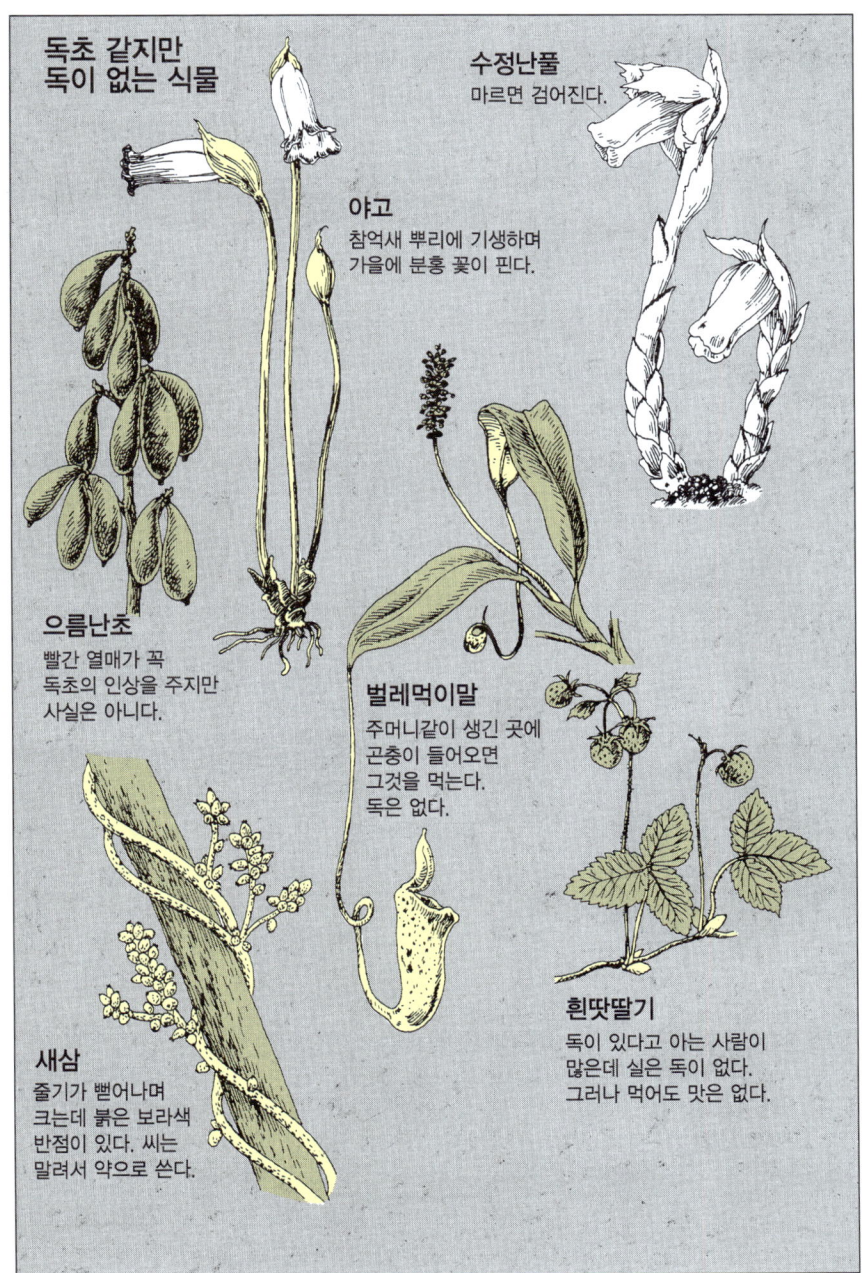

생명에 위험한 독버섯

흰알광대버섯
활엽수림에 많다.
먹으면 심한 설사를
일으킨다.

독우산광대버섯
활엽수림에서 자란다.
전체가 희고 고리가
있으며 밑에 큰
덮개막이 있다.

마귀광대버섯
활엽수림에 많다.
자루가 희고 붉은
균모에 흰 사마귀가
있다.

마귀곰보버섯
침엽수림과 잡목 숲에
많다. 균모가 골처럼
생겼다.

굽은외대버섯
잡목 숲에 많고
중독 사고가 많다.
표면이 끈끈하다.

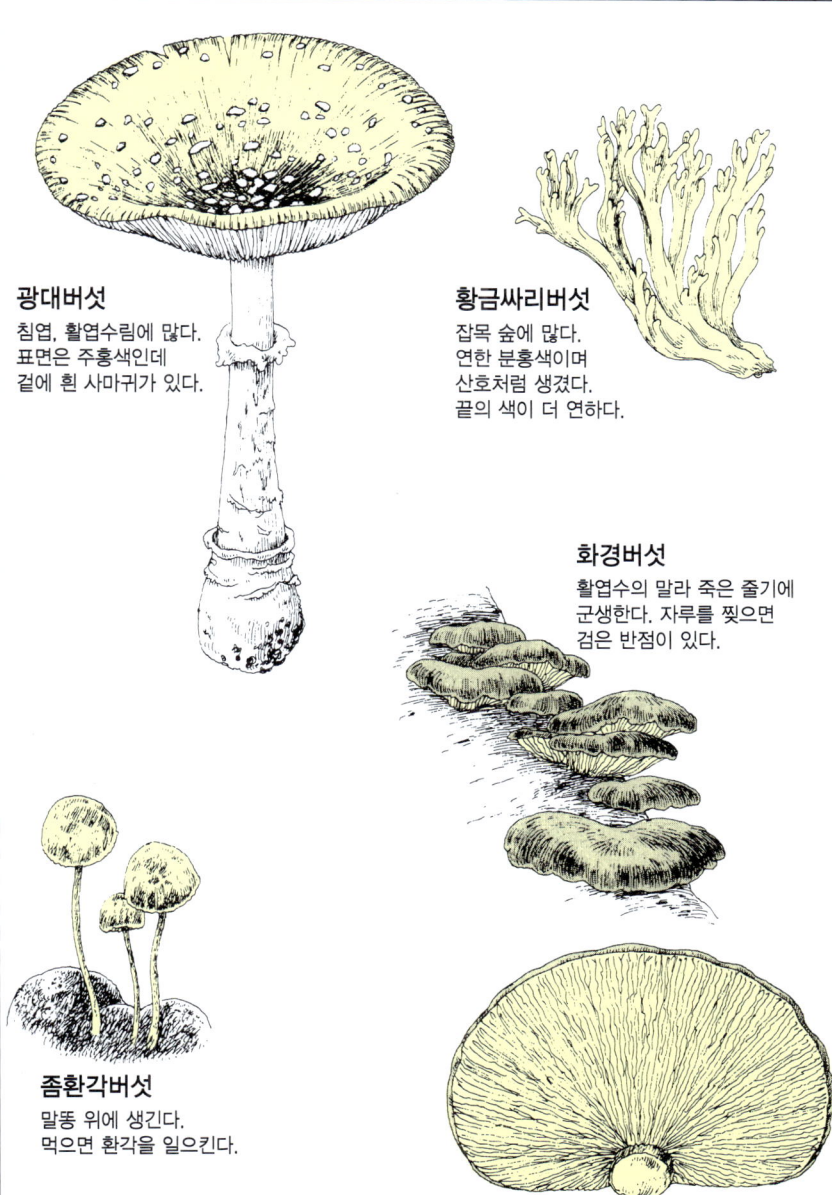

산에서 짐승을 만날 때

야외에서 짐승을 만나면 누구나 놀랍니다. 다람쥐나 산토끼를 만나면 시선이 서로 마주치는 순간 서로 감정이 통하는 것 같아서 반갑습니다. 그러나 그 짐승은 아마 사람이 느끼는 그런 감정이 아닐 것입니다. 산에서 짐승을 만났을 때는 어떻게 하는 것이 제일 좋을까요? 우선 움직이지 않아야 합니다. 그리고 소리도 내지 않아야 합니다. 사람이 자기들이 사는 곳에 들어오면 짐승들은 놀라기 때문입니다.

짐승들이 물을 찾아서 다니는 길은 대개 정해져 있습니다. 이런 길은 짐승이 자주 다녀서 마치 사람이 걸어서 생긴 길처럼 흔적이 있습니다. 산에서는 이렇게 짐승이 다니는 길을 사람들이 다니는 길로 잘못 알고 따라가다가 길을 잃는 수가 있습니다. 관찰력이 있는 사람이면 짐승이 다니는 길의 바닥은 사람이 다니는 길과 비슷하지만 허리보다 윗부분의 풀이나 나뭇가지가 꺾이거나 죽지 않고 그대로 있는 것을 알 것입니다. 길은 분명히 길인 것 같은데 걷기가 거북하다는 느낌이 들면 짐승들의 길이 아닌가 하고 의심해도 좋습니다.

동물 가운데는 여우나 늑대처럼 밤에 나다니는 것이 많습니다. 이런 짐승들을 야행성 동물이라고 하는데 이런 짐승을 관찰하려면 다닐 만한 길목을 지키거나 근처에 임시로 천막을 치고 기다립니다. 어둠 속에서 짐승의 눈은 빨갛게 빛이 납니다. 이때는 손전등을 켜면 짐승이 달아나지 못하고 그대로 있을 때가 많습니다.

* 위험에 대처한다 *

길을 잃으면

낯익은 데까지 돌아가자
무거운 짐을 지고 산길을 걷다 보면 발밑과 앞쪽만 보게 되어 자칫 길을 잘못 들 때가 있습니다. 함께 가던 친구들과 떨어질 수도 있습니다. 그럴 때는 왔던 길로 되돌아가는 것이 첫 번째 할 일입니다. 자기가 기억하는 데까지 돌아가서 거기서 지도를 펴 놓고 나침반을 꺼내서 지금 있는 위치를 확인합니다. 쉴 때 주위의 경치를 잘 봐 두면 이럴 때 도움이 됩니다. 되돌아갈 때는 올 때와 달리 경치가 반대로 되므로 가끔 돌아보며 확인하는 일이 필요합니다. 산을 내려오다 길을 잃었을 때 되돌아가기가 힘들고 귀찮아서 '이대로 내려가다 보면 밑에 도착하겠지' 하고 생각하기 쉽지만 이는 위험한 행동입니다. 앞이 가려서 제대로 보이지 않고 아무리 가도 골짜기에서 벗어나지 못하면 점점 조바심이 나며, 마침내 지치고 정신이 혼미해집니다. 올라갈 때나 내려갈 때나 길을 잃었을 경우, 해야 할 행동 원칙은 같습니다.

안내 표지를 주의해서 보자
산길에는 군데군데 길을 알리는 표지가 붙어 있습니다. 나뭇가지에 달린 헝겊 말고도 색 테이프나 페인트 등으로 바위나 나무에 표시를 해 놓은 것을 볼 수 있습니다. 이런 것을 무심히 보아 넘기면 안됩니다. 또한 앞에 간 사람이 뒤따르는 동료에게 어떤 위험을 알리려면 그림에서처럼 사인을 만들어 사용하면 편리합니다. 289쪽의 예시는 보이스카우트에서 쓰는 사인인데 돌이나 풀, 나뭇조각, 그리고 해초 등을 이용합니다. 다른 사람이 실수로 밟지 않을 곳에 잘 보이게 만듭니다. 그런데 이런 사인은 미리 약속한 사람들끼리만 통하는 것이므로 맨 뒤에 본 사람은 반드시 치우거나 제자리에 갖다 놓아야 합니다. 헷갈릴 만한 여러 사인이 있으면 다른 사람에게 폐가 됩니다. 또 다른 사람이 해 놓은 사인을 장난삼아 망가뜨리거나 방향을 바꿔 놓는 등의 행동은 결코 하면 안 됩니다.

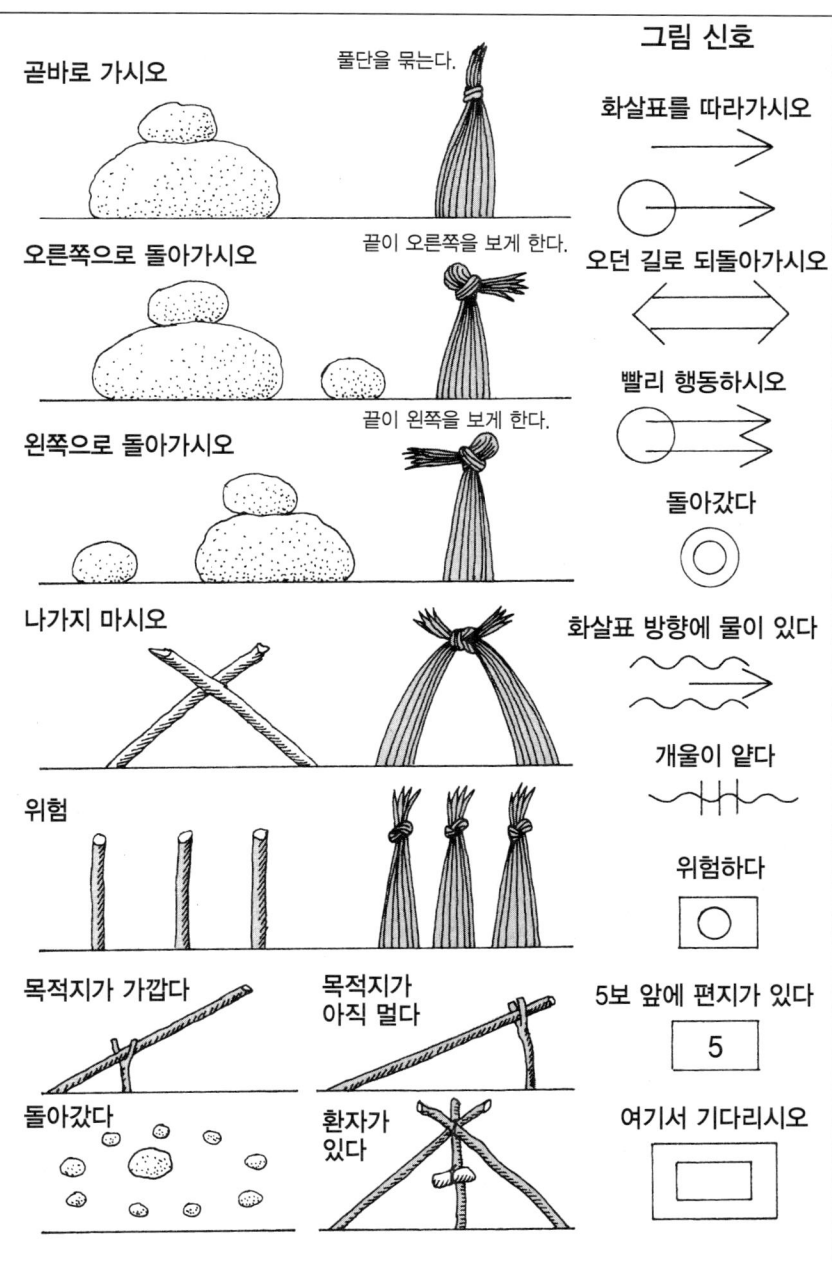

조난됐을 때

우선 심호흡을 하고 마음을 가라앉히자

길을 잃고 헤매다 어두워져 오도 가도 못하게 되거나 낭떠러지에서 구르거나 다쳐서 예정대로 집에 돌아갈 수 없게 되었을 때, 무섭고 겁이 나는 것은 누구나 마찬가지입니다. 이럴 때 허둥거리거나 겁에 질려 주저앉느냐 아니면 침착하게 다음 할 일을 생각하느냐가 죽고 사는 갈림길이 됩니다. 우선 심호흡을 하고 마음을 가라앉혀야 합니다. 주위가 어두우면 함부로 움직이지 않습니다. 그날 밤은 그 자리에서 비박할 각오를 하고 SOS 신호를 보낼 궁리를 합니다. 혼자서 밤길을 하산하려면 그 산에 대해서 훤히 알고 있어야만 할 수 있습니다. 무리해서 힘을 없애는 것보다 그곳에서 하룻밤을 자는 것이 훨씬 낫습니다.

반드시 식구에게 알리고 떠난다

언제 돌아온다는 이야기를 해 두고 떠나면 만일 그날에 돌아오지 않으면 사람들이 무슨 일이라도 벌어졌는지 걱정이 되어 찾아 나설 것입니다. 언제, 누구하고, 어떤 코스로 가는가를 적은 계획서를 반드시 집에 있는 식구에게 전하고 갑니다. 한편 등산로 입구에는 등산자 입산 신고서를 써 놓게 되어 있는 곳이 있습니다. 귀찮다고 생각 말고 써 놓고 가는 것이 뒤에 큰 도움이 됩니다. 조난은 높은 산에서만 일어나지 않습니다. 낮은 산에서 버섯이나 산나물 따위를 따다가 자기도 모르는 사이에 길을 잃고 조난될 수도 있습니다.

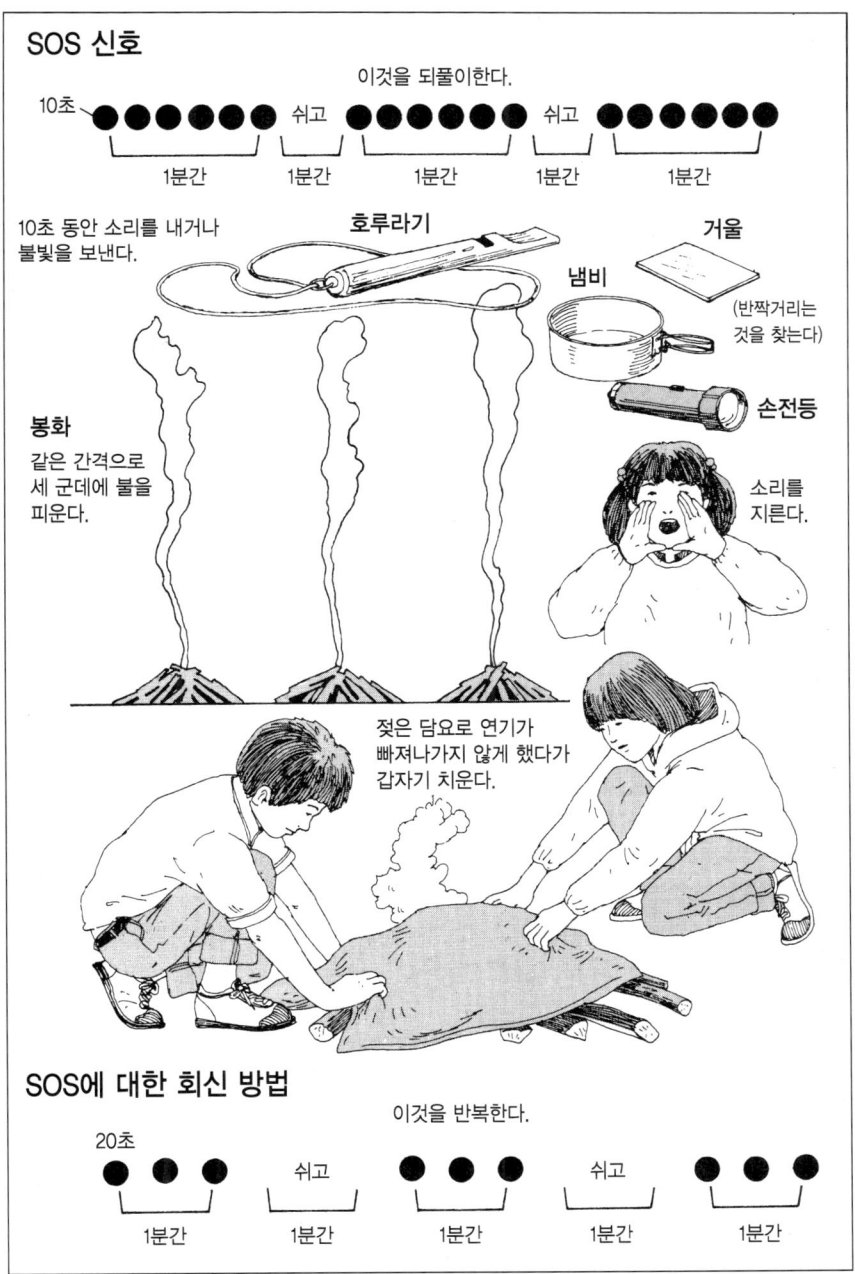

낙석이나 사태를 만나면

작은 돌 하나에 목숨을 잃을 수도
높은 데서 떨어지는 돌은 속도가 붙어서 작은 돌이라도 바로 맞으면 목숨을 잃기 쉽습니다. 돌이 떨어질 위험이 있는 곳은 미리 피하는 것이 좋습니다. 그런데 돌이 떨어진다고 반드시 다치는 것도 아닙니다. 만일 돌이 떨어진다면 침착하게 판단하고 빨리 몸을 피하는 방법도 알아야 합니다.

실수로 돌을 굴리면 소리를 지르자
비탈길을 가다가 실수로 돌을 찼을 때는 큰 소리로 "돌" 또는 "낙석"이라고 외쳐서 주위 사람에게 알립니다. 땅에 단단하게 박혀 있는 돌과 땅 위에 있는 돌은 자세히 보면 알 수 있습니다. 땅 위에 있는 돌은 색깔이 다르거나 새롭다는 느낌이 듭니다.

사태가 나는 자리는 대체로 정해져 있다
물론 100%는 아니지만 지반이 무르고 돌이나 눈사태가 일어나는 자리는 자주 바뀌지 않습니다. 그래서 그 마을 사람들은 보통 사태가 날 만한 곳을 잘 알고 있습니다. 산에 들어갈 때는 마을 사람들에게 미리 정보를 얻은 뒤에 들어갑니다. 보통 사태가 일기 전에는 작은 돌이나 눈덩어리가 낱개로 떨어지고 그 뒤에 사태가 일어납니다. 이럴 때 침착히 안전한 곳으로 몸을 피합니다. 눈사태를 만나 눈에 묻혀 떠내려갈 때도 헤엄치듯이 손발을 저어 위로 떠오르기만 하면 살 수 있습니다. 그러나 처음에는 이러한 위험한 곳에 가까이 가지 않도록 주의하는 것이 가장 좋은 방법입니다.

벼락을 피하는 법

벼락이 생기는 이유

벼락은 여러 가지 이유로 생기는 상승 기류와 관계가 있습니다. 예를 들면 여름에 땅이 햇볕을 받아 달아오르면 땅에 있는 수분이 자꾸 증발해서 수증기가 위로 올라가는 것이 그 하나입니다. 이렇게 하늘 높이 올라간 수증기는 기온이 낮은 상공에서 얼음 알갱이로 바뀝니다. 이때 알갱이가 전기를 띠게 됩니다. 그 이유는 아직 알려지지 않고 있으나 양(+)전기를 띤 얼음 알갱이들과 음(-)전기를 띤 알갱이들이 맞부딪쳐 방전 현상을 일으키기 때문이라고 합니다. 그때 번쩍하고 번개가 치고 '우르르 쾅' 하는 소리(뇌성)가 나고 벼락이 되어 떨어지기도 합니다. 천둥과 벼락은 여름철에 많이 일어나며 아침이나 밤보다 오후에 벼락이 떨어지는 수가 많습니다.

번개가 다가오는 것을 알 수 있다

여름에 적란운(소나기구름)이 일면 천둥 번개가 치기 쉽습니다. 그러므로 소나기구름을 보면 미리 안전한 장소로 피해야 합니다. 또 라디오가 있으면 스위치를 틀어 봅니다. 그때 '삐삐-', '찍찍-' 하고 들리는 잡음은 가까이에 천둥 번개가 있다는 것을 알리는 소리입니다. 또 큰 빗방울이 투닥투닥 떨어져도 천둥이 다가오는 것이므로 빨리 몸을 피합니다.

어디로 피하는가

천둥이 치면 ① 낮은 곳으로 피합니다. ② 높은 나무나 옆으로 퍼진 큰 나무 밑에는 가지 않습니다. ③ 철탑에서 멀어지고 몸에 지닌 쇠붙이를 떼어 놓습니다. ④ 물에서 밖으로 나옵니다. ⑤ 여럿이 있을 때는 따로따로 떨어집니다. ⑥ 대피소가 근처에 있으면 안에 들어가는 것이 안전합니다. 차 안에 있어도 괜찮습니다. 다만 벽 같은 데 기대는 것은 좋지 않습니다. 벼락이 떨어지면 전기는 벽을 따라 땅으로 들어가기 때문입니다.

물에 빠졌을 때

허우적거리지 말자

바닷물에서 헤엄치다 빠지거나 바닷가에서 낚시하다가 파도에 휩쓸리거나 하는 경우가 있습니다. 헤엄을 잘 치는 사람도 물속에서 갑자기 발에 쥐가 나서 마음대로 몸을 움직이지 못하는 수가 있습니다. 이럴 때 허우적거리지 말고 정신을 차려 파도의 움직임에 몸을 맡기고 우선 가라앉지 않도록 해야 합니다. 허우적대면 물을 마시게 되어 숨이 막혀 죽기 때문입니다. 사람 몸은 물에 뜨도록 되어 있습니다. 무엇보다도 중요한 것은 파도 힘에 휩쓸리지 않고 물에 뜨는 것입니다.

인공호흡을 연습해서 익혀 두자

물에 빠진 사람을 구하러 물속에 들어가는 것은 헤엄을 잘 치는 사람도 쉬운 일이 아닙니다. 왜냐하면 허우적대는 사람이 마구 붙잡으려 해서 구하는 사람이 몸을 자유롭게 움직이지 못하기 때문입니다. 이때 몸을 뜨게 하는 것이 있어야 좋습니다. 큰 널빤지, 폴리에틸렌 물통, 고무 튜브 등이 있으면 좋지만 없을 때는 바지를 벗어 대용 구명구를 만듭니다. 방법은 바지 끝을 묶은 다음, 허리띠 쪽을 쥐고 휙 돌려서 공기를 바짓가랑이에 넣는 순간 입구를 조여 공기가 빠져나가지 않게 줄로 묶습니다. 이것을 물에 빠진 사람한테 던져서 잡게 합니다. 만일 의식을 잃었다면 물가까지 끌고 올라온 뒤, 얼굴이 위로 가게 눕히고 먼저 심장이 뛰는지 귀를 대 봅니다. 심장은 뛰면서도 호흡이 멎었으면 바로 인공호흡을 시작합니다. 어깨에 옷을 받혀 높이고 한 손으로 목을 쥐고 다른 손으로 이마를 잡고 머리를 힘껏 뒤로 젖힌 다음 입이나 코에 입을 대고 공기를 불어 넣습니다. 1분에 20회(3초에 한 번)를 하는데 가끔 얼굴을 옆으로 돌리게 하고 위를 눌러서 위 속에 든 공기를 뽑아 줘야 합니다.

몸이 좋지 않을 때

몸을 죄는 것을 풀고 눕는다
왠지 헛구역질이 나고 머리가 아플 때가 있습니다. 이럴 때는 편한 자세로 눕는 것이 제일입니다. 허리띠와 셔츠의 단추를 풀고 여자면 브래지어의 호크 등 몸을 죄고 있는 것을 모두 풀어 줍니다. 만일 함께 가던 친구가 몸이 불편해하면 상태를 물어서 우선 누워서 쉬게 합니다.

얼굴에 열이 오를 때
무슨 병인지 모를 때는 얼굴을 보면 짐작할 수 있습니다. 얼굴에 열이 올라 붉어지고 숨을 가쁘게 쉬는데 땀을 흘리지 않으면 일사병이기 쉽습니다. 일사병뿐만 아니라 일단 얼굴에 열이 오르는 것 같으면 그늘진 데에 누워 편안히 쉽니다. 얼굴이 붉어지는 것은 혈압이 올라가기 때문인데 이때는 뇌에 부담이 적게 가도록 머리를 약간 높이고 눕습니다.

얼굴이 창백할 때
거꾸로 안색이 창백할 때는 혈압이 올라가도록 다리 밑에 뭔가 고여서 다리 쪽을 높여 줘야 합니다. 얼굴이 창백하고 식은땀을 흘리는 것은 열사병일 때 흔히 일어나는 중세입니다. 얼굴빛이 회복될 때까지 누워서 쉽니다.

토할 것 같을 때
엎드리고 오른손을 머리 밑에 괴면 편해집니다. 위를 보고 누우면 토할 때 거북하고 토하는 것이 기도를 막아 좋지 않으므로 반드시 옆을 보거나 엎드리는 것이 원칙입니다. 토한 뒤에는 입을 헹구고 뒤처리를 합니다.

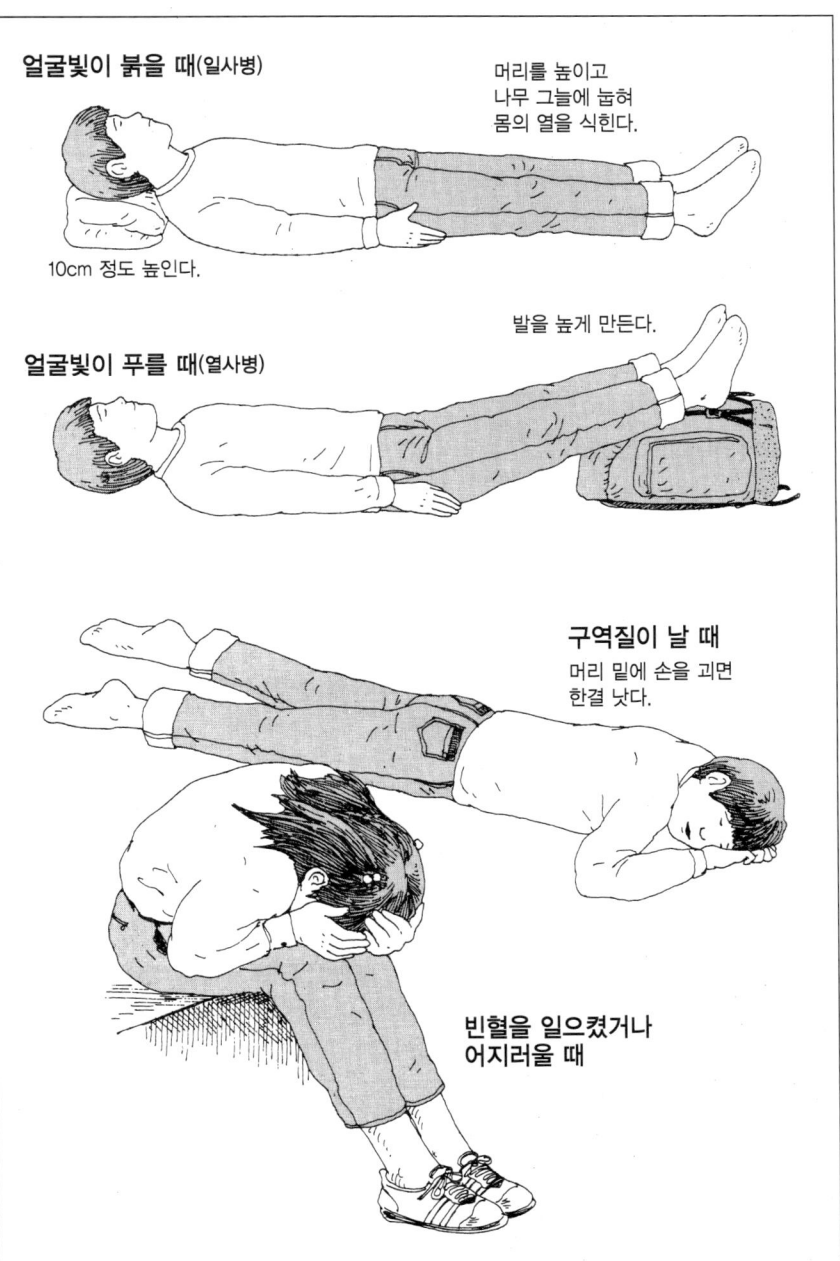

머리·배가 아프면

머리가 아프면 누워서 쉬자

재채기가 나고 으스스하고 머리가 지끈거릴 때는 감기 증세입니다. 약을 먹고 조용히 누워 있는 것이 제일입니다. 야영을 할 때는 따뜻한 음식을 먹고 옷을 껴입고 일찌감치 잠자리에 듭니다. 땀을 낼 수 있으면 제일 좋습니다. 이때 속옷이 땀에 젖었으면 반드시 갈아입도록 합니다. 그래도 열이 내리지 않으면 해열제를 먹습니다. 감기 기운은 없는데 머리가 아프면 일사병이나 열사병일 수도 있습니다.

배가 아플 때의 처방

배가 아플 때도 그 원인이 여러 가지입니다. 왼쪽 아랫배가 아프면 설사까지 나는 경우가 흔합니다. 또 체하거나 몸이 차서 아프기도 한데 이럴 때는 소화제나 진통제를 먹는 것도 한 방법입니다. 그리고 배를 따뜻하게 해 주고 편한 자세로 누워서 쉽니다. 오른쪽 배가 아프면 혹시 맹장염이 아닌지 의심해 볼 필요가 있습니다. 위 근처가 아프고 열이 오르고 헛구역질이 나면서 오른쪽 배가 아픈 것은 맹장염의 흔한 증세들입니다. 이럴 때는 빨리 병원에 갑니다. 또 이때는 배를 따뜻하게 해 주면 오히려 좋지 않습니다.

변비를 걱정할 필요는 없다

야외에서는 음식이 바뀌고 용변을 보는 시간도 집에서 하던 것과 달라져 가끔 변비가 될 수가 있습니다. 오래 계속된다면 몰라도 2~3일 정도의 변비면 걱정할 필요가 없습니다. 설사약을 사용하면 야외에서는 오히려 불편할 때가 있습니다. 식욕에 이상만 없다면 신경을 쓰지 말고 물을 좀 많이 마셔 봅니다. 야외 화장실이 마음에 걸려서 변비가 되는 수도 있습니다. 화장실을 손질해서 사용해 보는 것도 한 방법입니다.

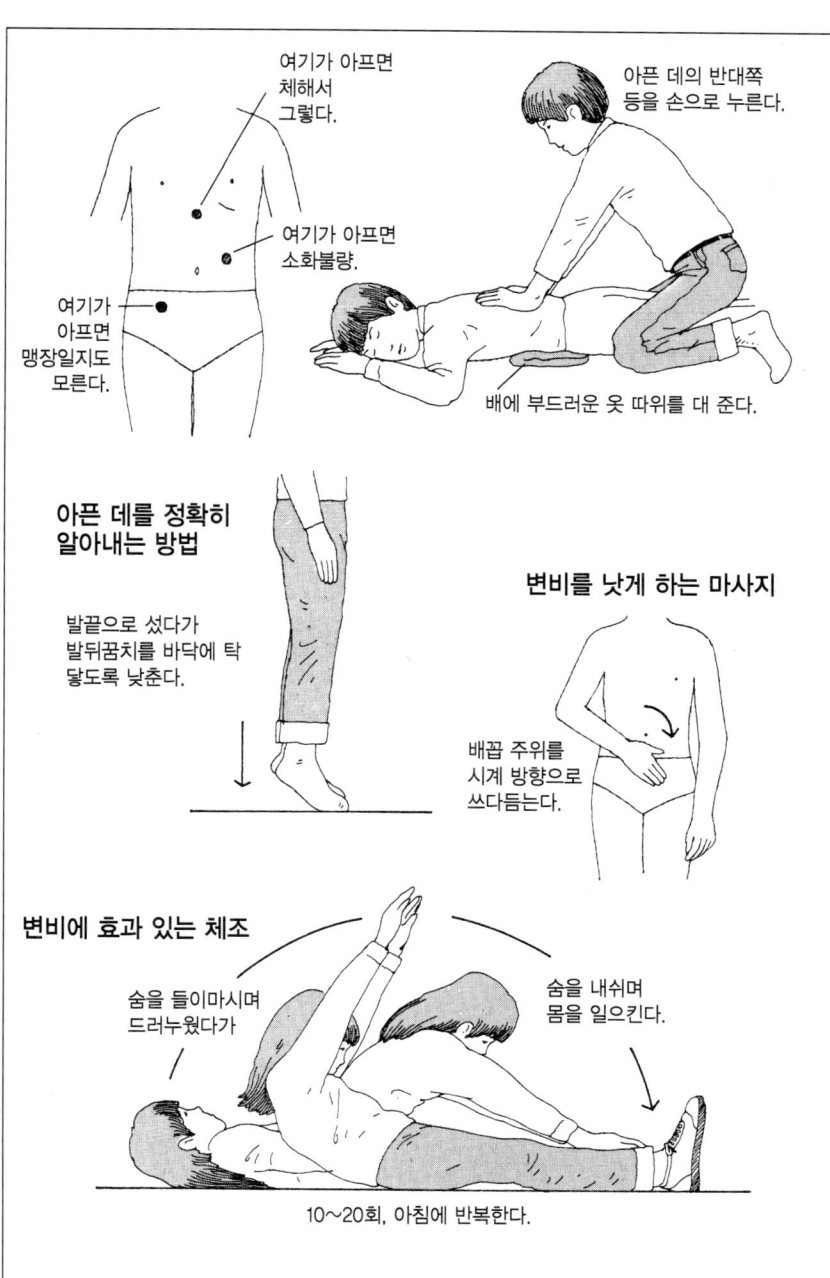

피가 날 때

상처를 꼭 눌러 피를 멈추게 한다
아무리 상처가 작아도 붉은 피가 흐르는 것을 보면 누구나 당황합니다. 그러나 허둥댈 필요가 없습니다. 침착하게 처치할 준비를 합니다. 칼에 베었을 때는 먼저 깨끗한 헝겊을 상처 난 데 대고 꼭 눌러 피를 멈추게 합니다. 피가 나오는 압력보다 누르는 힘이 크면 피는 멎습니다. 그래도 헝겊이 피에 젖는 것 같으면 다른 헝겊을 겹쳐 대고 좀 더 기다려 봅니다. 얼마 가지 않아서 멎을 것입니다. 그 다음으로 소독된 거즈를 대고 붕대로 감습니다.

출혈이 심할 때는 지혈대를 쓴다
손으로 눌러서 피가 멎지 않을 정도면 상처가 심한 편입니다. 동맥이 상해서 피가 멎지 않을 때 그대로 두면 생명이 위험합니다. 이런 경우에는 303쪽의 아래 그림처럼 상처보다 위쪽(심장에 가까운 곳)을 묶습니다. 즉 지혈대를 써야 하는데 지혈대는 손발이 잘렸다든가 큰 상처로 동맥이 끊겼다든가 하는 위험한 상태에서 쓰는 방법이므로 보통 때는 쓰지 않습니다.

머리를 다쳐 혹이 생기면
머리에 생긴 혹은 찬 물수건을 대 주면 덜 아픕니다. 상처가 생겼으면 소독하고 거즈를 댄 후 붕대를 감습니다. 그리고 그 위를 차게 해 주면 더 좋습니다. 만일 메스껍거나 귀나 코에서 멀건 피 같은 게 나오면 병원에 연락하는 것이 좋습니다.

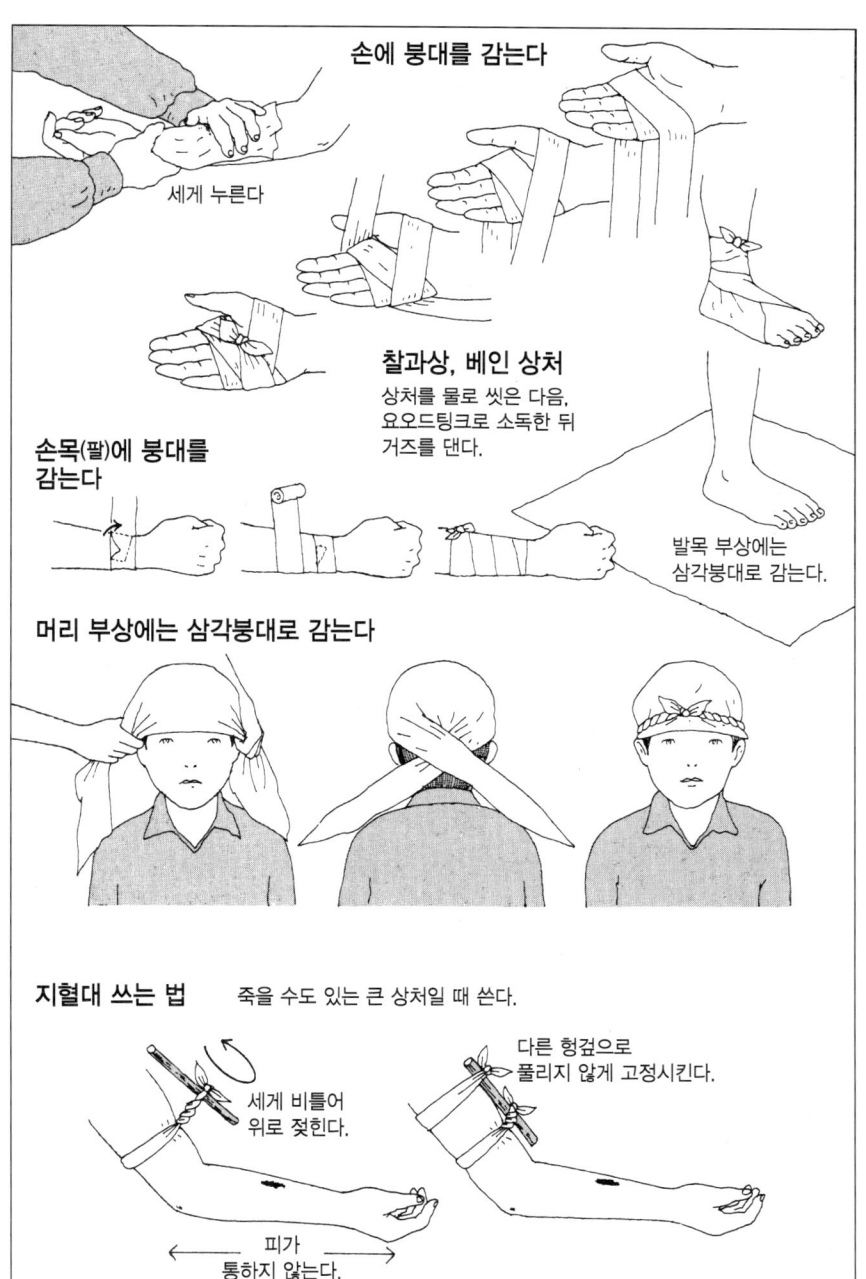

삐거나 뼈가 부러지면 1

움직이지 말고 편하게
발을 헛디디거나 미끄러져 넘어졌을 때 뼈를 삐기도 하고 어떨 때는 골절을 당하기도 합니다. 관절이 빠질 뻔했다가(또는 순간적으로 빠졌다가) 다시 원상태로 되었을 때 관절 주위의 근육이 붓는 증세를 '염좌'라고 합니다. '탈구'는 관절이 빠져서 원상태로 돌아가지 않는 것을 말합니다. '골절'은 이름 그대로 뼈가 부러지는 것입니다. 염좌든 탈구든 골절이든 모두 참기 어렵게 아픕니다. 염좌나 탈구는 다친 뒤 조금 있어야 부어오르고 골절은 금방 붓습니다.

상처 부위를 차게 해 준다
염좌나 골절된 부분을 심장 위치보다 높이고 옆을 보고 눕습니다. 이렇게 해야 만약 내출혈이 있을 때도 피가 적게 나오고 부기도 덜합니다. 안정을 찾은 다음엔 상처 부위를 차게 해 주어야 합니다. 개울물을 떠다가 찬물 찜질을 합니다. 눈이 있으면 그것을 이용합니다. 상처 입은 곳이 감각을 잃을 때까지 계속합니다. 절대 주물러서는 안 됩니다. 다음은 부목을 대고 붕대를 감은 뒤, 친구들의 도움을 받아 병원으로 갑니다. 처음에는 붕대를 감는 것도 그리 쉬운 일이 아닙니다. 평소에 연습을 해 둡니다. 그런데 이상하게도 이런 연습을 하고 야외에 나가면 큰 사고가 일어나지 않습니다.

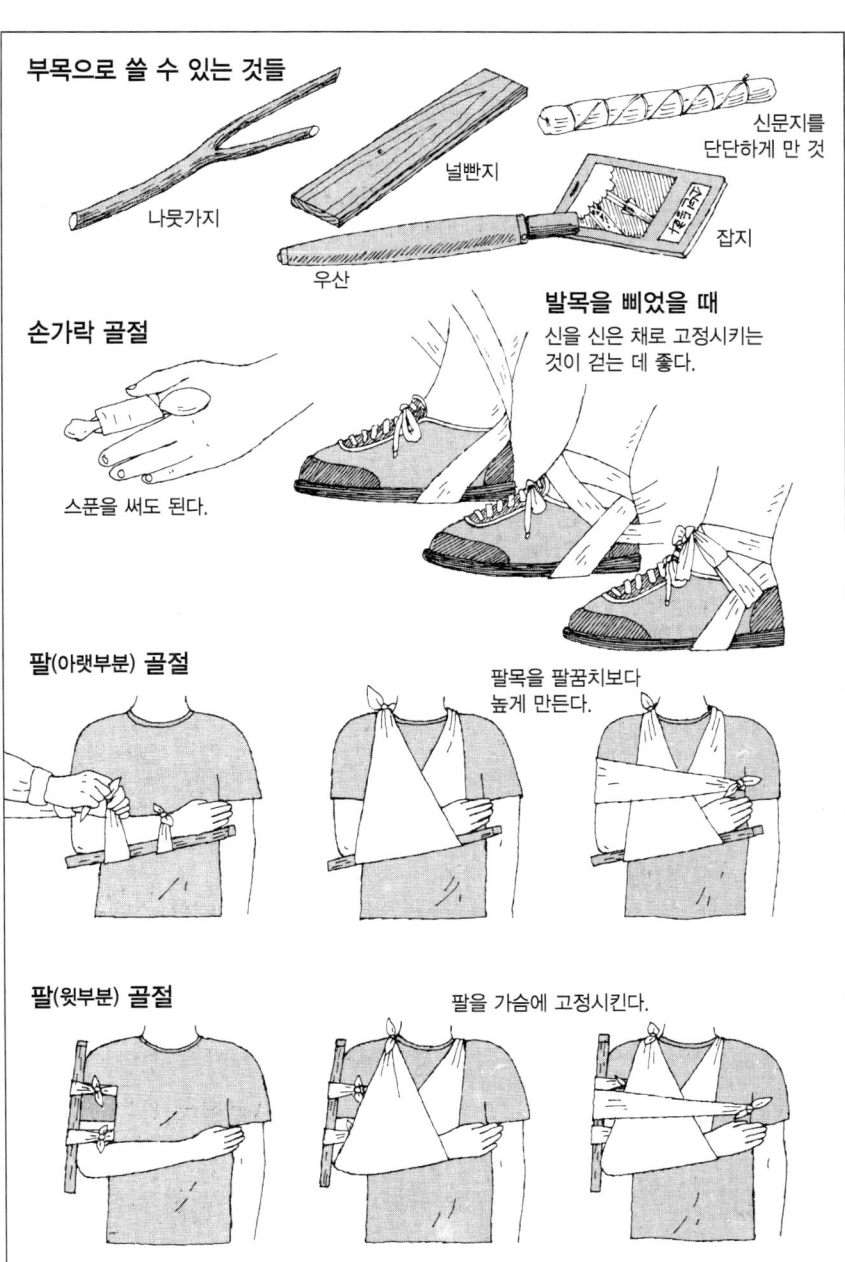

삐거나 뼈가 부러지면 2

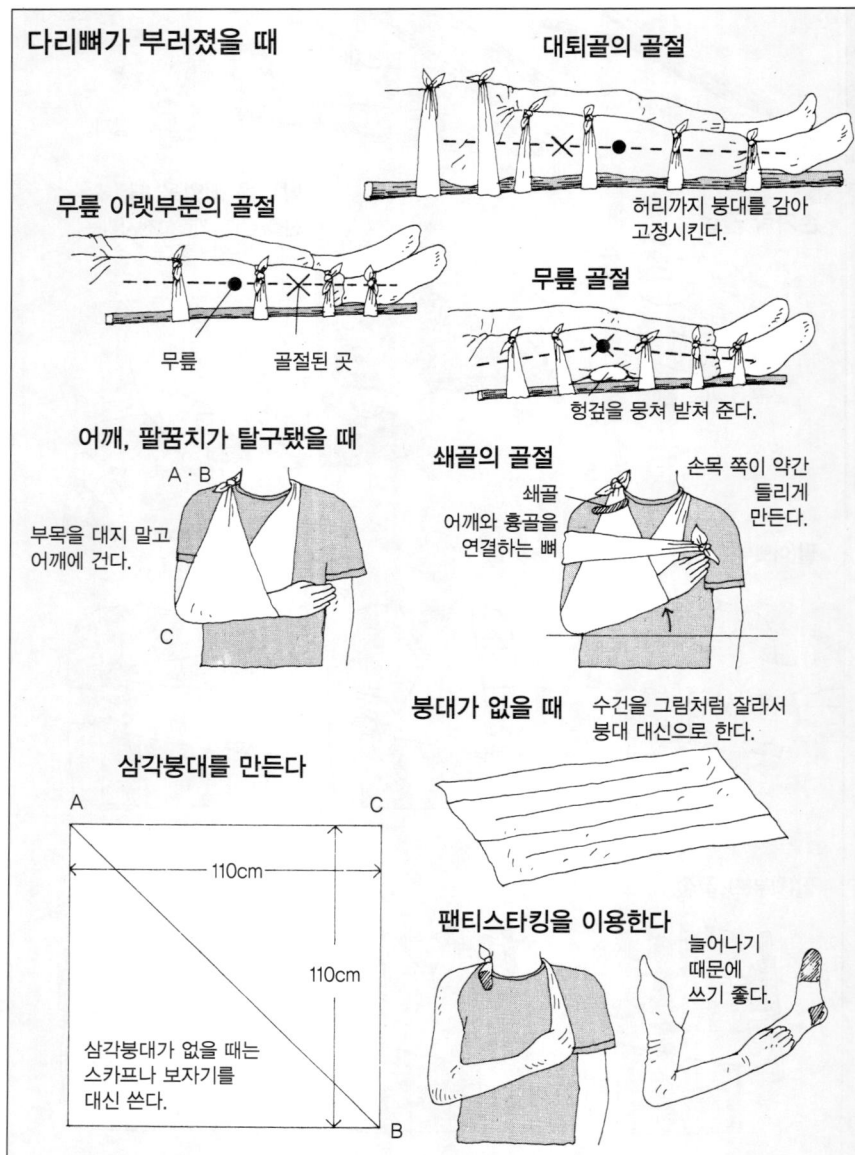

응급 치료 후, 곧 환자를 데리고 돌아갑니다. 다리를 다쳤을 때에는 들것을 씁니다. 이때 운반하는 사람은 발을 맞춰야 합니다.

환자의 운반 방법

두 사람이 팔 의자를 만들어 태운다.

가벼운 환자는 업는다.

걸을 수 있을 때는 어깨를 받쳐 준다.

들것을 만든다

두툼한 스웨터가 있으면 그림처럼 막대기를 꿰서 들것을 만들 수 있다.
미리 환자 아닌 사람으로 시험해 본다.

화상을 입었을 때

찬물로 차게 해 준다
야외에서 음식을 만들다 보면 끓는 기름이나 더운물, 불에 델 때가 있습니다. 집에서는 수도가 있는 데로 달려가서 찬물을 틀고 상처 부위를 차게 해 줍니다. 10분이든 20분이든 쓰린 기가 가실 때까지 식힙니다. 감각이 없어진 뒤에도 좀 더 계속하는 것이 좋습니다. 야외에서도 이처럼 상처 부위를 차게 해 주는 것이 제일입니다. 눈이 있으면 이용하고 찰수록 효과가 있습니다. 차게 해 주는 것은 증상을 가볍게 만들고 공기와 닿지 않게 하기 위해서입니다. 기름이나 간장을 바르면 좋다는 민간요법이 있는데 균이 들어갈 위험이 있으니 하지 않습니다.

옷을 입은 채로 상처 부위를 차게 해 준다
화상은 상처 정도에 따라 ① 피부가 빨개지고 쓰리다. ② 물집이 생긴다. ③ 짓무른다. 이렇게 세 단계로 나눕니다. 기름에 튀기는 음식을 만들다가 끓는 기름에 데었을 때는 ③처럼 되는 수가 많습니다. 이때는 깨끗한 거즈를 대고 바로 병원을 찾아갑니다. 화상은 정도가 좀 심해도 부분적이면 생명이 위험하지는 않습니다. 그러나 몸 표면 전체의 20%가 넘게 데었을 때는 문제가 됩니다. 목이나 팔, 다리를 제외한 몸통의 거의 절반 정도면 20%가 됩니다. ②의 경우에는 물집이 터지지 않게 조심해서 거즈를 대고 느슨하게 붕대를 감아 둡니다. 이때도 냉수를 대 주면 상처가 가벼워집니다. 옷 위로 화상을 입었을 때는 옷을 벗지 말고 그대로 차게 해 줍니다. 화상은 그 정도가 심하면 갈증이 납니다. 물은 많이 마셔도 좋으니 푹 쉬도록 합니다.

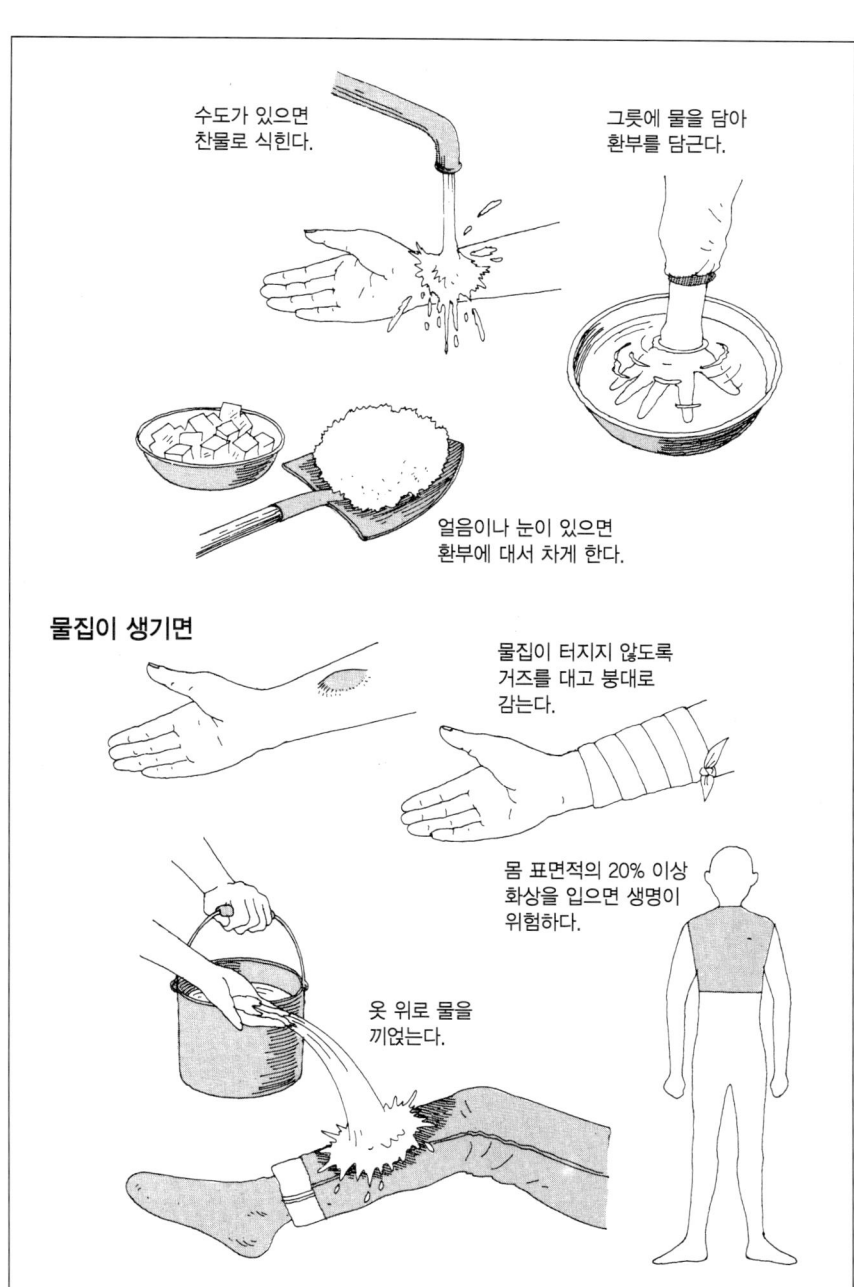

눈이나 귓속에 먼지, 벌레 등이 들어갔을 때

눈에 이물질이 들어가면 눈물이나 물로 씻어낸다

눈에 먼지나 하루살이 같은 벌레가 들어갔을 때 손으로 눈을 비비지 않아야 합니다. 다소 아프더라도 참고 눈꺼풀을 손으로 뒤집고 또 한 손으로 밑의 눈꺼풀을 위로 밀며 눌러서 눈물이 나오게 만듭니다. 안에 든 먼지를 눈물로 씻어내는 방법입니다. 아래 눈꺼풀 속에 끼었을 때는 손가락으로 눈꺼풀을 잡아당기고 깨끗한 물에 적신 거즈로 살짝 씻어냅니다. 그래도 안 되면 컵에 물을 가득 담아서 눈을 가까이 대고 그 물 속에서 눈을 깜빡거려 봅니다. 손으로 눈을 비비면 눈동자에 상처가 나기 쉽습니다. 콘택트렌즈를 끼고 있으면 더 아픕니다. 렌즈는 바로 뺍니다. 캠핑을 떠날 때는 미리 약국에서 식염수를 준비해 갑니다.

귀에 들어간 벌레는 불을 비춰 나오게 한다

야외에서 귀에 벌레가 들어가는 경우가 있습니다. 매우 드문 일이기는 하지만 이때 손가락으로 꺼내려 해야 소용이 없습니다. 이럴 때는 손전등으로 귓속을 비춰서 밝게 해 줘야 합니다. 벌레는 언제나 밝은 쪽으로 기어 나옵니다. 무리하게 귀이개나 성냥개비 끝에 솜을 말아 끄집어 내려 해 봐야 벌레는 안으로 들어가고 잘못하면 귓속에 상처가 납니다. 헤엄치다 귀에 물이 들어가면 물이 든 귀를 밑으로 해서 같은 쪽 다리로 땅을 쿵쿵 구르며 뛰어 봅니다. 햇빛으로 뜨거워진 돌을 귀에 대고 머리를 이리저리 흔들어 보는 것도 효과가 있습니다. 이 밖에 이유 없이 갑자기 귀가 아플 때는 혹시 외이도염인지도 모르니 빨리 병원에 갑니다. 이때도 수건에 물을 적셔 귀에 대면 덜 아픕니다.

벌레에 물렸을 때

찬물 찜질이나 항히스타민 연고를 바른다
암벌의 배 끝부분에는 독침이 들어 있어 위험을 느끼면 이것으로 쏩니다. 이 독침은 산란관의 모습이 바뀌어서 생긴 것입니다. 일단 한 번 쏘이면 매우 아픈데 사람에 따라서는 어지러울 때도 있습니다. 벌의 독에 대해서는 사람마다 반응이 다르지만 전에 한 번 쏘인 경험이 있는 사람은 심한 알레르기 반응을 보이기도 합니다. 처음 쏘였을 때는 한참 아프고 얼마 동안 부었다가 가라앉습니다. 쏘인 자리를 잘 보고 독침이 남아 있으면 손가락 끝으로 튀겨서 뗍니다. 쥐고 없애려다가는 자칫 바늘에 묻은 독이 다시 피부 속에 들어갈지도 모릅니다. 다음으로 찬물 찜질을 하고 항히스타민 연고를 바릅니다. 암모니아는 발라도 거의 효과가 없습니다. 소변을 바르면 좋다는 민간요법이 있는데 역시 균이 들어갈 염려가 있으므로 바르면 안 됩니다.

벌에 쏘이지 않으려면
벌집에 접근하지 않는 것이 제일 좋은 방법입니다. 벌이 날아오면 놀라서 도망치는 사람이 있는데 거꾸로 벌을 놀라게 하므로 아주 위험합니다. 천천히 물러나서 몸을 피하는 것이 가장 좋습니다. 또한 소매가 긴 셔츠와 바지를 입으면 피해를 줄일 수 있습니다.

모기향을 가지고 가자
산이나 숲 속의 야영지에는 모기가 있게 마련입니다. 물리면 무척 가렵습니다. 모기향이나 방충용 스프레이를 꼭 준비합니다. 방충용 스프레이는 땀에 씻기면 효과가 떨어지므로 2~3시간마다 뿌려야 합니다. 모기는 아침, 초저녁에서 한밤중 사이에 많습니다. 가려워서 참기 어렵거든 항히스타민 연고를 바릅니다. 연고를 항상 비상약품으로 잊지 말고 휴대합니다.

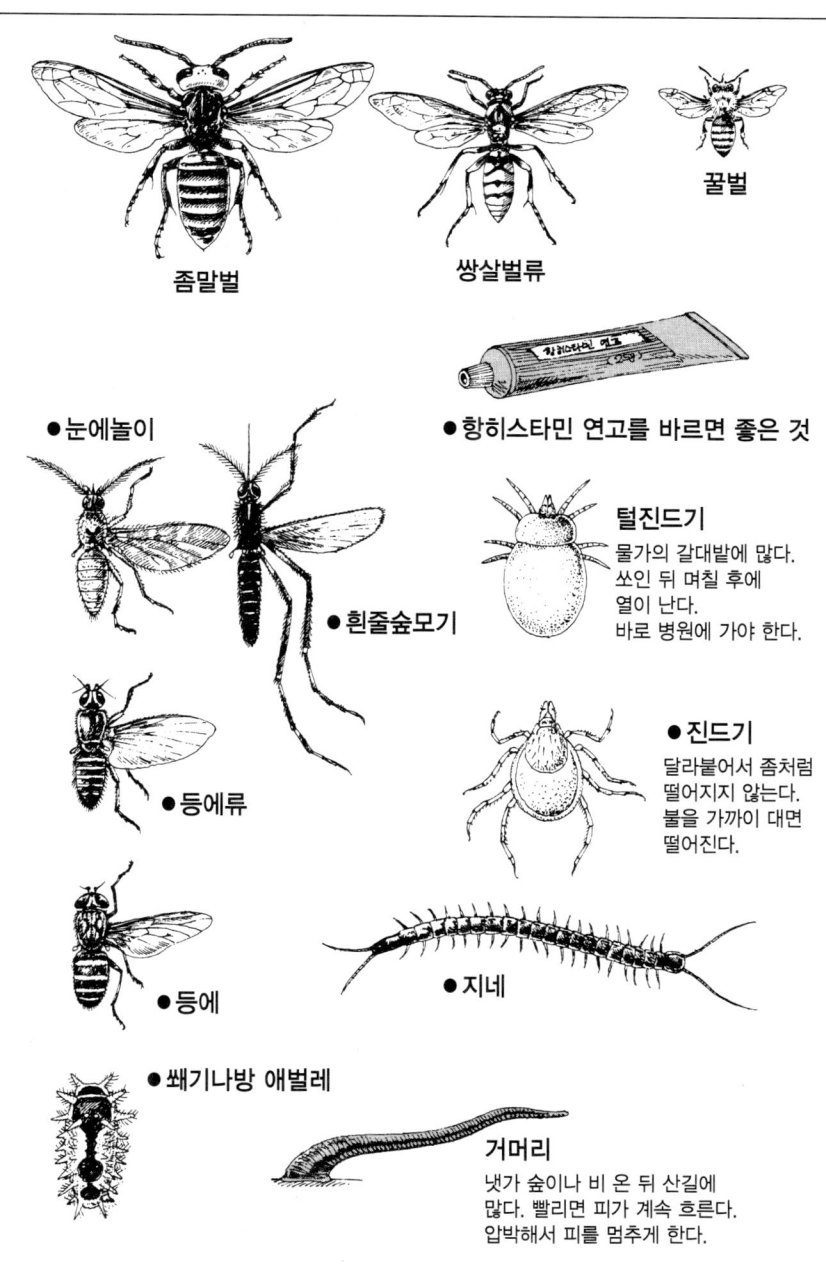

뱀에 물렸을 때

뱀은 겁쟁이

뱀 중에는 신경질적이고 위험한 뱀도 있으나 모두 그런 것은 아닙니다. 보통 사람들은 뱀 하면 무턱대고 무서워하고, 소름이 끼쳐 몸이 굳어지기도 하지만 사실 알고 보면 뱀 역시 다른 짐승처럼 대개는 겁쟁이입니다. 물려서 문제가 되는 것은 독사입니다. 독사에 물리면 그 자리가 부어오르고 몹시 아프며 혈청 주사를 맞아야 합니다. 그러나 병원에 가서 적절한 치료만 받으면 대부분의 경우 후유증 없이 낫습니다. 물리고 나서 여러 시간이 지나더라도 혈청 주사는 효과를 봅니다. 예외가 있기는 하지만 대부분의 뱀은 사람이 모르고 밟거나 쥐거나 죽이려고 했을 때 달려듭니다. 잘못 밟았어도 목이 긴 등산화를 신고 있으면 물려도 등산화 가죽을 뚫지 못합니다.

물렸을 때

환자는 옆으로 누워서 안정을 취합니다. 잘 듣는 혈청이 많으므로 아무 걱정할 필요가 없습니다. 바로 병원에 가는 것이 우선입니다. 옛날에는 독이 몸 안에 퍼지지 않도록 지혈을 하거나 상처를 칼로 째고 독을 입으로 빨아서 뱉는 것이 좋다고 알려졌지만 실제로는 그다지 효과가 없다고 합니다. 겁에 질린 환자를 안심시키고 빨리 병원으로 가는 것이 중요합니다.

물리지 않으려면

뱀은 야행성 동물입니다. 낮에는 구멍이나 틈 속에 숨어 있다가 밤에 나타납니다. 속이 빈 통나무 속에 함부로 손을 넣어 보거나 바위를 오를 때 확인도 하지 않고 바위틈에 손을 넣지 않아야 합니다.

몸이 굵고 짧으며 다갈색이다. 반점이 엇갈리게 나 있다.

살모사

유혈목이

전체가 거무튀튀한데 목 밑이 노랗다. 길이 1m 정도.

반시뱀

목이 가늘고 황갈색의 검은 반점 무늬가 있다. 길이 1~2m.

사고가 났을 때는
119에 전화합니다!

뱀에 물렸다고 해서 허둥대기만 해서는 안 됩니다. 먼저 119에 전화를 겁니다. 그리고 자기가 있는 장소와 사고 내용을 분명하고 차근차근 설명해야 합니다.

그러면 바로 구급차가 와서 병원으로 환자를 실어갑니다. 뱀에 물려서 혈청이 필요할 때에는 혈청을 준비해 두고 있는 병원으로 옮겨 줍니다.

바다에 사는 위험한 생물

헤엄을 치거나 바닷가에서 놀 때
바다에서 헤엄을 칠 때, 살이 따끔따끔 아플 때가 있습니다. 해파리나 게의 유생이 그 원인일 때가 많은데 이들에게 쏘이거나 피부가 닿으면 벌겋게 붓습니다. 이 정도면 항히스타민제가 든 스테로이드 연고를 바르면 됩니다. 한편 8~9월에 해안을 따라 물에 떠 있는 해파리에게 쏘이면 몹시 아프며 스친 데가 붉어지고 심하게 부어오릅니다. 또 헛구역질이 나고 숨쉬기가 어렵고 때로는 목숨을 잃기까지 합니다. 이때도 응급처치로는 항히스타민제를 먹고 빨리 병원에 가야 합니다. 또 바닷가에서 놀다가 보라성게에 찔릴 수 있습니다. 이들이 지닌 가시에 찔리면 바로 빼낸 뒤 병원으로 갑니다. 바닷가에서는 맨발로 다니는 것이 위험하기 때문에 꼭 운동화를 신도록 합니다.

낚시를 할 때도 위험한 일이 일어난다
바닷물 속에 들어가서 만일 바다뱀 같은 것을 보았다면 누구나 가까이 가지 않고 바로 몸을 피할 것입니다. 그런데 낚시를 하다 보면 뭔가 바늘에 물렸다는 생각에 그대로 낚아 올려 뜻하지 않게 가끔 사고가 생깁니다. 미역치, 쏠배감펭, 쏠종개 등은 절대로 만지면 안 됩니다. 지느러미에 붙어 있는 가시에 찔리면 쑤시며 아픈데 몇 시간이 지나도 아픔이 가시지 않습니다. 바로 병원에 가야 합니다. 이들 고기는 먹을 수 있고 맛이 있지만 아예 잡을 생각은 안 하는 것이 낫습니다. 만일 이런 고기가 낚시에 걸리더라도 그냥 놔 주고 건드리지 않도록 합니다. 또 한 가지로 노랑가오리의 꼬리에는 독이 있는 큼직한 가시가 있는데 이 독은 죽은 뒤까지 독기가 없어지지 않습니다. 그러므로 죽은 노랑가오리가 바닷가 모래사장에 있더라도 건드리지 않는 것이 좋습니다. 독이 강해서 사람이 죽기도 합니다.

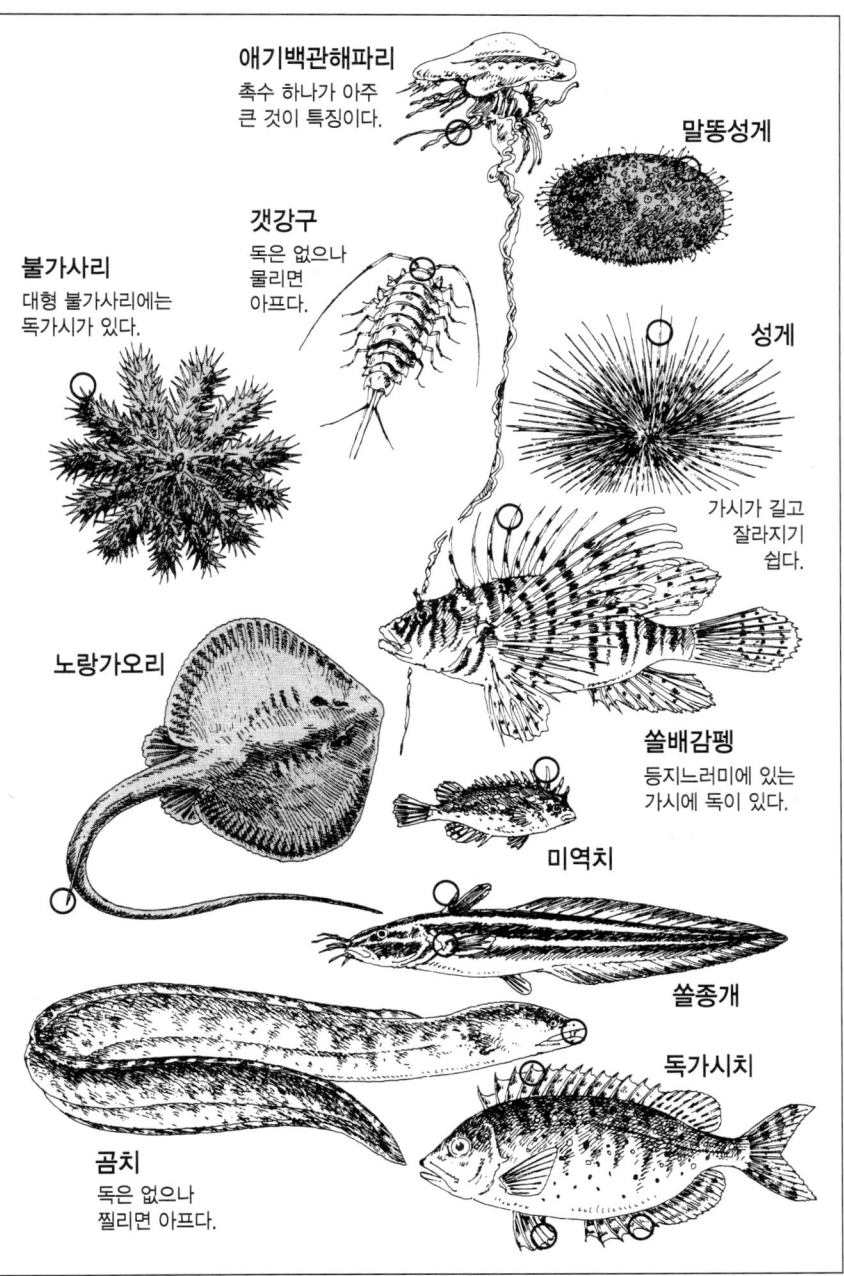

구급약

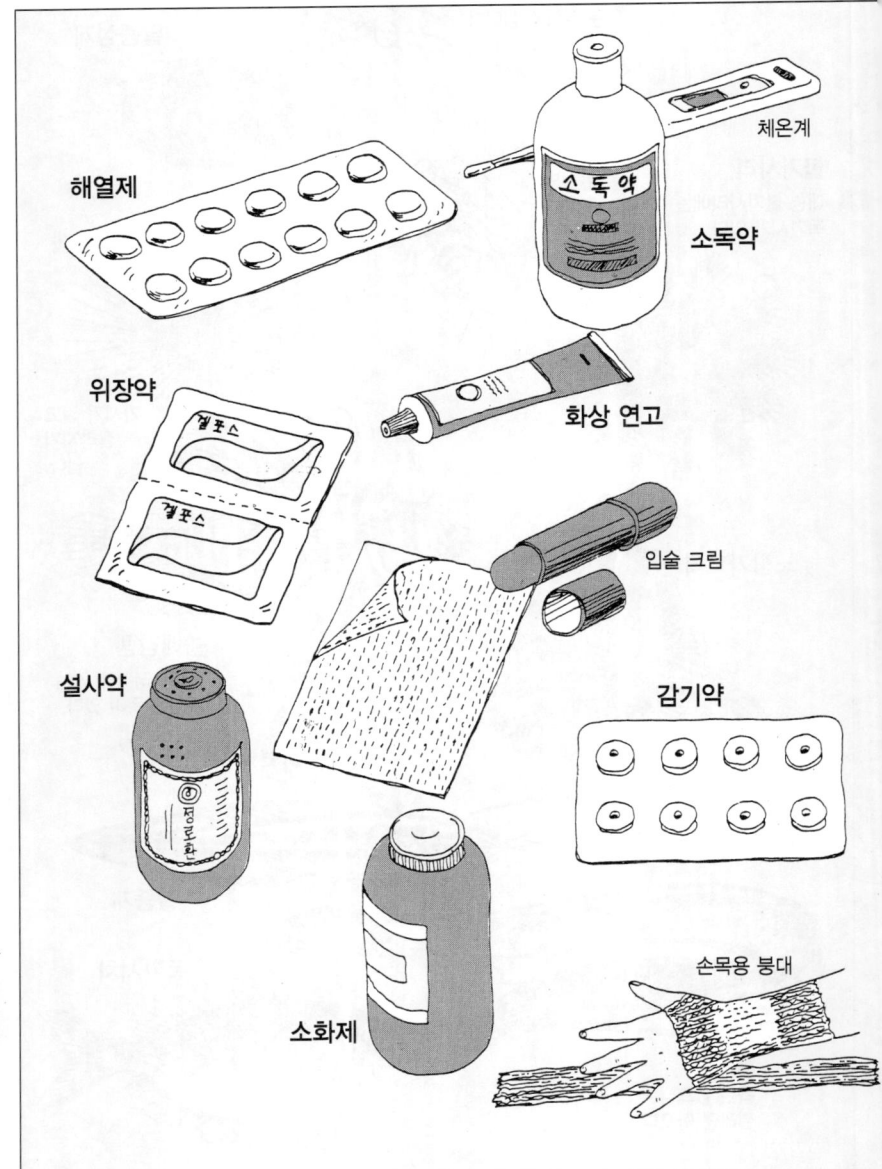

구급용품은 꼭 가지고 갑니다. 망으로 된 가방이 있으면 좋고, 뚜껑이 꼭 닫히는 플라스틱 그릇이 있으면 가벼워서 좋습니다.

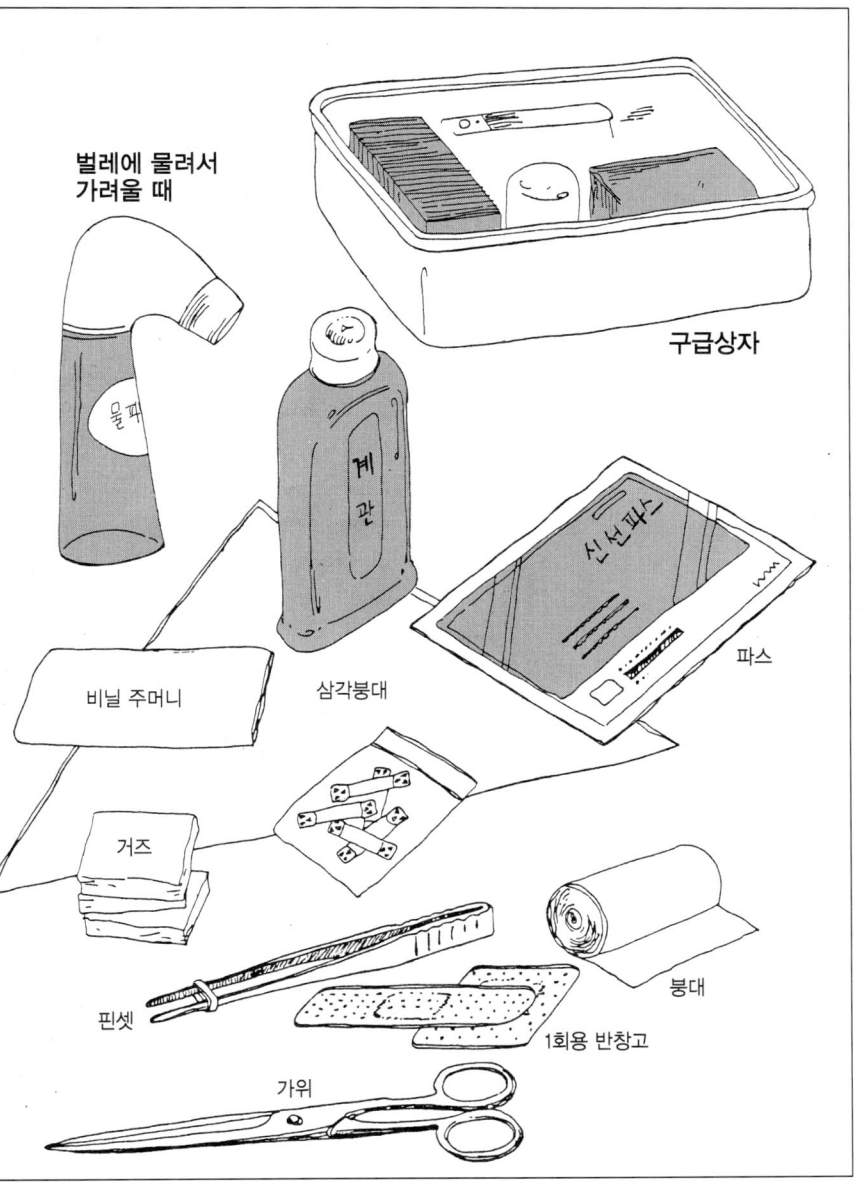

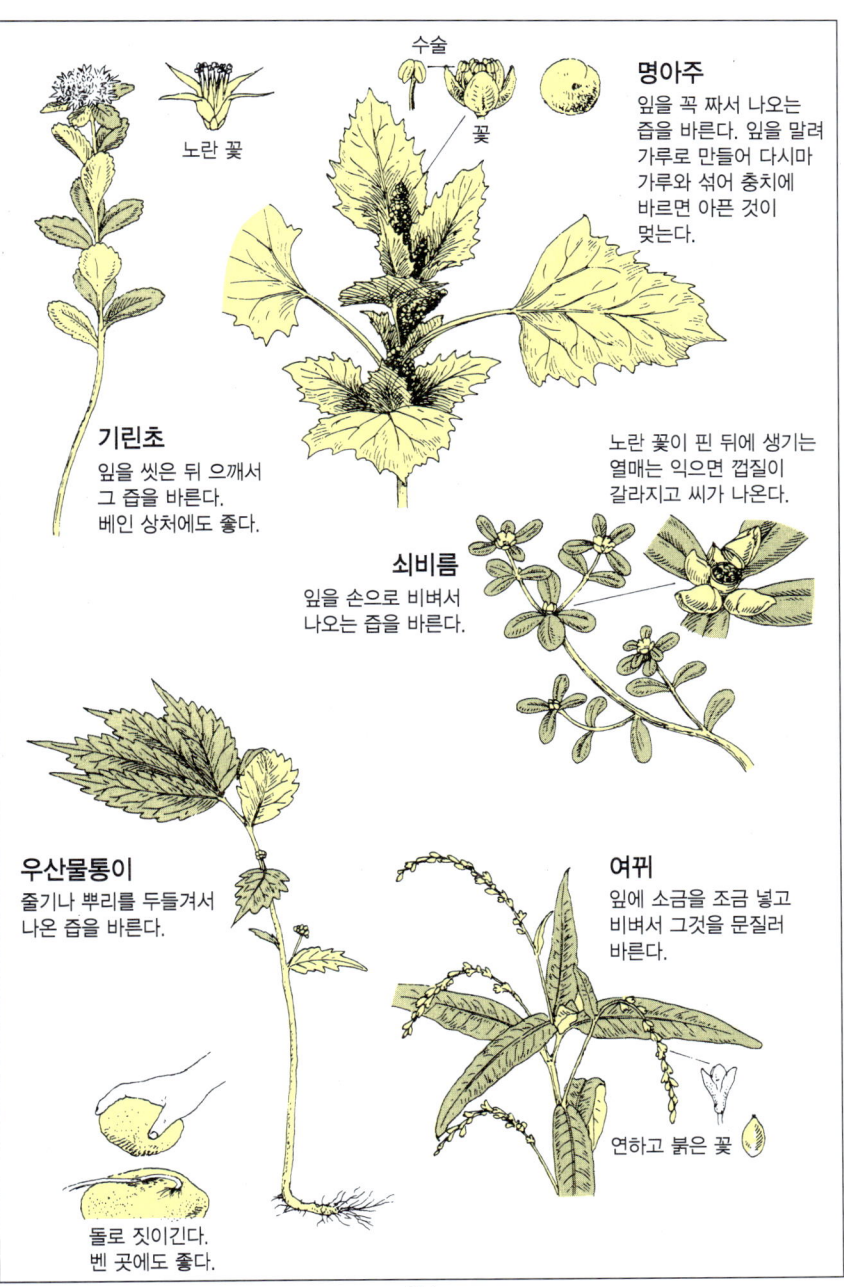

부었을 때

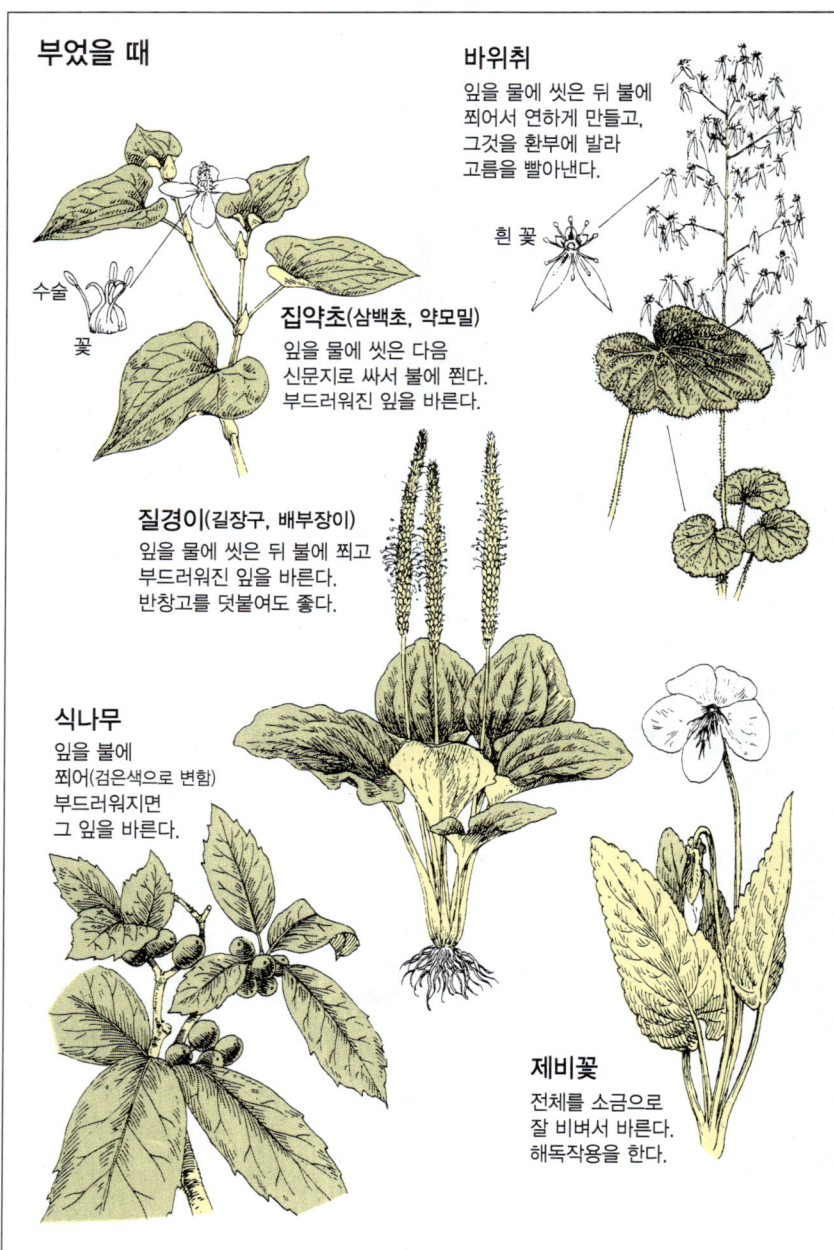

바위취
잎을 물에 씻은 뒤 불에 쬐어서 연하게 만들고, 그것을 환부에 발라 고름을 빨아낸다.

흰 꽃

수술
꽃

집약초(삼백초, 약모밀)
잎을 물에 씻은 다음 신문지로 싸서 불에 쬔다. 부드러워진 잎을 바른다.

질경이(길장구, 배부장이)
잎을 물에 씻은 뒤 불에 쬐고 부드러워진 잎을 바른다. 반창고를 덧붙여도 좋다.

식나무
잎을 불에 쬐어(검은색으로 변함) 부드러워지면 그 잎을 바른다.

제비꽃
전체를 소금으로 잘 비벼서 바른다. 해독작용을 한다.

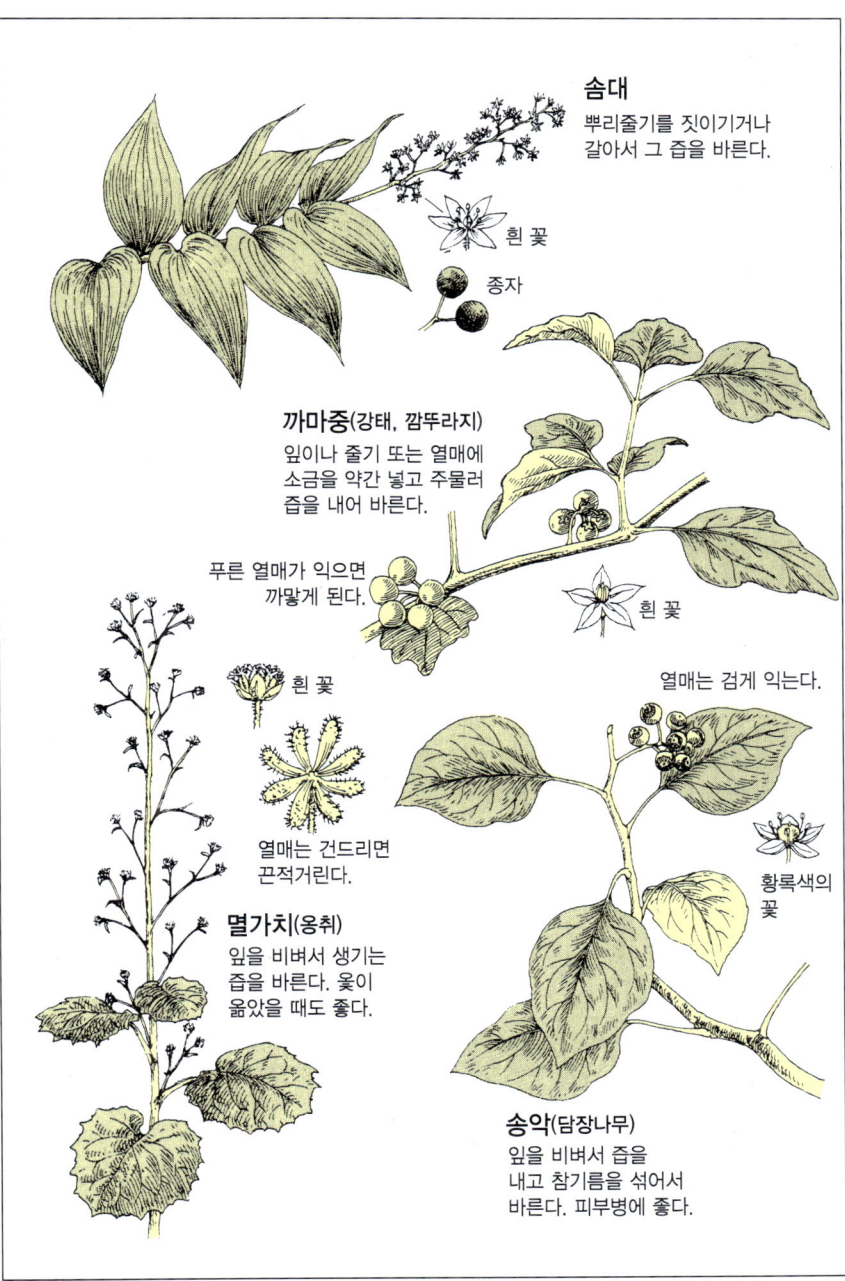

베였을 때

꽃 위는 붉은 보라색
밑은 흰색

종자

포자

고마리
잎과 줄기를 비벼서 즙을 내서 바른다. 흐르는 피가 멈추기도 한다.

말불버섯
베인 상처나 찰과상에 바로 포자를 뿌린다.

창질경이
잎을 비벼서 나온 즙을 바른다.

피막이풀
잎이나 줄기를 짓이겨 나온 즙을 바른다.

흰 꽃

노란 꽃

털머위
잎을 비벼 나온 즙을 바른다. 타박상에는 잎을 불에 쬐어서 바른다.

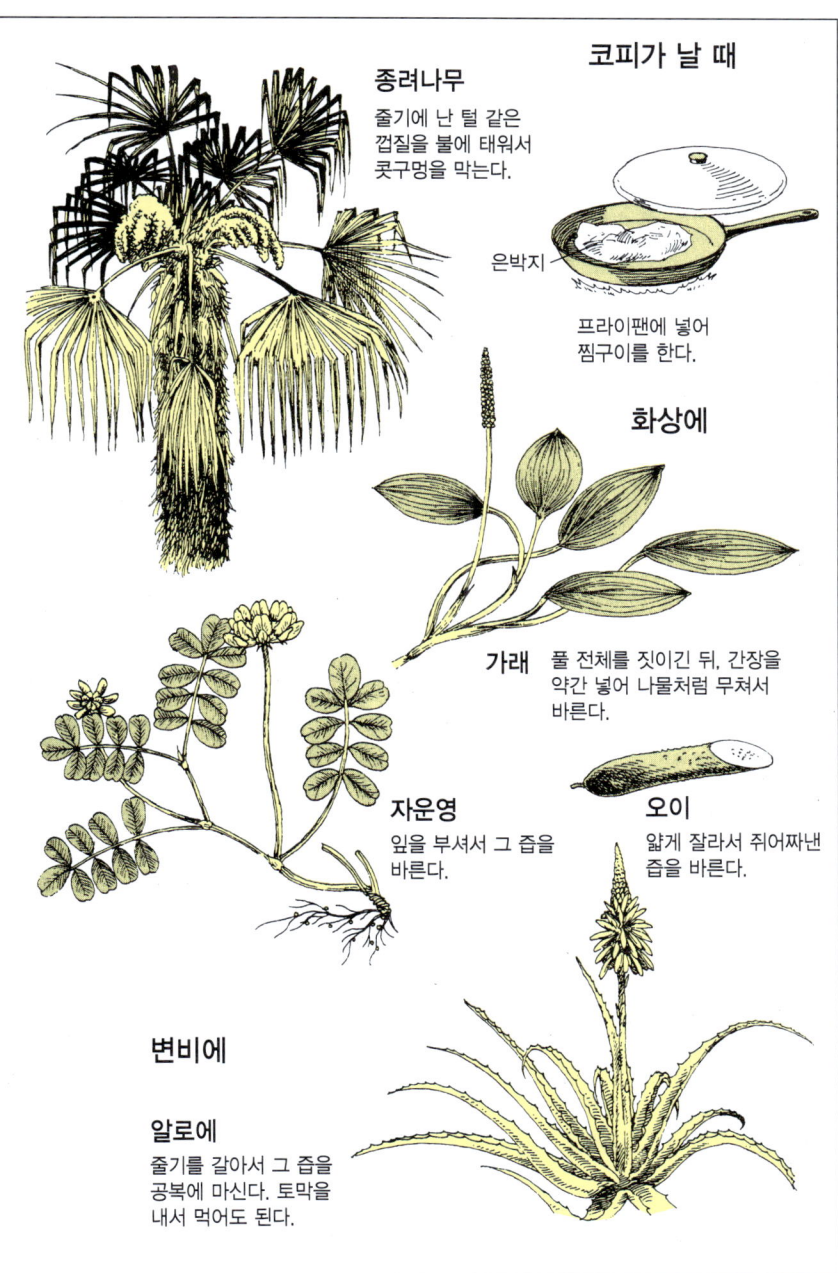

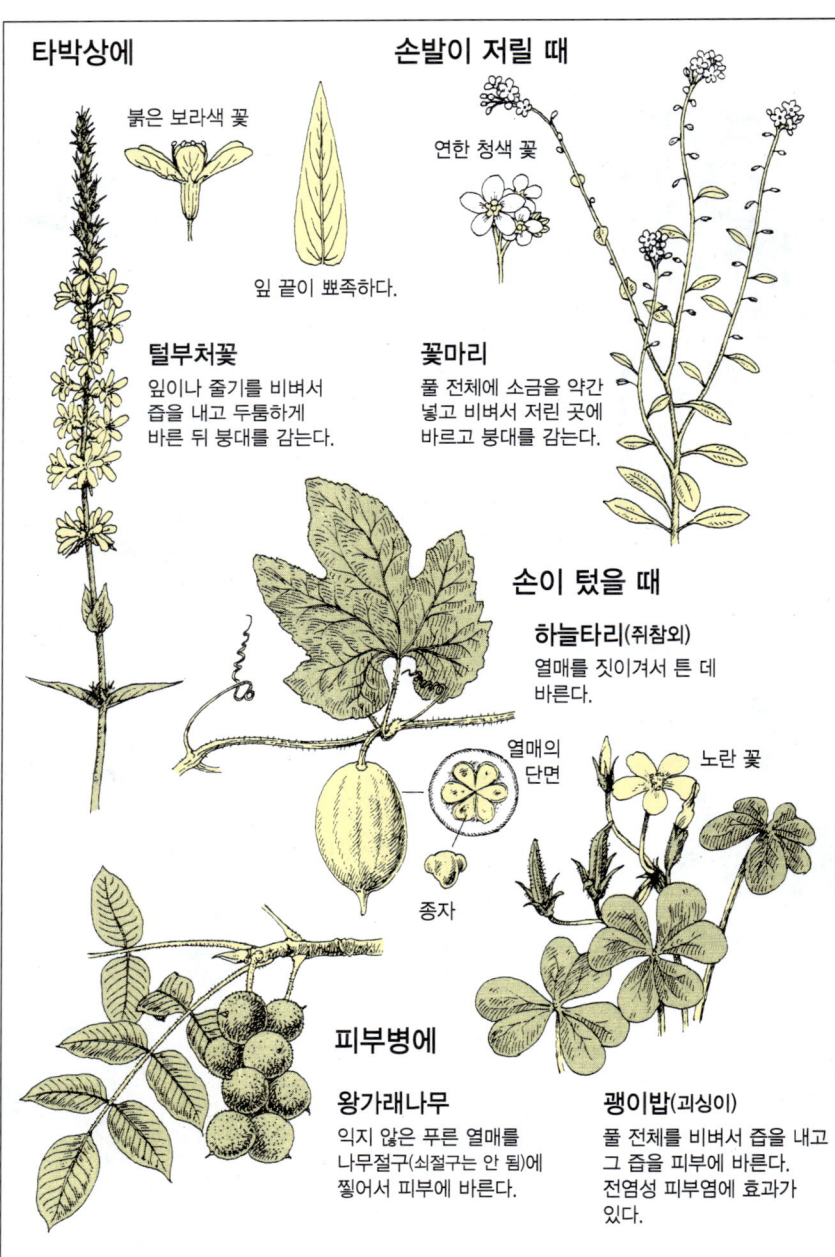

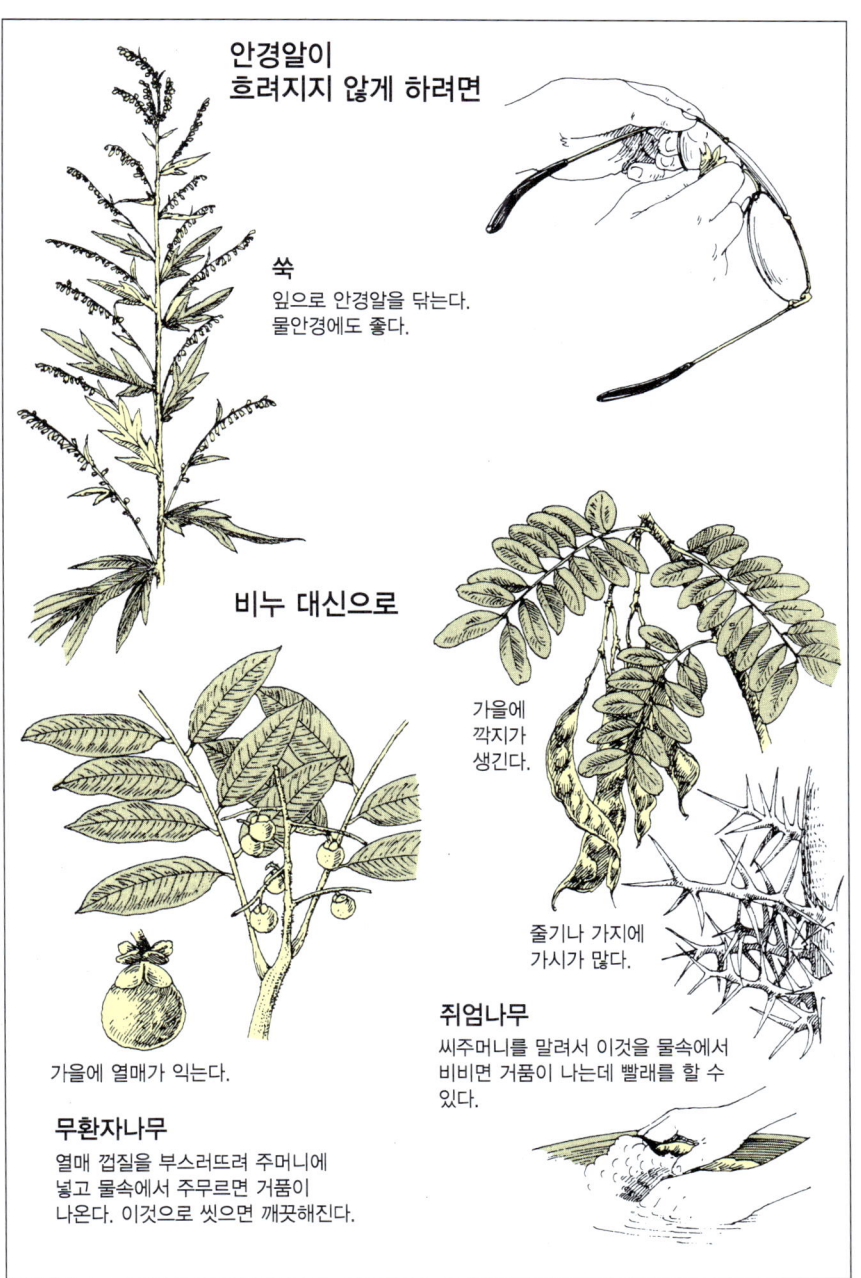

찾아보기

ㄱ

가래 325
가막살나무 147
가스 스토브 133
가을의 별자리 91
가죽신 만들기 202
가지 108
간식 124
갈매기 267
감자 100, 103, 106, 115, 121
감제풀 피리 207
강도래 273
강아지풀 213, 215
개갓냉이 156
개개비 264
개구리 189
개꿩 257, 266
개망초 148
개미반날개 235
개옻나무 279
갯강구 317
갯방풍 150
갯지렁이 267
거머리 313
거미집 245
거위벌레 253
거위털 점퍼 48
거지덩굴 320
걷는 법 40, 42
검독수리 262
검양옻나무 279
게 269
겨울의 대삼각형 92
겨울의 별자리 93
경등산화 35
계획 세우는 방법 28
고 매듭 178
고기를 잡는다 190
고등어 110
고리 매듭 178

고마리 157, 324
고방오리 265
고비 142, 153
고사리 142, 153
고적운(높쌘구름) 75, 76
고채목 249
고체 연료 133
고춧가루 양념 145
고층운(높층구름) 75, 77
곤충망 231
곤충의 겨울나기 관찰 238
곤충이나 동물을 먹는다 188
곰 256
곰솔 251
곰치 317
과일칼 223
관찰 도구 231
관천망기 74
광대버섯 285
괭이갈매기 257
괭이밥(괴싱이) 326
구급약 318
구더기 273
구두끈 매는 법 36
구실잣밤나무 250
국수 120
군소 269
굴거리 282
굽은외대버섯 284
권운(새털구름) 75, 76
권적운(조개구름) 75, 76
권층운(솜털구름) 75, 76
귀에 물이 들어가면 310
금강산녹색부전나비 247
금속 고리 272
금작화 280
기름종이 231
기린초 321
기압 배치 84, 85
길을 잃으면 288
김치찌개 115
까마귀 239, 261

까마귀머루 147
까마중(강태, 깜뚜라지) 323
깨 무침 119, 145
꼬마물떼새 266
꽃마리 326
꽃목걸이 212
꿀벌 235, 313
끌 204

ㄴ
나나니벌 234
나무 관찰 232, 236
나무 그릇 만들기 194
나무껍질 표본 233
나이테 233
나침반 72
낙석 292
낙타털 셔츠 48
낚시 272, 274
낚시꾼 스웨터 48
낚싯줄 272
난층운(비구름) 75, 77
날도래 273
날씨 부호 83
날씨를 미리 안다 78, 80
납봉 상자 272
냉동 보관 144
너구리 256, 258
너도밤나무 249, 250
넓적부리 265
네모 얽기 180
노랑가오리 317
논병아리 265
뇌조 263
눈 오는 날의 놀이 216
눈사람 217
눈에 먼지가 들어가면 311
눈에놀이 313
눈잣나무 263
눈집 만들기 217
느타리 255
느티나무 253

능소화 282

ㄷ
다람쥐 256, 258
다래 146
닥나무 146
단추 다는 법 221
단풍딸기 146
달개비 154
달걀 120
달무리 78
담비 258
담황색주름버섯 255
당근 103, 106, 121
당김 매듭 179
대구망초 148
대나무 스케이트 216
대나무 종 207
대나무 총 214
대형 배낭 59
댕기흰죽지 264
덩굴옻나무 279
도깨비 바늘 213
도꼬마리 213
도끼 223
도마 소독 122
도토리 237, 250
독가시치 317
독미나리 277
독버섯 284, 285
독병꽃나무 278
독우산광대버섯 284
독초 276
돋보기 224, 225, 241
돌참나무 147, 250
돔형 텐트 167
동물의 발자국 256
동물의 배설물 258
동박새 242
돼지고기 121
돼지풀 279
두릅 152

두부 115
두엄먹물버섯 255
뒷부리도요 267
드릴 204
들것 만들기 307
들장미 213
들쥐 258
들쭉나무 147
등고선 70
등대풀 278
등산화 35
등에 313
디기탈리스 282
딱정벌레 235
땃두릅나무 152
땅말벌 189
때까치 239, 240
때죽나무 253
때죽나무진드기 253
떡갈나무 250
뗏목 엮기 181

ㄹ
랜턴 175, 231
로프 감아 두는 법 181
로프 쓰는 법 178, 180

ㅁ
마귀곰보버섯 284
마귀광대버섯 284
마름 157
마취목 278
만가닥버섯 255
만년청 280
만물 도구 225
말똥성게 317
말미잘 266, 269
말불버섯 324
맛조개 266
맞 매듭 179
맞모금 엮기 180

매미 188
매트 171
머리가 아플 때 300
머위 순 148
먹을 수 있을 듯 보이는 독초 278
메꽃 153
메뚜기볶음 188
멧누에 186, 188
멧돼지 258
멧새 265
멧토끼 189, 256, 258
면양말 38
면장갑 52
멸가치(웅취) 148, 323
멸치장국 128
명아주 154, 321
모시조개 267
모직물 속옷 51
모헤어 스웨터 49
목이버섯 255
무 107
무늬박이제비나비 246
무당벌레 234
무침 119, 144
무환자나무 327
물까치 239, 240, 242
물냉이 151
물드개 195
물에 빠졌을 때 296
물을 얻는다 184
물집 예방 38
물참나무 250
물총새 265
미나리 276
미나리아재비 276
미역취(돼지나물) 149, 279
미역치 317
민달팽이 245
민들레 148, 212
민물도요 257, 267
밀가루 120

ㅂ

바늘 186
바다의 만조와 간조 94
바다에 사는 위험한 생물 316
바다직바구리 266
바위종다리 262
바위취 156, 322
박새 240, 242
반시뱀 315
반합 127
발씨름 218
밤나무산누에나방 238
밤송이 209
밥 짓기 112, 134
방아깨비 234
방울새 242, 264
방한용 바지 47
밭버섯 255
배낭 59
배낭 꾸리기 60
배낭 지는 법 62
배낭 커버 57
백로 265
백반 39, 209
백양꽃 278
백팩 59
백할미새 266
뱀 189, 314
버섯 254
번행초 157
벌레먹이말 283
벌레에 물렸을 때 312
벚꽃버섯 255
벚나무 253
베이컨 100
베인 상처 303
벤치 196
벼락 294
별의 밝기 86
별의 움직임 90
병꽃나무 182
복수초 281

봄의 별자리 87
봉숭아 213
봉화 291
부메랑 211
부목 305
부엌칼 손질법 123
북극성 찾는 법 86
분꽃 212, 214
분비나무 251
불 붙이는 법 131
불가사리 317
불을 끄는 법 139
불을 만든다 182
붉가시나무 250
붉은부리갈매기 267
붉은토끼풀 154
붓순나무 278
붕어 275
브로켄 현상 96
비 오는 날을 즐기는 방법 219
비 올 때의 장비 57
비가 그친 후에 관찰하기 244
비단벌레 246
비둘기 261
비박 160
비상식량 124
비자나무 146, 213, 251
빈혈 299
뽕나무 146, 182
삐거나 뼈가 부러지면 304, 306

ㅅ

사슴 256, 258
사슴벌레 188
사태 292
산느타리 255
산달래 151, 320
산딸나무 146
산마늘 155
산비둘기 239
산제비나비 247
산천어 275

살갈퀴 150
살모사 315
삼각붕대 306
삼목 251
상록수 248
상수리나무 250
상자 물안경 269
새삼 283
새집 239, 243
새집 만들기 242
샌드페이퍼(사포) 204
샐러드 118
생선·고기 굽는 법 116
생선을 토막 낸다 110
서바이벌 나이프 223
서브색 59
석결명 320
석유 램프 175
석유 스토브 133
설탕 121
성게 317
성냥 켜는 법 131
성주풀 262
소금 121
소금절이 144
소시지 121
소형 배낭 58
속속이풀 156
손전등 173
솔개 264
솔방울 251
솔송나무 251
솜재 323
송악(담쟁나무) 323
쇠딱따구리 240, 260
쇠뜨기 151
쇠물닭 264
쇠비름 154, 321
쇠솔새 263
쇠오리 264, 265
쇠제비갈매기 266
수국 182

수선화 281
수송나물 153
수염풍뎅이 247
수영 149
수정난풀 283
수크령 215
순간접착제 221
숫돌 226
쉬나무 146
스토브 132
스패츠 52
시금치 109
시클라멘 282
식나무 322
식초 무침 145
식칼 사용법 104
싱아 149
쌀 113, 120
쌍둥이바람꽃 276
쌍살벌 313
쌍안경 231, 261
썰매 216
쏠배감펭 317
쏠종개 317
쐐기나방 238, 313
쐐기풀 279
쑥 149, 209, 327
쑥부쟁이 149
씨름 218

ㅇ

아까시나무 280
알락나비 246
알락오리 265
알락하늘소 246
알로에 325
알파카 스웨터 49
앙고라 스웨터 48
앞동갈베도라치 269
애기똥풀 277
애기백관해파리 317
애기세줄나비 246

야고 283
야외 부엌 130
야외 화장실 176
양념 128
양파 100, 103, 121
어치 239, 260
얼레 210
얼레지 151
엄나무 213
엉겅퀴 153
엉덩이 씨름 218
SOS 신호 291
여뀌 155, 321
여러 가지 부엌칼 98
여러 종류의 텐트 166
여름의 대삼각형 88
여름의 별자리 89
여름좀잠자리 235
여우 256
연 210
열사병 299
영양 256, 258
오리엔티어링 게임 219
오목눈이 260
오색딱따구리 260
오이 108, 325
온난전선 83
옷차림 44, 46
옻나무 279
왕가래나무 326
왕고들빼기 157
왕귀뚜라미 235
왕눈물떼새 266
왕머루 147
왕사마귀 234
왕오색나비 246
외기둥 원추형 텐트 167
우산물통이 155, 321
웅덩이의 물 빼는 법 269
원숭이 256
원앙 264
월귤 262

윈드 재킷 45
윔퍼형 텐트 167
유리산누에나방 186, 238
유지매미 247
유혈목이 315
으름난초 283
으름덩굴 147
은방울꽃 280
의자 만들기 196
이질풀 153, 276
인공호흡 296
인동 155
인스턴트 식품 136
일사병 299
잉어 275
잎 표본 만들기 249

ㅈ

자리공 278
자북선 68, 72
자연색 물감 들이기 208
자운영 150, 325
자작나무 249
자주괴불주머니 277
자주빛무당버섯 255
작은주홍나비 234
잘 자려면 162
잠자리 188, 273
잣까마귀 263
장구 매듭 179
장도리 205
장딸기 146
장수말벌 238
장수잠자리 247
장수풍뎅이 188
적란운(소나기구름) 75, 77
적운(뭉게구름) 75, 77
전갱이 110, 120
전나무 251
점마개버섯 255
접친 매듭 179
젓가락 195

젓가락나물 276
제비꽃 322
조각칼 204
조개봉돌 272
조롱벌 234
조릿대 잎 배 215
조릿대 피리 207
족제비 258
졸가시나무 249
졸참나무 250
좀말벌 313
좀환각버섯 285
종가시나무 250
종이비행기 211
주머니 전등 175
주머니칼 쓰는 법 224
주목 251
줄 204
줄나비 246
줄톱 225
중대백로 257
중부리도요 267
쥐엄나무 327
지게 만들기 198
지게형 배낭 59
지네 238, 313
지도 사용법 68
지도 읽기 66
지도를 만들어 보자 64
지도의 축척 66
지렁이 238, 273
지레 매듭 180
지혈대 302
직박구리 240, 261
진달래 212
진드기 313
진득찰 213
진박새 260
질경이 152, 213, 215, 322
집약초 322
집형 텐트 167
찌르레기 240, 242

ㅊ

찰과상 303
참마 156, 253
참매미 247
참붕어 275
참빗살나무 282
참새 242, 261
참소리쟁이 157
창질경이 324
채소 써는 법 106, 108
철쭉 281
청둥오리 264
청딱따구리 260
청미래덩굴 151
초피나무 152
추해당 281
출렁다리를 건너갈 때 42
출혈 302
취사도구 126
층운(안개구름) 75, 77
층적운(두루마리구름) 75, 77
치자나무 209
칠엽수 250
칡 237
침낭 170

ㅋ

카메라 231, 295
카우칭 스웨터 49
칼 가는 법 226
칼새 262
캐시미어 스웨터 48
캠프파이어 218
코르크 마개 195
코펠 세트 127
콩중이 235
퀸세트형 텐트 167
큰긴먼지벌레 235
큰달맞이꽃 154
큰재갈매기 267
큰조롱 155
큰황새냉이 151

ㅌ

탁자 197
턱받이금버섯 255
털양말 38
털머위 148, 324
털부처꽃 326
털여뀌 320
털진드기 313
텐트 안을 정돈하자 172
텐트 치는 법 168
텐트 칠 자리를 정한다 164
토끼풀 154, 212, 237
토마토 108
톱 204, 225
통나무 다리에서 43
투구꽃 276
튀김 144

ㅍ

파 115
파드득 나물 150
판초 57, 161
팽나무버섯 255
펙 168
편서풍 82
풀잎 딱총 215
풍뎅이 애벌레 238
풍이 246
플라이 133
피라미 275
피리 206
피막이풀 213, 324

ㅎ

하늘타리(쥐참외) 326
하늘다람쥐 258
하늘소 188
한랭전선 83
항히스타민 연고 312
해먹 200
해삼 269
해우 269
해진 데 꿰매는 방법 221
햇무리 78
행주 손질 123
향신료 128
헌팅 나이프 223
헤드램프 175
헴록 277
혈청 314
협죽도 281
호리병먼지벌레 235
호박 107
홍송어 275
화경버섯 285
화상을 입었을 때 308
화초놀이 212, 214
황금싸리버섯 285
황말벌 246
회화나무 280
후박나무 213, 214
휘감아 얽기 181
휘발유 스토브 133
휘파람새 260
흰땃딸기 283
흰명아주 154
흰알광대버섯 284
흰줄숲모기 313

김창원 옮김

고려대학교 대학원 정외과를 수료하였으며, 자유 번역가로서
여러 책을 번역하였다. 주요 번역서로는 《숲 속 수의사의 자연일기》,
《자유연구도감》, 《생활도감》, 《자연도감》, 《세계 동물기》, 《신기한 곤충도감》 등이 있으며,
저서로는 《할아버지 아주 어렸을 적에》, 《할아버지가 보내는 편지》가 있다.

모험도감

1쇄 - 2009년 10월 27일
15쇄 - 2025년 6월 2일
지은이 - 사토우치 아이
그린이 - 마쓰오카 다쓰히데
옮긴이 - 김창원
발행인 - 허진
발행처 - 진선출판사(주)
편집 - 김경미, 최윤선, 최지혜
디자인 - 고은정
총무·마케팅 - 유재수, 나미영, 허인화
주소 - 서울시 종로구 삼일대로 457 (경운동 88번지) 수운회관 15층
　　　　전화 (02)720-5990　팩스 (02)739-2129
　　　　홈페이지 www.jinsun.co.kr
등록 - 1975년 9월 3일 10-92

*책값은 뒤표지에 있습니다.

ISBN 978-89-7221-627-8 76690
ISBN 978-89-7221-626-1 (세트)

Text ⓒ Ai Satouchi, 1986.
Illustration ⓒ Tatsuhide Matsuoka, 1986
Printed in Seoul, Korea

Korean translation rights with FUKUINKAN SHOTEN PUBLISHERS Inc.
through PYUNGHWA CHOOLPANSA, SEOUL

자기 몸의 치수를 알자

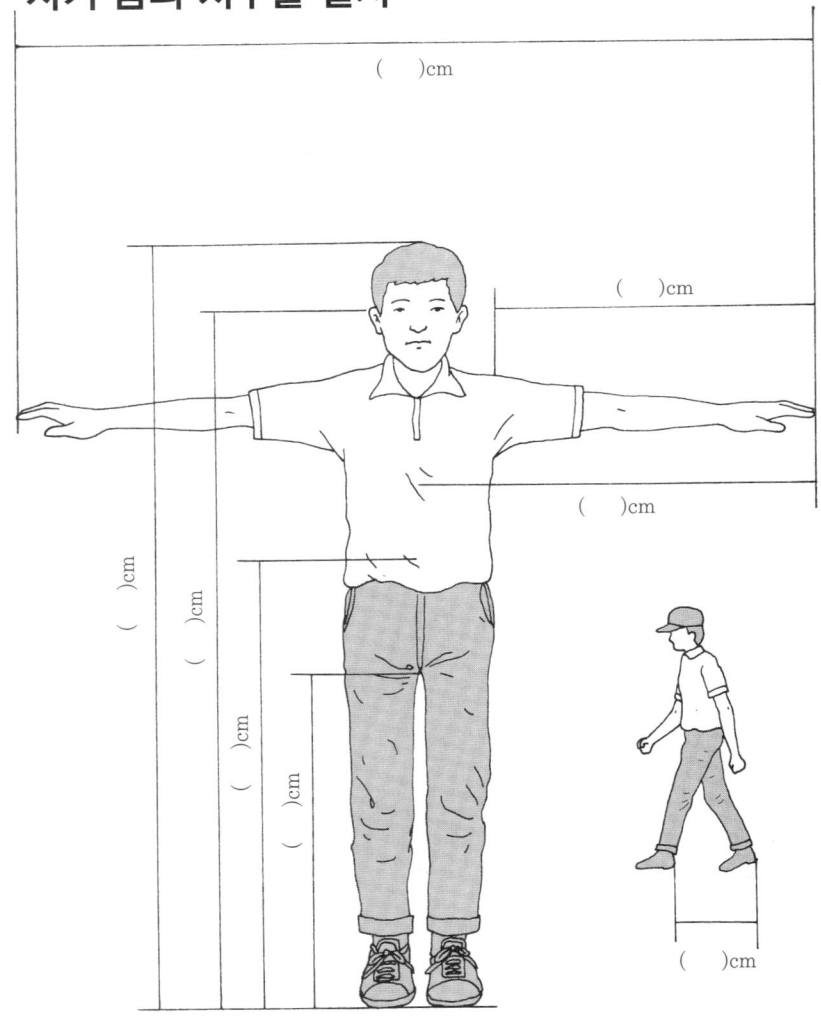

( )cm

( )cm

( )cm

( )cm

( )cm

( )cm

( )cm

( )cm

1km 걷는 데 걸리는 시간 ( )분   100m 걷는 데 걸리는 시간 ( )초
1분 동안 걸을 수 있는 거리 ( )m

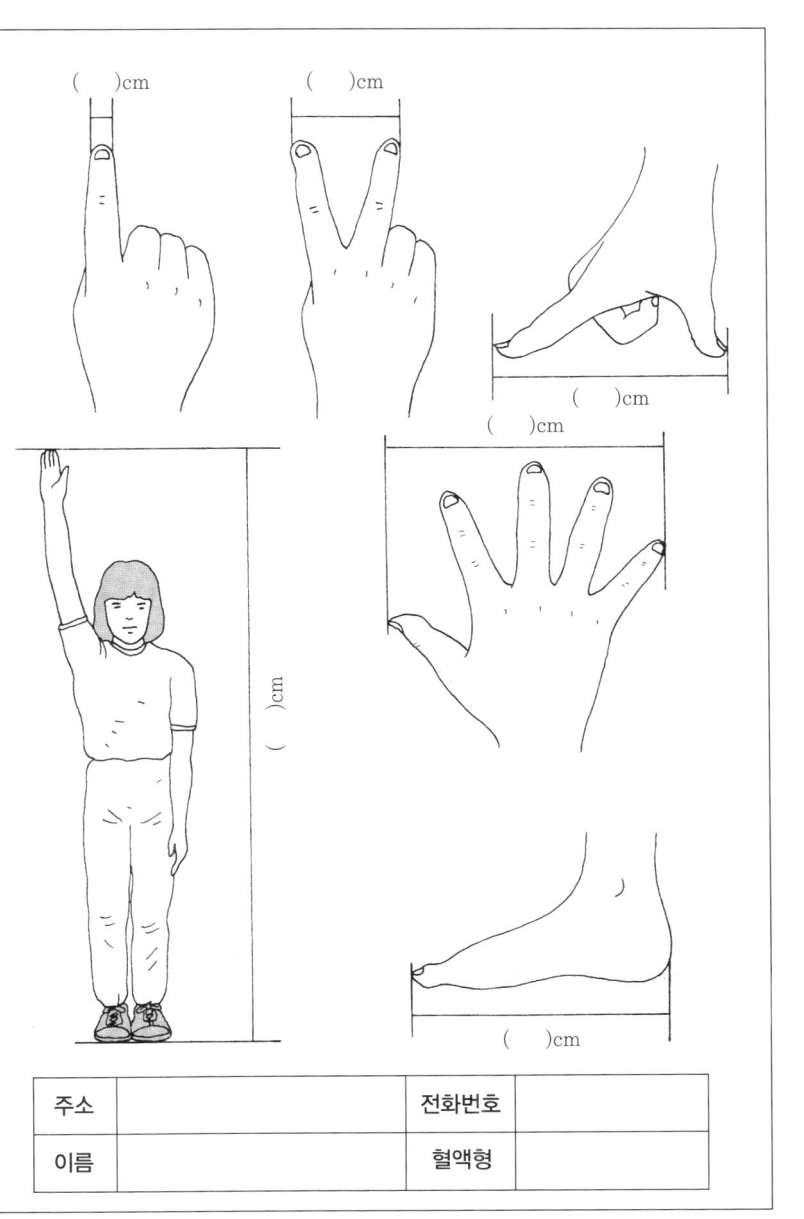